校本教师发展的理论与实践研究

贺慧敏 · 著

天津社会科学院出版社

图书在版编目（CIP）数据

校本教师发展的理论与实践研究 / 贺慧敏著. -- 天津 : 天津社会科学院出版社, 2019.8（2021.5 重印）
ISBN 978-7-5563-0571-1

Ⅰ. ①校… Ⅱ. ①贺… Ⅲ. ①中小学一师资培养一研究 Ⅳ. ①G635.12

中国版本图书馆 CIP 数据核字(2019)第 180507 号

校本教师发展的理论与实践研究
XIAOBEN JIAOSHI FAZHAN DE LILUN YU SHIJIAN YANJIU

出版发行：天津社会科学院出版社
出 版 人：张博
地　　址：天津市南开区迎水道 7 号
邮　　编：300191
电话/传真：（022）23360165（总编室）
（022）23075303（发行科）
网　　址：www.tass-tj.org.cn
印　　刷：永清县晔盛亚胶印有限公司

开　　本：787×1092 毫米 1/16
印　　张：15
字　　数：210 千字
版　　次：2019 年 8 月第 1 版　2021 年 5 月第 2 次印刷
定　　价：68.00 元

前 言

百年大计，教育为本。教育是民族振兴、社会进步的基石，是传承文化、提升国民素质的根本途径。教育大计，教师为要。教师作为教育发展的中坚力量，是教育发展的根本。随着社会的发展以及教育在社会各项改革中重要性的凸显，当今社会对教育及教师发展的重视程度达到了前所未有的高度。

实践证明，教师是教育发展的第一资源，高质量的教育需要高质量的教师队伍进行有效地支撑，这就要求教师群体保持高水平、专业化发展。教师发展，主要是指教师作为专业人员，在专业思想、专业知识、专业能力等方面不断完善和提升，其结果是专业素养、职业地位和教育服务得到全面提升。

教师的发展类型和发展方式是多样的，校本教师发展是其中一种重要形式。校本，顾名思义就是以学校为本，是学校本位的意思。校本教师发展有其丰富内涵和重要价值。首先，校本教师发展是以学校为基地，是在学校场域发生，其发展必须以学校实际为原则，如学校的办学宗旨、性质任务、现实条件、资源特点等，都是校本教师发展的出发点和归宿。其次，校本教师发展是以学校为主体，是学校积极主动为之的行动，要围绕学校自身的发展愿景，而非外界的任务指示或行政命令。学校对教师的发展及规划拥有自主权，学校和教师是发展的真正主体。再次，校本教师发展是以学校为整体。校本教师的发展是充分建立在学校整体教育目标和教师个体发展需要的基础上，是以带动学校的各项工作、促进教师整体性发展为目标的，也是在充分考虑学校各种综合因素的基础上，动员整体的力量，群策群力和共同协作的过程。

法国哲学家米歇尔·福柯曾在他的研究中提到，“每当我试图去进行一项理论工作时，这项工作的基础总是来自于我个人的经验，他总是与我在周围看到的那些事情有关”。关于校本教师发展的研究亦是如此。基于校本教师的发展理念在基层学校不断得到重视，并在实践中积极发展，校本教师发展日渐成为一种重要的教师发展形态。在多年关注教师发展及教师成长相关理论及实践经验的基础上，不断总结并提炼基于校本环境的教师发展的经验案例，在此基础上整理形成此书稿。

本书在重点追溯和总结了校本教师发展研究的价值指向、历史流变的基础上，从学校自觉的视角，对校本教师发展的动力基础进行了探讨；并从民主管理、师德引领、专业培训、分类施策等方面，结合理论基础和实践案例，具体论述了校本教师发展的保障策略、发展重点、发展方式等。本书既有理论层面的发掘和创新的尝试，也有实践层面的操作性建议。

关于校本教师的研究和本书稿的顺利出版得到了相关领导、专家和同事的支持和帮助；作为天津市教育科学“十三五”规划课题：“‘划片入学’政策对初中教师课堂教学行为的挑战与应对策略研究”（编号：BEYP5065）的阶段性成果，本书稿也得到了课题组成员的大力支持，在此一并表示诚挚的感谢！另外，由于本人经验不足、水平有限，书稿中一定有不妥甚至错误之处，恳请大家批评指正。

目　　录

第一章 价值指向：校本教师发展研究的缘起

在新的历史时期，教育在社会发展中的基石作用被再次强调；教师作为教育发展的基石，始终是影响和制约教育发展的关键因素。2018年伊始，中共中央、国务院联合印发了《关于全面深化新时代教师队伍建设改革的意见》，这是新中国成立以来党中央出台的第一个专门面向教师队伍建设的里程碑式的政策文件，教师及教师队伍建设的重要性被提到了前所未有的高度。理性梳理教师发展，我们发现社会的发展对教育提出的新要求，以及教育自身向纵深的改革都需要高质量的教师队伍进行支撑，教师的发展是教育发展、社会发展的基础和保障。虽然各级各类教育行政机构都在进行着各种规模的教师培训，但其涵盖面和影响程度还是有限的，目前只有学校层面的教师发展能够涵盖和辐射尽可能多的教师群体。因此，聚焦校本教师发展的理论与实践探索，需要从知识经济时代的必然要求、教育转型发展的题中之义和新时代教师队伍建设的诉求等层面，来探讨校本教师发展研究的价值与意义。

一、知识经济时代的必然要求

有人曾预言，21世纪将是知识经济的时代，而知识经济时代被认为是有史以来人类社会最伟大的时代。知识在人类自身和人类社会的发展中皆扮演着重要的角色，并在一定历史时期起到了推动社会变革的巨大作用，但这种作用和重要性也是随着社会的发展，尤其是社会经济的转型和发展，才逐渐被觉察和认识。其中教育对知识生产、传播和创新的重要性也逐渐得到确认和重视。

(一)知识经济的兴起与发展

人类社会的存在是一个具体的、历史的存在，它的发展经历了由低级到高级的发展和演进过程。其中，生产力被认为是在任何社会和时代发展中都占据第一位的重要因素。生产力又称为社会的生产力，按照恩格斯的观点，本原上的生产力是指具有劳动能力的人和生产资料相结合而形成的用来改造自然的能力，是人类改变和改进自然的客观物质力量。在社会和经济学领域，人们讨论和研究生产力时一般会将其视作是一个由多种要素构成的复杂系统。其中，劳动者、劳动资料和劳动对象是这个系统中的基本构成要素，也正是根据生产力中这些不同要素在不同时期对经济增长和发展速度的作用大小和贡献程度的不同，而进行经济时代的划分的。①

1.经济社会的发展更迭

人类经济社会的发展阶段依据生产力的发展水平可以划分为农业经济、工业经济和知识经济。农业经济，又称劳动经济，是农业社会的经济，是以人力、畜力为动力，借助自然力，并辅以简单的手工农具为设备的经济形态。在农业经济中，生产技术发展缓慢，科学正处于孕育和萌芽状态。从时间段上划分，18世纪以前的几千年内，人类都处于农业社会经济的发展阶段。从生产力发展的视角考察之，生产力中的劳动力因素是这一时期经济发展的主要力量，也是主要的争夺对象，因为有了劳动力才能够进行资源的占领、开发，从而获得财富、发展经济，一直持续到19世纪末的贩卖黑人奴隶的活动就是例证之一。尽管科学在这一时期已经萌芽并在部分地区有所发展，但科学被运用到生产中的情况还是极少的，这时劳动者的体力付出是生产率提高的主要力量，而人的智

① 薛永应等.生产力经济论[M].北京：人民出版社，1995：4.

力的贡献率是偏低的。据有关数据统计，在农业经济中，在低机械化作业的条件下，劳动者体力和智力支出的占比是9∶1。[①]

一般而言，工业经济是工业社会的经济形态。工业社会是人类历史发展的又一个阶段，是指以工业生产为经济主导成分的社会。马克思和恩格斯早在19世纪中期就已经指出："工业文明在不到100年的时间内所创造的生产力，比过去一切时代创造的全部生产力还要多、还要大。"[②]这就是工业社会及工业经济给人类生活和生产带来的巨大变化，更是生产力要素在生产中结构功能的改变的结果。在工业经济时期，资本的地位被不断地重视和强调，物质资本成为生产中最主要的生产要素，不可再生的自然资源成为各个国家争相抢夺的重要的生产对象，而制造成了人类创造财富和改造世界的主要方式，其中机器在生产中的广泛使用成为工业经济时期生产力的主要标志。从抽象的视角观之，机器乃是理性的化身，是人类及人类智慧发挥作用和积极参与生产的结果，因为只有人类社会才有使用机器进行生产的行为方式，自然界是没有诸如火车、精纺机、机床等机器的。这些都是人的活动的产物，是人的智能在其中起关键作用，并通过对象化而使之成为一种知识力量。在工业经济这一时期，一般社会知识已经在经济的发展中起到明显的作用，但从生产关系的角度考察，工业经济依然没有摆脱对"物"的依赖。

2.知识经济时代的到来及特征

在人类工业经济发展及社会财富积累的基础上，知识经济时代的到来成为一股不可抗拒的洪流。人类进入知识经济时代是有一定的历史背景和条件的：一是科学技术的迅猛发展。20世纪是科学技术突飞猛进的世纪，基础科学理论领域获得了重大的突破，出现了相对论、量子力学、分子生物学等研究，并带来了原子核能技术、航天技术、激光技术、生命科学技术等一系列具有划时代意义的发明和创造。这些发明创造是19世纪的百倍之多，尤其是以电子技术为

①李丽纯.现代农业的哲学考量与中国后现代农业发展路径[D].长沙：湖南大学，2015.

②马克思恩格斯全集(第1卷)[M].北京：人民出版社，1995：256.

基础的电子计算机和互联网技术的发展为社会各个领域向科学化和信息化的发展提供了更充足的条件和机会。二是经济的转型发展。工业经济的发展是以资源的占有和汲取为主要特征的，由于部分重要资源的不可再生性，到了20世纪下半叶，人类社会开始面临资源短缺的问题，又加之生态环境的恶化，社会经济转型发展已经到了紧迫的时候。新的科学技术的出现让人们看到了社会发展和经济转型的曙光和机遇。事实也证明，这种选择是正确且必需的。三是社会的进步。社会背景是知识经济产生的重要土壤。一方面，社会上存在各种危机和险情需要高科技的管理手段和技术来解决，更需要社会知识水平的整体提升来防范。另一方面，传统工业下经济的发展造成了资源的枯竭、环境的破坏，急需一种新的经济发展形态来更替。四是20世纪以来，文化教育的发展为知识经济社会的发展提供了大量高素质的人才和良好的人文环境。以上这些背景条件都为人类社会进入知识经济时代提供了坚实的基础和条件。①

因此，知识经济的出现是人类社会发展到一定阶段的产物，是人类知识的积淀和经济发展的结合体，是知识和经济相互作用和相互刺激下的飞跃和质变。作为一种全新的经济形态，知识成为一种重要的生产要素，以一种价值含量更高、成分更复杂、决定意义更明显的姿态参与了社会生产力的发展，并改变了经济的发展方式，使之由外在的变量转变成了生产函数的内在变量，一跃成为经济增长的第一要素。从以上的分析可以看出，知识经济是指在生产过程中，知识劳动者(这里是指脑力劳动者、智力劳动者或新型劳动者)利用以高技术为劳动工具，以物质、信息、知识为劳动对象创造价值与财富的经济。在知识经济时代，知识不仅是数量在增加，质量也在发生革命性的变化，并成为整个经济的基础，以强大的势力渗入经济的各个系统和每一个组成部分，成为经济发展和增值的最为显著的影响因子。②

简而言之，知识经济时代具有“基础”知识化、产业软件化、经济柔性化、

①李安.世界是知识的：迈向21世纪的知识经济新时代[M].北京：中国社会出版社，2010：28-29.

①张守一，葛新权.知识经济学原理[M].北京：经济科学出版社，2010：15-16.

发展创意化等特征，其中“基础”知识化是最本质的特征。古典政治经济学家威廉·配第关于经济发展或财富增长有过这样的经典言论，他说：“土地是财富之母，劳动是财富之父”。这一命题反映出了两个观点，一是土地在财富增长中具有重要的意义；二是劳动是价值创造的源泉。这也是大工业时代经济的主要特征。在知识经济时代，经济基础在大工业经济的基础上得到了进一步的继承和发展，威廉的这两个观点也被赋予了新的含义，主要表现在两个方面：一是在大工业经济发展时期，虽然科学、技术、知识和教育四个要素都是财富之母，但科学和技术发挥的作用更为重要，而知识经济时代，知识和教育的作用就显得更为突出，发挥的作用更重要；二是大工业时期复杂劳动是财富之父，其中劳动能力的培养、技能的培训成就了复杂劳动，但知识经济时代，复杂劳动将主要取决于劳动者对知识的掌握、获得知识的能力以及创造性应用知识的能力。

综上我们可以看出，知识经济时代，知识已经取代了土地等传统的资本形式而成为推动经济发展的核心资源。知识在经济竞争中主要体现在物化于商品和服务中的具有明显的因知识含量的变化而提升其品质的显著特征。另外，知识还具有以较低的物质成本不断复制和促进报酬递增的性质，这也极大地解决了工业社会因资源过度开发、环境遭遇破坏等现象，使社会经济能够在较长的时期内实现较为稳定的增长，促进人类社会的健康与可持续发展。

(二)知识经济时代下人的发展

考察知识经济时代下人的发展就不可避免地要从生产关系的视角切入，因为知识经济作为一种新的经济发展形态，随着生产力的发展和变化，生产关系势必随之发生变化。何谓生产关系？一般而言，生产关系是指人们在物质资料的生产过程中所形成的社会关系，它是生产方式的社会形式。生产关系是马克思主义政治经济学的研究对象，其强调在一定的历史发展形态下的生产方式以及与之相适应的社会生产关系和人们之间的交往关系；其中，人是生产关系中的重要因素，人在生产和社会中的关系和地位会随着生产力与生产关系的变化而不断地变化着。

在农业经济时代，土地是最主要的生产资料，人是依附土地而生存和发展的；在工业经济时代，资源成为主要的生产资料，虽然技术和知识在其中得到了一定程度的运用，但人依旧是通过对矿产、石油等自然资源价值的发掘而获得发展的。总而言之，在以这两种经济形态为主的社会中，物的价值和重要性是远远大于人的，换言之，人在社会发展中的地位是低微的，人的作用和价值是被遮蔽的，社会崇尚的是物的价值能够带来的财富积累和发展机遇。知识经济的悄然兴起，正以一种虽无声但影响深远的方式对人类社会活动的各个领域、对已有的生产方式、生活方式和思维方式等产生作用，其中最显著的影响就是知识在经济及社会发展中的重要性的体现。因此，占有、传播和制造知识的人的重要性就不言而喻了。在知识经济时代，人不仅从物的束缚中被解放出来，还被赋予了独立的地位和人格的自由。

1994年9月，联合国在开罗召开的世界人口与发展大会上，明确提出“可持续发展的中心是人”；1995年在哥本哈根举行的世界首脑会议上，也提出了“人是可持续发展的中心议题”。[①]以上重要会议对人的重视也从一个侧面说明知识经济时代，人才是其核心内力，也正因此，知识经济也被称为人才经济、智慧经济，即它是以人的智力、智商、智能开发为主导，以人的发明、发现、发展为内容，以人的创意、创新、创造为动力的经济。人才在知识经济发展中的作用主要是通过人对科技的影响而体现出来的。如果把现代经济看作一艘航行在大海上的巨轮，那么科技就是这艘船的“引擎”，在每一次的科技革命的浪潮中，把人类文明带入一个新的境界。

人、人才、人力与科技有着天然的联系，主要表现在以下几个方面：一是人是科技进步的重要源泉。人不仅具有生产要素的功能，同时还是科技发明与创造的重要力量，因为任何科技都是人创造的，人所具备的研究与开发能力是人作用于经济发展的重要途径。二是人是技术传播的重要媒介。尼尔森和菲利

①李安.世界是知识的：迈向21世纪的知识经济新时代[M].北京：中国社会出版社，2010：188.

普的研究揭示了对人的资本投入、技术的传播及经济增长之间的关系,表明了新的技术的传播速度和范围与一个国家人力资本的投入和存量是有很大的关系的。三是人是技术运用的基础。任何技术要现实转化为生产力,都必须应用到生产实践中,完成最后的实践环节,人无疑是重要而必备的中介条件。一项美国的实证研究也证明,机器设备越新,其使用者的受教育程度越高,研究与发展能力也越强。[①]由此亦可以看出,知识经济是以科学为标准、以知识为财富的经济,而对知识的载体和拥有者的人的发展是其中的必然,尤其是人的全面发展和深度开发是重中之重。鉴于人在知识经济发展中的决定作用,要想保持知识经济社会的稳步发展和不断创新,就要保证人力资源数量充足且发挥作用到位,还能够不断地提升质量、全面发展。但是如何做到这一点呢?答案就是以人为本,不断促进人的发展。

因此,知识经济不仅是人类社会发展迄今为止的一种重要的社会形态,更是人发展的新的阶段和新的纪元。这也是为什么在这一部分使用知识经济作为校本教师发展研究讨论的背景,而不是泛用一般社会形态的缘故。更进一步说,知识经济时代摒弃了以往的人从属于物的发展模式,实现了人类社会发展以人为中心的"人"与"物"的关系模式的建立,确立了人才是知识经济及社会发展所追求的意义内涵和价值尺度。

(三)知识经济社会与教育发展

知识经济是当代社会的主要特征,因此论及知识经济与教育的发展关系也不可避免地要从教育与社会的关系谈起。教育是一种社会现象,社会属性是教育的基本属性,虽然也有关于教育的生物起源论和心理学起源论,但后来这些观点,都被证实是不科学的。因为教育是人类特有的有意识的活动、是人类社会特有的传递社会经验的形式、是起源于社会生产劳动的一项活动。既然教育是作为一种社会活动而存在的,它就不可避免地与政治、经济发生关系。因为社会通过教育向受教育者传递一定的文化知识和思想意识,目的就是让受教育

①张守一,葛新权.知识经济学原理[M].北京:经济科学出版社,2010:62-63.

者成为社会需要的人。因此，教育的过程从本质上来说，就是使受教育者逐渐实现社会要求的过程。

1.教育与社会发展的关系辨析

从上面的论述可以看出，社会及社会领域的各类要素势必对教育提出这样或那样的要求，并在一定时期制约教育的发展，且这种制约作用是双向的。[①]社会发展的要素种类繁多复杂，与教育关系重大或影响深远的包括社会的政治、经济以及生产力。

(1)教育与社会的政治、经济的关系。教育的某些方面是为一定社会的政治、经济所制约的，同时，它又反过来作用于一定社会的政治、经济。教育受社会的政治、经济的制约主要体现在对教育目的、教育领导权、受教育权利等的制约。教育是培养人的活动，在一定的社会历史中，政治和经济制约着培养什么样的人、怎么培养人、谁来掌握教育的领导权以及哪些人享有受教育的权利等。教育对政治、经济的反作用有两个方面，一是积极作用，另一个是消极作用。教育对政治经济的反作用主要是通过物质与意识的相互关系体现的。毛泽东在《矛盾论》中指出："我们承认总的历史发展中是物质决定精神的，是社会的存在在决定社会的意识；但同时又不得不承认而且必须承认精神的反作用，社会意识对社会存在的反作用，上层建筑对于经济基础的反作用。"毛泽东关于物质与意识相互关系的经典论述为我们思考教育与社会政治经济关系提供了有力的理论工具。在这里，教育尤其是正规学校教育通过系统化和理论化的方式培养具有一定阶级意识的人，例如，学校通过制造舆论、宣传思想、影响学生等方式在社会的风化习俗、道德面貌以及政治思想等方面都产生巨大的影响，因此，教育在维护和巩固一定的政治经济制度中发挥了积极的作用。另外，学校教育还通过培养批量的人才，直接服务于社会的政治经济制度。尽管教育对社会政治、经济制度的促进作用是积极而明显的，但我们也应该警惕，正因为教育在人才培养和成长中的作用，在特殊时期，教育反而成为社会政治、经济

①南京师范大学教育系.教育学[M].北京：人民教育出版社:2001：43–45.

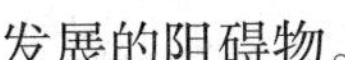

发展的阻碍物。

(2)教育与社会生产力的关系。如果忽略了教育与生产力的关系就不能全面揭示教育与社会的关系，也不能充分揭示教育这种社会现象本身的发展规律。教育与社会生产力的关系也是从两个方面来考察的。一方面，社会生产力制约着教育目的的制定、制约着课程的设置、课程内容的选择、教育的规模和学校的结构以及教育和教学的手段。教育所培养的人进入生产过程时，构成了社会生产力的要素，因为生产力的发展对人提出要求，自然也对教育目的的制定进行着制约。例如，在漫长的奴隶社会和封建社会，由于生产力发展迟缓，发展水平低下，直接从事生产的劳动者不需要接受学校教育即可胜任其所从事的工作，而学校培养的人也不是以参与直接的生产为目的的，而是进入上层建筑系统之中，学校的教育目标是为学生仕途服务的。随着机器工业大生产对劳动者生产水平的要求不断提升，学校的教育目标也随之发生变化，提高劳动者自身的素质以适应生产的要求成为学校教育追求的目标，以上情况皆说明，学校的教育目的必然要反映生产力的要求，而生产力的最终要求也是在学校的教育目的中得到反映。另一方面，教育对发展社会生产力也起到了推动作用。这种作用主要体现在三个方面：一是教育把可能的生产力转化为直接的生产力；二是教育实现了科学知识的再生产；三是教育生产出了新的科学知识、新的生产力。

(3)虽然教育为社会的政治、经济和社会生产力发展水平所制约，但教育又具有自身的相对独立性，也正是因为这种独立性，使教育获得了身份的存在和可以被讨论的资本。教育的相对独立性主要体现在以下几个方面：一是教育与其他意识形态的关系；二是教育本身存在着继承关系；三是教育与政治经济和生产力发展的不平衡性。这几个方面在一定程度上证明了教育作为一项社会活动有其本质的特征和自身的发展规律，是相对独立存在的。

以上是从宏观的层面，从一般的社会发展与教育的关系进行的一番梳理和论证，厘清了教育与社会、与政治、与生产力发展的相互关系，为我们讨论知识经济与教育的发展提供了背景支撑。下面，我们将聚焦知识经济背景下的教育发展，探讨知识经济对教育发展提出的要求和挑战，进而能更加宏观、更加清晰地理解教师发展及校本教师发展的价值和意义。

2.知识经济时代的教育

在知识经济时代，教育被赋予了新的身份，也被置于有史以来最重要的位置。

首先，知识经济赋予教育以新哲学观，教育被认为是知识经济发展的“和合”因素。知识经济时代被认为是对工业社会中种种失衡的社会状态的一剂良药，可以实现人口与经济、经济与环境、物质与文化、数量与质量、眼前与长远的和谐发展，以知识增长作为财富增长的基础和动力的知识经济，是以教育的发展为支撑的，因此教育也成了经济发展的“和合”因素和“整合”因素。因为通过教育实现了人口素质的提升，实现了人口质量与数量的和谐；通过受教育程度的提高，改变了人们的生活观念和生活方式，实现了经济社会的和谐发展；通过教育的文化功能的提升，提高经济的道德伦理水准，实现了经济发展与社会文明的和谐等。即相对独立于经济又蕴含社会发展各要素在内的教育在经济社会的发展中，通过自身功能的发挥和调节起到了“和”和“合”的作用。

其次，知识经济赋予教育以新的功能观，教育成为知识经济发展的内在支撑因素。在社会发展的过程中，教育的功能是综合的，在知识经济时代，教育的经济功能体现得尤为深刻和充分，并成为知识经济发展的重要的内在支撑因素。我们可以从广义和狭义两个方面来理解教育的新的功能观。广义层面的教育在经济运行发展中的功能主要是通过教育建立的价值文化体系、确立的健康的经济行为价值标准和提高商业伦理道德水准来实现的；狭义层面的教育在经济发展中的作用是通过教育提高劳动者的科学文化素质和知识能力水平，使之劳动能力不断增强，劳动生产力不断提高，劳动的科技含量不断增加，从而提高经济的整体竞争力。教育作为知识经济发展的内在支撑因素是由知识经济的本质特征决定的，更是由知识与教育的关系决定的。

再次，知识经济赋予教育以新的本质观，即教育也是知识生产力。教育能否成为一种生产力要从教育在当代经济社会发展中的地位、功能和作用进行具体地分析。当代经济发展的新变化导致生产力的研究方法出现了重大变化，从传统的研究生产力到底由哪些要素构成转向了侧重于研究究竟哪些因素制约了生产力的发展，从而准确判断影响生产力发展的关键因素。因此，生产力已是一个开放的系统。在此观点下，工业经济时代，被称为“第一生产力”的科学技术在生产中的作用尤为明显，随着工业经济向知识经济过渡，包括人类社会迄今为止制造的所有知识以及人们获取知识、应用知识的能力逐渐成为制约经济发展的重要因素，知识在知识经济时代的生产力身份被承认并不断得到重视。教育作为与知识的制造、传播和储存密不可分的社会活动，也随之成了促进生产力发展的基础和保障。从这个意义上说，教育不仅是知识生产力的有机组成部分，还具有直接的生产力的意义。

此外，知识经济赋予教育新的产业观。教育在社会政治经济的发展中是事关全局的、具有先导性和基础性的知识产业。在工业经济时代，第三产业逐渐从第一、第二产业中分离出来，因为信息、科学等要素在工业经济发展中的重要性，教育被列入第三产业，并被赋予产业的意义，这是经济及产业理论的新发展，也是教育理论自身的新发展。随着知识经济时代的到来，知识的重要性得到了前所未有的重视，因为知识与教育的密切关系，教育作为一种新兴的产业地位不断被人们认识和发现，其特征也不断地凸显出来。总体来说，教育作为一种产业，具有知识性、基础性、全局性和先导性的特征，这四个特征是一个整体，充分说明了教育是作为事关经济发展全局的且具有先导性和基础性的知识产业。

另外，知识经济还赋予了教育新的资本观。教育不仅具有资本的属性，而且还是一种重要的知识资本；知识经济赋予了教育新的发展观，确立了其“适度超前”的发展战略；知识经济赋予了教育新的改革观，为教育的创新发展寻找运行的活力；知识经济赋予了教育新的质量观，对教育提出新的要求，尤其是在人才培养的类型方面，提出了培养具有创新意识和创新能力的新型人才的要求。

（四）知识经济社会对教师发展的挑战

以上所有知识经济对教育提出的新要求都需要教师积极地参与才能实现。尤其是在知识经济时代，需要教师转换角色，从传统的“神坛”上走下来。传统时代，教师一直处于教育的中心地位，肩负教学、教育和管理的多重角色，但事实上，从逻辑与现实来讲，教师不是知识的唯一生产者和拥有者，在知识与学生之间，教师永远只是一个中介者，又加之社会的飞速发展，科技的广泛应用，知识获得渠道越来越宽，教师必须不断地提升自己的综合素质，以适应社会经济发展的要求。

诚如《教育——财富蕴藏其中》一书中所言，“今天，世界整体上的演变如此迅速，以致教师和大部分其他职业的成员从此不得不接受这一事实，即他们的入门培训对他们余生来说是不够用的；他们必须在整个生存期间更新和改进自己的知识和技术。”[①]又因专业发展是教师角色不断更新、重要性不断提升的主要路径，教师个体质量是事关教育能否达到社会发展预期的保障，因此，要不断促进教师成长，提高教师能力，以教师质量保障教育质量，进而促进知识经济社会的持续发展。

二、教育转型发展的题中之义

社会的转型发展直接决定了教育的转型发展。教育转型发展的直接目的和源动力是教育创新以及培养创新型人才，以便更好地促进社会的发展。无论是教育的创新还是创新型人才的培养都与教师的素质与教育教学理念有着密切的关系。以教师发展为切入点，更新教师教育理念，丰富教师教育教学知识和技能可以有效地提升教师在教育转型中的作用。另外，教师的不断发展亦是教育转型发展自身的要求和题中之义。

（一）教师在个体及社会发展中价值意义的历史梳理

无论是教师群体的发展，还是教师个体的发展，其发生的背景都是在教育

①罗执廷等.观念大冲撞——知识经济呼唤教育革命[M].北京：中国少年儿童出版社，2001：162.

活动的大背景之中。因此,研究校本教师发展问题,就势必要先了解何谓教育、教育的发展演进、教育的基本释义及其构成要素,这是教育发生的微观研究,无论是全面认识教师的发展,还是对校本教师发展进行理论探究与实践研究都需要对教师生存和发展的宏观教育背景进行梳理。

1.教育是人类社会的特有活动

世间万物,延绵不息。基因的传递、本能的引导,使得万物生灵在各自一隅自成体系,即相互独立又依存而居。例如,刚孵化出来的雏燕,虽然眼睛看不见,但它已经知道将排泄物落到巢穴的外面。虽然大多数的动物在刚出生时需要喂养和引导,但诸如雏燕的这种能力是通过遗传而获得的,动物们可以合乎规律地运用各种能力而不会对自己产生危害的本领的确是令人赞叹的,而人类的情况就大为不同了,尤其是婴幼儿时期的人类需要保育行为的介入才能确保基本的安全。保育即是父母或年长者为了婴幼儿避免受到伤害而采取的预防措施。保育是教育中的重要内容,因为人是所有生灵中惟一必须接受教育的被造物。这里的教育是指以养育、维系为主的保育,以训诫为主的规训以及连同塑造在内的教导。①

上面已经对保育有所提及,下面我们就谈谈规训和教导。规训的主要目的是把人身上的动物性转变为人性,防止人在动物性的驱使下做出偏离其基本人性的事情。例如,为了避免野蛮鲁莽地去冒险,必须对其规训以限制之,其中,被规训的内容是对人的安全有害的,规训的形式是否定性的。简而言之,规训是为了把那种野性从人身上去除。野性指的是不受法则规约的部分,而规训将人性的野性部分置于法则之下,并且由此开始让人感受到法则的约束性和强制性。人们还认为,规训这种行为必须要及早进行,这也是为什么孩子初次接受教育时,一开始并不是要以认知的方式学习知识,而是让他们习得一些基本规则,如习惯安静地坐着、遵守一定的规定,以便能够有组织地开展一些基本活动,更是为了孩子以后进入社会懂得自律和约束自己。而与规训不同的是,教

①[德]伊曼努尔·康德.论教育学[M].赵鹏,何兆武译.上海:上海人民出版社,2005:3.

导则是对人的行为所进行的肯定性的活动。

康德(Kant)断言,“人只有通过教育才能成为人”,因为“除了教育从他身上所造就出的东西外,他什么都不是”。康德之所以这么重视教育在人之为人的过程中的重要性,是因为他认为越来越好的教育可以使每一代都向着人性的完满状态更进一步;因为人性中存在着许多类似胚胎性质的自然禀赋,教育的任务就是要让这些自然禀赋均衡地、全面地发展和呈现出来,让人类的禀赋从胚胎状态发展成能力,使人达到其本质规定,因此,教育关乎着人类天性之完满性的伟大的秘密。也就是说,人的天性将通过教育越来越好地得到发展,而且人们可以使教育具有一种合乎人性的形式,也正是教育的这个功能让人类看到了一种未来的、更加幸福的前景。①

以上是教育作为人性之为人的肯定和释义,而教育更是作为一种社会活动而存在的,教育的历史和人类社会发展的历史一样长远。作为一种社会现象,人们对教育也进行了不同的解释和说明,《中庸》中论及“教育”时说到“修道之为教”;而《荀子》中则曰“以善先者谓之教”;许慎的《说文解字》中把教育解释为“教,上所施,下所效也,育,养子使作善也”,以上是我国古代关于教育比较有代表性的观点。在西方,教育对应的词汇是Education,该词源于拉丁文,其词根意为“导出”,即对人实行某种引导。诚如裴斯泰罗齐所言,“教育就是对人的一切天赋能力或力量的和谐发展的一种促进”;杜威基于他的实用主义哲学的观点,认为“教育就是人的经验的改造”。以上观点都基于提出者所持有的理论或立场对教育的说明,都带有一定程度的片面性,但也都从某一侧面反映了教育的本质属性及所含要素。

2.教育者在教育中的地位

随着社会的发展,尤其是教育科研的兴起和规范,人们对于教育的概念的认识也逐渐清晰起来并达成一致。目前关于教育的概念有广义和狭义之分,广义的教育泛指一切能够增进人们知识、技能、身体健康以及形成和改变人们思

①[德]伊曼努尔·康德.论教育学[M].赵鹏,何兆武译.上海:上海人民出版社,2005:5-6.

想意识的过程；狭义的教育是指专门的学校教育，是教育者按照一定的社会要求，向受教育者的身心所实施的有目的、有计划、有组织的影响，以使受教育者发生预期变化的活动。[①]从教育的概念中我们可以看出教育中重要的构成要素，他们分别是受教育者、教育影响和教育者。受教育者是教育活动的对象，其中受教育者的身心是教育活动的具体对象。人的身心之所以能够成为教育实践活动的对象是由两点决定的：一是社会需要大量经验的积累和传递而使之得到延续和发展的特性；二是人的身心具有"受教性"特征。教育影响是教育活动中的另一个基本要素。教育影响是联系教育者和受教育者之间的中介，主要包括影响物以及运用这种影响物的活动方式方法。在日常的生活中，对人的发展的影响物有很多，但在教育过程中，这种影响物是经过专门的选择和安排的，一般是选择那些具有较高的社会价值和教育价值的影响物及其活动和安排方式的。教育者被认为是教育实践活动的又一个基本要素。教育者的一个基本特征是主体性，教育者的另一个基本特征，是他所从事的活动是以影响受教育者的身心发展为目的的。社会性是教育者的又一基本特征，这里的社会性是指教育者总是作为社会的代表作用于受教育者的。

总而言之，教育者是在社会的专门委托之下，以社会的发展要求为基准，以体现社会的要求为手段来参与教育的过程，其活动的目的是通过教育的实施来调整、控制教育对象，甚至影响整个教育过程。这里所提到的教育者包括与制定教育方针、编排教科书、教育的组织管理等相关的人员；但在实际的教育实践活动中，尤其是学校教育的场域下，教育者主要是指参与课堂教学的一线教师。教师作为重要的教育者，对教育的实施和受教育者的发展具有关键的作用。因此，教师的相关研究也是教育类研究的基础，对校本教师发展的研究具有更加突出的意义。

3.近代基础教育的起源及发展

追其源，所以明其宗。因此，无论是谈论教育还是谈论教师，都绕不开对

①南京师范大学教育系.教育学[M].北京：人民教育出版社：2001：43-45.

教育起源的研究。教育的发展历史同人类的活动一样久远，据文献记载，早在4000多年前的夏代，我国便有了学校教育的雏形。《孟子》中有曰："设庠、序、学、校以教之，庠者养也，校者教也，序者射也。夏曰校，殷曰序，周曰庠，学则三代共之，皆所以明人伦也"。这里就记录了我国学校教育的起源情况。西周以后学校教育制度已经发展得比较完备，春秋战国时期私学大兴，这也是我国教育史、文化史上的一个里程碑。隋唐以后的科举制度使得政治、思想和教育的联系更加制度化。宋代以后，程朱理学成为国学，《四书》《五经》成为教学的基本教材和科举考试的依据。明代以来，八股文被规定为科举考试的固定格式，这种形式不仅钳制了社会的思想，也在形式上扼制了社会的创造性。一直到光绪三十一年(1905)，科举制度因不能适应社会发展的要求而被废止，随即清政府下令开办学堂，兴办新式学校。另外，与我国古代教育发展同时代的还有古代印度的教育、古代埃及的教育以及古代希腊和罗马的教育。虽然教育内容和发展形式有所差异，但这一时代的教育具有一些共同的特征表现，分别是教育的等级性、道统性、专制性、刻板性以及象征性功能。①

19世纪以后的教育被称为是近代教育。从国际范围来看，近代教育的兴起和发展主要是随着资本主义的萌芽及发展而发展起来的。其中科学技术的发展，思想观念和生活方式的变化引起了教育的重大变化，主要表现在以下几个方面：一是国家加强了对教育的重视和干预，公立教育逐渐崛起。例如，1804年的法国，拿破仑政变成功以后，采纳了康多塞法案的基本思想，建立了中央集权的教育领导体制，国家开始对学校进行统一管理，私立学校基本被取缔。二是初等义务教育开始实施。英国、德国、美国以及日本在这一时期都实施了不同年限的初等阶段的义务教育。三是教育逐渐迈向了世俗化。例如，18世纪80年代的美国实行宗教与国家分离政策，并规定举办教育的权利是归属于州政府的。四是各个国家开始重视教育立法，开始实行以法治教。重视教育立法是近代西方教育的一个明显特点，尤其是教育的改革都是以明确的法律法规形式

① 袁振国. 当代教育学(2004年修订版)[M]. 北京：教育科学出版社，2005：6-9.

予以规定和保证的。

进入20世纪以后，第一次和第二次世界大战深刻地改变了世界的格局，民主化、工业现代化、国家主义成为世界的主要潮流。在这样的背景下，教育在数量和质量上都获得了更大的发展，尤其是随着科学技术在人类社会和经济发展中产生了巨大的影响力，与之有紧密关系的教育得到了前所未有的重视，并被看作是经济发展、社会进步以及追赶现代化的法宝。这一时期的教育在教育制度、教育观念、教育内容和教育形式上均发生了深刻的变化。主要体现在以下六个方面：

一是加强学前教育的发展并重视与小学教育的衔接。第二次世界大战以后，许多国家都强调学前教育的重要性，并将学前教育纳入国家教育系统。二是强化普及义务教育，并将义务教育的年限进行了延长。据联合国教科文组织统计，到20世纪90年代，在参加统计的186个国家中，有98个国家都规定了九年或九年以上义务教育，有些国家更把义务教育的年限延长到了高中阶段。三是普通教育与职业教育朝着相互渗透的方向发展。尤其是第二次世界大战以后，各国的普通中学的比例逐渐增加，并出现了普通教育职业化和职业教育普通化的趋势。四是高等教育的大众化和类型的日益多样化。五是学历教育与非学历教育的界限逐渐淡化。六是教育制度有利于国际交流的开展。

（二）教师发展是基础教育改革的要求

社会的发展给教育领域带来了新的机遇和挑战，继而也引起了教育的改革和调整。近年来，基础教育领域的改革如火如荼，课程改革、办学模式改革、考试评价改革、课堂教学改革等不断改变着传统教育体系，也挑战着教师的教育教学理念。实践证明，教师是教育改革的关键执行者，因为好的教育理念和改革方案只有被教师正确地接纳，并经由教师付诸课堂教学，教学改革才算真正落地，也才有可能体现效果。而所有的教学改革不仅都要求教师更新教育教学理论，更新知识结构，更需要教师提升整体素质，以应对基础教育的各项改革。因此，教师要不断地学习，不断地发展，以适应基础教育发展的需要。

1. 国际基础教育的改革及发展

随着社会政治、经济、科技和文化各个领域不断发生重大变化，教育也被深刻地影响和改变着，并反过来促进社会的发展。自从第二次世界大战以后，世界教育经历了四个典型的发展阶段，分别是20世纪40—50年代的重建时期、20世纪60年代的大发展时期、20世纪70年代的调整时期以及20世纪80年代至今的新增长时期。新增长时期的教育改革中，各国普遍致力于建立灵活、多样的教育体制，追求高质量、高效益的教育系统，以实现自然主义与人本主义相统一的教育思想。当代国际教育主要呈现出发展规模迅速增长、教育体制和结构明显变化、教育内涵逐渐扩大和教育不平等等特征，当代国际教育也向着教育的全民化、终身化、民主化和信息化的趋势发展。

21世纪，各国基础教育改革更加频繁，其中全民基础教育、学习型社会、国民整体素质和教育国际化等四个方面在国际基础教育改革和发展中更为突出。如1990年，联合国教科文组织通过了《世界全民教育宣言》，该宣言向全世界指出了“全民基础教育”的理念，并明确指出“满足基本学习需要”，即“每一个人，包括儿童、青年和成人都应能获得旨在满足其基本需要的受教育机会。”[①]因为教育为社会的经济和社会的发展传授所需的知识和技能，并且有利于个人的自我实现，基础教育逐渐被视为人的一项基本权利，各国都在以不同的方式极力推进本国基础教育的发展和普及，入学人数逐年上升，且教育质量不断提高。

1996年，联合国教科文组织发表的题为《教育——财富蕴藏其中》的报告在全球引起了广泛关注，这更加明确了基础教育在人们生产和生活中的重要性。1968年，美国教育家赫钦斯出版了《学习社会》，该书第一次提出了“学习社会”的概念，并引起了世界各国教育界人士的关注。1972年，由富尔担任主席的国际教育发展委员会向联合国教科文组织提交了《学会生存——教育世界

①赵中建.教育的使命——面向二十一世纪的教育宣言和行动纲领[M].北京：教育科学出版社，1996：15.

的今天和明天》的报告。这个报告特别强调"终身教育"和"学习社会"两个概念,在此报告的第三部分还专门以"向学习社会前进"为标题,其内容明确指出:"终身教育是学习社会的基石。""学习社会"已成为当今世界教育政策的指导原则。

随着教育的改革和发展,各国基础教育既有相似的一面,又在各国政治经济发展现状的基础上呈现出不一样的教育改革及措施。例如,美国通过基础教育财政投入中央化,政府积极鼓励"自由择校",对弱势群体实施教育补偿并以构建比较完善的教育督导制度等方式来实现基础教育的均衡发展。日本作为亚洲经济较为发达的国家之一,在基础教育改革方面一直走在前列,其在促进教育均衡发展、实现教育公平方面合理配置基础教育资源并有完善的教育立法和财政保障制度、与时俱进的督导制度。英国在此方面的做法也大致相同,即通过规范的基础教育立法与强化中央政府对基础教育的管理等方式来实现教育的均衡发展。

关注学生个性化成长,让每个学生都成为最好的自己,追求教育在促进人的全面发展中的作用和意义是当今教育发展的趋势之一。法国在2003年成立了"学校未来全国讨论委员会",该委员会在2004年向法国教育部提交了《为了全体学生成功》的报告,该报告的核心议题就是为了让全体学生都能成功。报告指出,作为一所学校,应该用能够让人成功的知识、技能和行为规范来武装所有的公民,让每个人都能做出明智的发展路径的选择,并最大限度地施展其才智。2002年,美国布什政府签署的《不让一个孩子掉队》教育改革法案,勾勒出新世纪美国教育改革与发展的蓝图,强调在美国的公立学校中,不论学生的家庭背景、肤色之别,发展学生的心智,培养学生品格,力争不让一个孩子掉队,从而实现中小学教育的高质量发展。

2.我国基础教育的改革及发展

这里所提到的我国基础教育发展是指中华人民共和国成立以后的基础教育发展。1949年中华人民共和国成立,中国社会主义教育事业取得了快速的发展,并逐渐形成较完整的社会主义教育体制。1976年之前我国基础教育的重要特征是与生产劳动相结合。教育与生产劳动相结合是马克思主义教育思想一个重要的组成部分，也是毛泽东思想的重要内容。教育与生产劳动相结合是人全面发展的一个重要途径，当时社会采取了半工半读、勤工俭学，学校教育与生产劳动相结合等形式，实行教育与生产劳动相结合。[①]1976年之后，随着政治、经济、文化的发展，尤其是改革开放以来，我国基础教育呈现出新的发展态势。

20世纪80年代以后，面对国际、国内环境的机遇与挑战，我国政府坚定不移地确立了教育优先发展的战略地位，实施“科教兴国”“人才强国”战略，并绘制了中国教育发展的世纪蓝图。《中共中央关于教育体制改革的决定》是我国教育发展史上一个重要的里程碑。为了确保将教育优先发展落实到位，1988年，中共中央起草了一份文件，名为《中国教育改革和发展规划纲要》；1993年，这份纲要正式颁布，成了当时的一个纲领性教育文件。

20世纪末21世纪初，我国基础教育经历了从“兴国”到“强国”的战略转变，做出了人力资源是第一资源的科学判断，提出了人才强国战略，做出了优先发展教育、建设人力资源强国的战略决策。为此，国家增加教育经费投入，并推行了一系列重大措施，如确立政府教育经费占(国内生产总值GDP) 4%的目标、实行中央财政每年增加“一个百分点”的政策、实行面向21世纪的教育振兴计划。[②]2010年，教育部制定并出台了《国家中长期教育改革和发展规划纲要(2010—2020年)》，这是中国进入21世纪之后的第一个教育规划，是今后一个时期指导全国教育改革和发展的纲领性文件。《国家中长期教育改革和发展规划纲要(2010—2020年)》主要包括素质教育的改革和推进、义务教育均衡发展、职业教育办学模式改革、终身教育体制机制的建立、拔尖创新人才培养改革、考试招生制度改革、现代大学制度改革、深化办学体制改革、地方教育投入保障机制改革等方面。

① 陆有铨.躁动的百年：20世纪的教育历程[M].北京：北京大学出版社，2012：443-448.

② 改革开放30年中国教育改革与发展课题组.教育大国的崛起[M].北京：教育科学出版社，2008：26-61.

2018年9月，党中央在北京召开全国教育大会，这是在中国特色社会主义进入新时代、全面建成小康社会进入决胜阶段的大背景下，党中央第一次召开的全国教育大会。这凸显了教育在党和国家事业中的基础性、先导性、全局性地位，对动员全党全社会加快推进教育现代化、建设教育强国、办好人民满意的教育具有重大现实意义和深远历史影响，是我国教育史上的里程碑。

全国教育大会集中系统阐释了中国特色社会主义教育的本质特征、功能定位、战略目标、根本任务、发展规律、育人模式、动力源泉、依靠力量和治理体系等重大问题。概括而言，全国教育大会深刻阐明了九个重要问题，为我国未来教育的发展指明了方向：

一是深刻阐明了新时代中国特色社会主义教育的本质特征。中国特色社会主义最本质的特征是中国共产党的领导，中国特色社会主义制度的最大优势是中国共产党的领导。加强党对教育工作的全面领导，是办好教育的根本保证。各级各类学校党组织要把抓好学校党建工作作为办学治校的基本功，把党的教育方针全面贯彻到学校工作各方面。

二是深刻阐明了新时代中国特色社会主义教育的功能定位。教育是民族振兴、社会进步的重要基石，是功在当代、利在千秋的德政工程，对提高人民综合素质、促进人的全面发展、增强中华民族创新创造活力、实现中华民族伟大复兴具有决定性意义。教育是国之大计、党之大计，强调把优先发展教育事业作为推动党和国家各项事业发展的重要“先手棋”。

三是深刻阐明了新时代中国特色社会主义教育的战略目标。加快推进教育现代化、建设教育强国、办好人民满意的教育。不断使教育同党和国家事业发展要求相适应、同人民群众期待相契合、同我国综合国力和国际地位相匹配。必须通过优先发展教育，把人口中蕴藏的智慧资源挖掘出来，转化为巨大的人才资源优势，为实现中华民族伟大复兴的中国梦提供有力支撑。

四是深刻阐明了新时代中国特色社会主义教育的根本任务。要培养德智体美劳全面发展的社会主义建设者和接班人。我们的教育必须把培养社会主义建设者和接班人作为根本任务，培养一代又一代拥护中国共产党领导和我国社会主义制度、立志为中国特色社会主义奋斗终生的有用人才。

五是深刻阐明了新时代中国特色社会主义教育的发展规律。“九个坚持”是我们对我国教育事业规律性认识的深化，来之不易，要始终坚持并不断丰富发展。

六是深刻阐明了新时代中国特色社会主义教育的育人模式。要在坚定理性信念、厚植爱国主义情怀、加强品德修养、增长知识见识、培养奋斗精神、增强综合素质上下功夫，要树立健康第一的理念，全面加强和改进学校美育，在学生中弘扬劳动精神。要努力构建德智体美劳全面培养的教育体系，形成更高水平的人才培养体系。要把立德树人融入思想道德教育、文化知识教育、社会实践教育各环节，贯穿基础教育、职业教育、高等教育各领域，学科体系、教学体系、教材体系、管理体系要围绕这个目标来设计，教师要围绕这个目标来教，学生要围绕这个目标来学。凡是不利于实现这个目标的做法都要坚决改过来。

七是深刻阐明了新时代中国特色社会主义教育的动力源泉。要深化教育体制改革，健全立德树人落实机制，扭转不科学的教育评价导向，坚决克服唯分数、唯升学、唯文凭、唯论文、唯帽子的顽瘴痼疾，从根本上解决教育评价指挥棒问题。要深化办学体制和教育管理改革，充分激发教育事业发展生机活力。要提升教育服务经济社会发展能力，调整优化高校区域布局、学科结构、专业设置，建立健全学科专业动态调整机制，加快一流大学和一流学科建设，推进产学研协同创新，积极投身实施创新驱动发展战略，着重培养创新型、复合型、应用型人才。要扩大教育开放，同世界一流资源开展高水平合作办学。

八是深刻阐明了新时代中国特色社会主义教育的依靠力量。坚持把教师队伍建设作为基础性工作。教师是人类灵魂的工程师，是人类文明的传承者，承载着传播知识、传播思想、传播真理，塑造灵魂、塑造生命、塑造新人的时代重任。全党全社会要弘扬尊师重教的社会风尚，努力提高教师政治地位、社会地位、职业地位,让广大教师享有应有的社会声望,在教书育人岗位上为党和人民事业做出新的更大贡献。

九是深刻阐明了新时代中国特色社会主义教育的治理体系。各级党委要把教育改革发展纳入议事日程,党政主要负责同志要熟悉教育、关心教育、研究教育。办好教育事业,家庭、学校、政府、社会都有责任。全社会要担负起青少年成长成才的责任。

3.基础教育改革及发展对教师提出的要求

综合国内外基础教育改革历程及当代发展,我们可以看出,当今世界经济更加发达,社会更加进步,文化更加多元,教育的发展也呈现出新的特点和发展趋势。其中最为突出的是关注教育公平,促进教育均衡化发展;关注学生个性化成长,追求教育在促进人的全面发展中的作用和意义;重视教育评价,广泛开展国际性的教育评价活动。基础教育均衡发展主要是针对教育实践中教育发展的不平衡提出的,主要是通过调动教育资源的均衡分配,为受教育者提供相对均等的教育机会和条件,从而实现人们享受教育公平的权利。教育均衡发展主要涉及三个方面,分别是关注入学机会均等的起点公平、关注学校条件、受教育机会均等的过程公平和关注学业成就甚至是未来生活成就的结果公平。

教师在促进教育均衡而有质量发展中的重要性是显而易见的。党和政府历来重视教育及教师发展。百年大计,教育为本;教育大计,教师为本。为深入贯彻落实党的十九大精神,造就党和人民满意的高素质专业化创新型教师队伍,落实立德树人根本任务,培养德智体美全面发展的社会主义建设者和接班人,全面提升国民素质和人力资源质量,加快教育现代化,建设教育强国,办好人民满意的教育,为决胜全面建成小康社会、夺取新时代中国特色社会主义伟大胜利、实现中华民族伟大复兴的中国梦奠定坚实基础。中共中央、国务院出台了《关于全面深化新时代教师队伍建设改革的意见》(以下简称《意见》),提出了坚持兴国必先强师,深刻认识教师队伍建设的重要意义;着力提升思想政治素质,全面加强师德师风建设;大力振兴教师教育,不断提升教师专业素质能力。

《意见》指出，对教师队伍建设存在的一些不平衡不充分的地方，要全面深化改革，着力破解瓶颈障碍。全面深化新时代教师队伍建设改革，目的是要培养和造就党和人民满意的高素质专业化创新型教师队伍。按照《意见》制定的目标，到2035年，我们将培养造就出数以百万计的骨干教师、数以十万计的卓越教师、数以万计的教育家型教师。这支教师队伍，将是我们建设教育强国、决胜全面建成小康社会、夺取中国特色社会主义伟大胜利、实现中华民族伟大复兴的中国梦的"梦之队"。可见，《意见》更加明确了新时代教师发展的责任和使命，也为教师的发展提供了坚实的基础和政策保障。

除了教育领域的改革之外，在我国，党和国家政策对教师发展，对教师队伍质量建设也提出了明确的意见和建议。例如，党的十八大报告(2012年)指出，加强教师队伍建设，提高师德水平和业务能力，增强教师教书育人的荣誉感和责任感。党的十九大报告(2017年)指出，加强师德师风建设，培养高素质教师队伍，倡导全社会尊师重教。习近平同志在全国教育大会上指出，坚持把教师队伍建设作为基础工作。他强调，建设社会主义现代化强国，对教师队伍建设提出新的更高要求，也对全党全社会尊师重教提出新的更高要求。习近平同志对教师队伍建设的论断是新时代新形势下对教师地位和作用的新思考新定位，从战略和全局高度强调了充分认识教师工作的极端重要性，对于新时代加强教师队伍建设具有重大意义。

三、新时代教师队伍建设的诉求

在近半个世纪基础教育改革的大背景下，伴随教师专业化的提出及在教育实践中的推进，世界范围的教师改革运动如火如荼地开展，教师得到了长足的发展。然而，透过热闹的改革，冷静分析教师专业化进程，或许不难发现，在这场庞大的全球性的教育改革背后，是一种片面的、非连贯性的和盲目追求结果的功利性态度。实践表明，专业化不可能是教师改革和发展的永恒话题和终极追求，其存在具有历史性和暂时性。反思与深化教师发展，要走综合发展之路，以规避教师专业化带来的弊端；要引领教师自觉，构筑教育生活的自由幸福之路；要关注个体，重视教师内在生命价值和意义；要理解学生，让教育教学回归其本真本意，以上种种反思和展望都对校本教师发展提出了明确而具体的建议和要求，这也是今后教师队伍建设和改革的方向和重点。

(一)教师改革要走综合发展之路

任何事物的出现和发展都有其特定的原因和背景。以教师专业化为主要内容的教师队伍建设是随着工业化大生产的兴盛而提出的，目的是为了实现学校教育向知识传授与技能培训的转型，以满足工业社会对从业人员素质的要求。实践证明，转型后的教育对社会及经济发展产生了积极的影响，人们也越发认同教育在社会发展中的作用，进而认识到教师的价值。伴随着以提升教学效率为目的进行的教育改革，社会对教师素质发展的要求进一步提高。教师专业化及专业化发展随即成为人们关注的焦点，也成为教育改革的重要内容。

在专业化理念的关照下，经过系统的、专门化的训练，教师拥有了更丰富的专业知识和更强的专业适应能力，具备了更全面的教学技能，拥有更强的教育教学操作能力和研究能力。教师专业化发展成就了现代化背景下教育的大发展。然而，发展的成绩仍不足以弱化我们对教师专业化的反思与完善。教师专业化在促进教育发展的过程中，逐渐暴露出一些阻碍教育健康发展的弊端之处，例如，发展的片段性、目的的单一性和功利化、过分重视方法技巧、陈旧的教育观念、程序化的工作流程以及简化的存在方式等。解决教师专业化弊端的有效路径就是要走综合发展之路。

"综合发展"一词最早使用于经济领域，在社会经济发展的影响下，综合发展逐渐被引入教育领域，有学者认为，"要深化教育领域综合改革，着力提高教育质量。改革，尤其是综合性改革，应成为基础教育领域的主旋律"[①]。同样，面对教师专业化发展中的诸多问题，只有以综合发展的思路才能有效解决。因此，深化教师综合发展既是时代的紧迫要求，亦是教育内部发展的需要。

①刘利民.走内涵式综合改革之路——关于进一步推进基础教育改革的若干思考[J].人民教育，2013(10).

深化教师综合发展，要增强教师发展的协同性、系统性，以此形成发展的强大合力。教师发展是一项多主体参与的复杂工程，教育主管部门的行政指令、教师所属单位的具体实施、教师本人的领会与执行都与教师发展效果息息相关。教师发展是教育发展的基础和先行，这一观点已经成为无可非议的共识，深入贯彻、转化这一共识为具体的行动，首先需要各类相关主体的积极配合，在态度上坚定不移地推进教师发展，形成系统思维、战略思维，增强发展的协同性，从发展的视角开展工作，以形成衔接、关联、凝聚的发展共同体。

深化教师综合发展，要使教师整体发展起来。受科学主义思想影响，专业化十分强调学科知识、教育教学知识对教师发展的重要性，这种认识使教师工作逐渐演变成由知识化的条例和规则构成的稳固、确定、程序化的操作，加之学校科层制管理及分工体制，教师工作被分割和局部化，教师也被简化成一个“操作工”。重视教师全人的发展，要让教师真实地融入学校的发展之中，而非学校组织的一个单纯部件。另外，学生永远是教师一切工作的基本前提，在强调教师专业知识和技能的同时，更多关注点应该放在教师与其工作对象——学生之间，以同情、关心、宽容为特征的教师特性应成为教师发展的核心内容和追求目标。①

（二）教师发展要引领教师走向自由幸福之路

多年来，教师专业化的发展和深入，禁锢了教师的角色意识与思维模式，在“专业”“标准”“程序”标签下的教师逐渐丧失了自知的习惯、自觉的反思及自为的发展。教师从一开始只是组织形式上的归属，到最后沦为自我意识的懈怠，以及自我角色的依附。发展至今，这种“依附”“不自知”的状态不但没有改变，反而在技术理性和机械功能主义的理念之下愈演愈烈，而改变这种现象的有效策略当属引领教师自觉发展。

自觉是人的基本人格，是人通过内外矛盾关系发展来的基本属性。一个自觉的人是基于自己对外界认识的基础上去主动做、主动思考的。这种“做”与“思考”是一个自我内在发现、外在创新的意识解放过程，是一切实践行为的本

① 贺慧敏.教师发展的反思与策略重构[J].现代中小学教育，2016(4).

质规律。自觉的基本属性是有意识地进行自我本体的发展和维护，并在与外界的接触中发展自我本体。从自觉的心理学定义可以看出，自觉是人的基本属性，“内外矛盾关系”的存在是这种属性具备的关键条件。矛盾是无处不在，无时不有的，而教师又属于社会中知识储备丰富、反思能力较强的人群，照此推理，教师应该具备很强的自觉性。然而事实并非如此，究其原因，是长期的“专业化”让教师“在进行教育教学或者在选择教育教学方式时就会有意识，乃至无意识地遵从了专业化所要求的所有原则，并毫无困难地将其视为普遍原则”①。这种类似于宗教信仰般地对“专业化”的信奉，在本质上是一种“‘反思想的和排他性的’的信念体系”②，这种体系使教师最终听任“专业”的摆布。专业化对教师的这种影响是一个渐进的过程。起初教师只是忘却了自己的自觉意识，进而“丧失”自觉能力。因此，当务之急是唤起教师的自觉冲动，树立角色自觉，引领行为自由和职业坚守。

教师自觉冲动的前提是对角色的自知。教师是其社会角色的承担者。学生是教师存在的首要前提，对象的存在直接决定了角色的有无，学生的发展决定了教师的发展，因此，教师要关注并理解学生，以学生的发展和需要来定义工作的意义和价值。教育既是一种生活方式也是一种行动方式，教师的教育理念和教育信念最终要以显性的行动方式表达出来，并融合其中。教师树立了为学生发展服务的角色意识，还需要有适度的、自由的行动来达成这一目的，进而坚守职业本真。这里使用的是“行动”而不是“行为”，从伦理学上讲，“行动”是“以可能的方式去达到某种结果”，行动的基本原则是合目的性；并且这种“合目的性”意味着追求卓越的德行。行为则表现为以被允许的方式去达到某种结果，这种“被允许”一般是指规范下的允许，是“限制了”的行动。从此论述中可以看出，教育教学应该是一种行动才更接近教育的真谛。另外，行动的原则

① 曹永国.解决问题抑或追寻意义——对教师专业化的一种思考[J].华东师范大学学报（教育科学版），2013(3).

② 赵汀阳.论可能生活[M].北京：中国人民大学出版社，2010：4.

优势还在于它在本质上是一个合目的原则，只要一个行动是合目的的，它就一定是有意义的并且能够引起幸福感，坚持自由的、合目的的行动是教师幸福的基础。

然而，既然教育的本质属性是一种社会活动，它就不可能完全脱离由各种“制度”“规则”“标准”等构成的现代社会这个特定的场域而发生或存在。因此，教师的“行动方式”是一种有限度的行动。当“自由的行动”与“有限度的行为”发生矛盾时，教师要心怀行动意识，在制度化的力量或集体性的力量所给予的生活空间里，最大限度地自由施教。

（三）教师发展要重视教师内在生命价值

以“效率优先性”“最大功利化”等为特征的专业化追求，淡化了教师对自身主体性和独特性的重视，在教育实践中形成了只见“专业”不见“教师”的现象。教师或是隐藏或是压抑自己的教育体验和教育信念，接受一种对象化的、片段式的存在方式。教师个体存在意识的式微，具体表现为在教育实践中，与教师工作相关的规章制度和道德规范日益强化，教师个体的精神、思想空间则被规约化的规则和组织秩序不断挤压，使教师的道德追求和教育信仰在日益强化的约束下消退，教师的传道精神和人师身份在现代性的洪流中迷失，以德行教化为内在力量的教师权威在知识至上的追寻中日渐消散。

由此可见，专业化虽然提升了教师的业务素质和教学水平，但同时也限制了教师作为一个个体生命所应有的个性、独立和自由，以及在个体空间里的创造性活动。随着时代的发展，单一的强调专业性的教师发展已经不能适应教育深化发展的需要，人们开始反思教师发展的价值取向，并逐渐将注意力转移到教师个体层面，认为教师应该作为一个真实、完整、具体的人，以整体的方式存在于教育生活中。教师发展应该是一种整体性的发展，而不仅只是停留在对社会价值的追求上，应该关注个体，重视教师的内在生命价值。

重视教师的内在生命价值，要高度关注教师的个体生活。传统教育多是以一种规范的视角讨论教师的存在，以一种劝导的形式引领教师发展，加之受科学主义的影响，教师的教育生活中充斥着功能主义和工具理性，且手段和目的颠倒，教师被各种规章惯例“统治”。这些现象已经严重阻碍了教师作为一个独立个体的本真存在。从伦理学的视角来看，教师的工作是一种“生活事实”而非“世界存在”。“生活事实”的典型特征是“由人的意志所影响的行为”，这一点使教师的生活事实成为一种给予性的事实而非被给予性的存在。因此，教师的生活蕴含这样一种规定，即单一的“应该”怎么做这种规范化的管理或制度无法完全容纳其存在，它具有比现实性更多的性质，其中重要的性质是“生活的建设性或设计性”[①]。生活事实视域中的教师生活是充满了可能性和创造性的个体生命的活动。

“任何大的社会变革都必须首先体现为个体内部自身的变革”[②]。在教育实践中，“专业”应该是教师发展的平台和载体，而“自我”是发展的内容和核心。这种“自我”包括三个方面：一是认识到自己的独立地位，是独立的“我”在施教，而不是“他者”赋予角色下的行为；二是认识到自我存在的价值和意义，对工作有美好的期待；三是对自我的调控能力，能够依据外界的变化自觉调整发展方向和行为模式，自觉地将生活统摄于主观能动的态度之下，积极地适应生活，而不是被生活塑造。

（四）教师发展要回归教育教学本真

专业化背景下的教师对教育的信仰带有浓烈的功利主义色彩，这使得教师常常将自己及其自己的对象物化。表现在教育实践中就是教师削弱了对学生的关注度和关怀心，教师越来越觉得和学生在一起不再成为教育的必要，师生关系也凸显出不平等的控制和被控制的关系。教育是一项极其复杂的社会活动，而教师只是活动中的参与者和引导者。教师是教育中重要的存在，但这种重要性是有限度的，就像卢梭所言：“人的教育是我们能够真正地加以控制的，

①赵汀阳.论可能生活[M].北京：中国人民大学出版社，2010：7.

②帅倩.赫勒日常生活批判研究[D].上海：复旦大学，2011.

不过我们的控制还只是假定的而已。”[①]对教育的这种客观认识，可以改变教师对教育教学的控制态度，减少其将教育教学减缩为一种专业、技术、方法的危险，从而强化教师对教育的探索和意义的追寻，并将关注点转移到学生的身上，树立服务意识，增强对学生的关注度和关怀心。

在英文中，除了Teacher(教师)之外，Pedagogue也可以用来指称教师，其意思是“和学生生活在一起而成就自己的人”。正是因为在与学生一起生活的过程中，教师最可能感知教育的复杂性，进而发现自身的成长点，意识到自身需要改进的地方。因此，只有强化了教师要服务学生、对学生负责的意识，对自己所承担的责任有一个清晰、准确的认识和把握，教师才能发现自己在教育教学中存在的不足，才能有意识地反思这种不足，从而努力调整自己的态度和行为，规避方法和技巧的牢笼限制，向更适合教育发展、学生发展的方向努力。

综上关于教师专业发展的反思，关于教师队伍建设的诉求及展望，无不要求进行教师培养方式的改革。而校本教师发展因其培养场域地点在学校，培养的发起是由教师发展的需要和学校发展需要决定的，因此，有利于引领教师培养走上综合发展之路，并在实践情境中规避教师专业化带来的弊端，在教师的主动成长中引领教师的自觉行为，关注教师个体发展，实现教师的内在生命价值。

①[法]卢梭.爱弥尔[M].李平沤译.北京：人民教育出版社，2001：3.

第二章 溯本探源：校本教师发展的历史流变与内涵释义

历史是最好的老师，今天遇到的许多事情都可以从历史中找到相似的事件，现实中存在的许多问题也都有着历史的成因。要追根溯源，就要进行历史回放，把当前遇到的问题与挑战放到历史的时空中去认识，才能更加清晰、全面地认知事物，继而更好地解决当下存在的问题，促进事物向更好的方向发展。校本教师发展研究亦是如此。从历史性视角来梳理国内外校本教师的历史流变，从本源上对校本教师的发展进行释义和说明，能够更好地促进教师的发展和教育质量的提升。

一、校本教师发展的历史流变

校本或是学校本位(School-based)这一说法是英译过来的。为了全面认识和理解学校本位的教师发展，我们采用历史分析的研究方法，基于横向视角，从西方有代表性的国家，如英国、美国等国家校本教师的发展进行概述；基于纵向视角，从国内校本教师发展概述校本教师发展实践，从而全面地了解校本教师发展的历史流变，进而更加明确校本教师今后发展的任务和路径。

(一)英美两国校本教师发展的源与流

从现有的文献资料来看,西方的校本教师发展可以分为三大类:一是作为制度化的教师教育发展模式;二是作为在职教师专业发展和学校发展策略;三是作为“教师即研究者”和行动研究思潮载体。为了更好地理解西方校本教师的发展,下面将从以下三个方面对其进行梳理和解析。

1.作为制度化的教师教育发展模式的“校本教师”发展

“学校本位”的教师发展在英美国家的产生,是与职前教师培养模式改革分不开的。20世纪七八十年代,英美两国最早提出了将教师培养从大学或学院转移到学校,建立大学和中小学合作培养教师的模式,并在几十年的发展中,形成了英国的“伙伴学校”和美国的“教师专业发展学校”等“学校本位”教师发展模式的典范。

20世纪80年代,美国社会经济发生了剧烈的变化,科技优势不复存在,社会问题反复出现,校园暴力持续发生,教育质量出现严重滑坡,教育也随即引来了社会的不满和质疑。随着各项教育改革的不断推进和深化发展,教师培养模式的改革也引起了教育行政部门和教育工作者的重视,加之社会民主化运动的开展,学校获得了更多的自主权,这些都为教师培养的校本化提供了良好的社会背景。其中,直接促进美国教师培养校本化的是霍尔姆斯小组和卡耐基论坛。霍尔姆斯小组在《明日之教师》中提出了要建立“教师专业发展学校”,卡耐基论坛提出了“教师教育改革的新方式应包括……在‘临床学校’进行了一种扩展的临床实习”[①]。这种教师培养模式在实践中是这样操作的:临床学校里的教师、大学教育学院、文理学院的教研员将结为紧密的工作群体,共同完成培养教师的任务,并为之提供尽可能完善的学习环境。

经过一段时间的发展,全美的教师专业在学校中迅速得到发展。学校通过给教师创造和构建全新的学习框架,实现了通过教而学、做而学、合作而学的职前教师培养模式。这种模式不仅更新了教师培养的方式,还加强了教师教育

① 崔彦.美国教师专业发展学校经验及启示[D].上海:华东师范大学.2007.

者、经验丰富的教师和新教师之间的合作学习，加强了大学与中小学校之间的紧密联系，促进二者建立合作伙伴的发展关系。在这种模式的实践过程中，大学里的教师教育者在大学和中小学的时间各一半，他们不仅研制学习课程，还指导具体的实践过程，从而确保了教师发展与教学实践的对接，提高新手教师适应教育教学实践的能力并积累经验。

相较美国而言，英国学校本位的教师在教育发展方面更彻底，也更典型。英国学校本位教师发展可以追溯到1972年的《詹姆士报告》。该报告指出“地区师资培训组织”中的大学教授把师范课程引向了“过于学术化”，这给教师的教育任务带来了危险，因此，《詹姆士报告》要求废除这一组织。1982年，英国教育大臣约瑟夫(Josef)爵士委托剑桥大学对校本教师教育模式进行了专门地研究；1983年，英国教育与科学部签发了《教育质量》白皮书，该白皮书提出，将教师培训课程向中小学开放是提升教师培训质量的好办法。同年，英国政府提出了实施新的教师培训课程标准，这一标准直接指明了要加强师范生培养与中小学的联系；到了20世纪90年代，职前教师培养校本化这一思想逐渐转化为制度化的实施规范。①

而后，英国通过一系列的政策文件，将教师教育的任务和场域逐渐引入到中小学，并最终形成了“伙伴学校”这种英国特有的教师培养模式。所谓“伙伴学校”是指大学和中小学建立伙伴关系，并在教师教育过程中一起承担学员的考试选拔、课程规划开发、管理以及其他培训评估等工作。在英国的这种教师专业发展模式中，教师的培养任务大多数被转移到了中小学，例如，系统的教育知识与技能的学习、课堂教学、班级管理、学生评价等都是由中小学来实施完成的；而大学的任务主要集中在保障培训课程的规范性和学术性，并提供资格认证需要的课程。

通过上面的论述我们可以看出，无论是美国的教师专业发展学校还是英国的伙伴学校都是为了适应社会的发展，体现的是追求效率的价值指向，类似于

① 崔允漷，柯政等，学校本位教师专业发展[M].上海：华东师范大学出版社，2013：71.

市场由消费者主导的模式一样，教师专业发展学校和伙伴学校是以家长或学生为买家，学校作为卖家的一种消费和购买行为。这样做是为了培养出有能力、符合社会要求的教师，这亦是教育被视为技术性产品的需要。

2.作为在职教师专业发展和学校发展策略的校本教师发展

基于在职教师专业发展和学校发展策略的教师培训模式在20世纪70年代被作为一种新的教师发展概念与策略提出，最早也是起源于英、美等西方国家。作为在职教师专业发展的校本教师发展是为了克服之前由大学培养在职教师的弊端。西方传统的在职教师培训是集中到大学，由大学的教师培训机构来完成。由于培训的主体是大学，长时间以来，教师培训课程的设置、培训活动的开展与中小学的教育教学实践有一定的距离，不能完全适应教育实践的现实需要。另外，集中在大学培训机构的教师培训，受众人群是有限的，一个学校只有少数几名教师有这样的培训经历，他们无法有效地和同伴一起分享在培训中获得的经验，继而造成了培训成果在实践运用中的缺失和使用不充分的问题。

随着基础教育教学改革的不断推进，尤其是民主化运动对学校发展的影响，教师被认定为是有权利自主选择培训机构的。在教师协会的作用下，一些以实用的教学技术和问题解决为取向的以学校为本的培训活动逐渐开展起来。在后来的实践过程中，还会聘请大学的教师教育者作为指导。这种源于教师自身和学校发展实际需要的“草根式”培训，受到中小学和教师的普遍欢迎，并逐渐演变成一种教师培养模式。

美国的在职校本教师发展是与其学校组织重建运动分不开的。20世纪80年代中期以后，受《明日之教师》和《国家为培养21世纪的教师做准备》两个报告的影响，美国兴起了学校组织重建运动。有教育学者指出，这种组织的重建不是在原有的架构上的修修补补或是简单调试，而是在对学校发展目标及有效运作方式地再概念化的基础上进行的调整。诚如学者墨菲的观点，组织重建是从结构上根本改变学校传统的组织与管理方式，尤其是教师在学校发展中的地位和作用应该得到提升和重视。教师在学校发展中发挥作用的具体途径是可以通过改变教师的工作和教学的再设计来实现的，并且只有教师参与的改革才能最终提升学校教育的质量和绩效。[①]另外，教师专业发展理念的盛行也为基于学校的教师培训和发展提供了背景。有学者把教师专业发展称之为一种模型，这种模型强调教师的专业自主能力和参与学校决策的能力，同时也增强了学校作为服务组织的观念，倡导学校在发展中的主动性，鼓励学校走出政府的保护和束缚。

随着实践的开展，美国在职校本教师培养的类型也呈现出了多样化的特征，但大多数学校普遍的实践形式是，在学校中指定专门人员，负责新教师的入职训练，从各方面对新教师予以帮助和指导，使他们尽快适应角色和教育环境的要求。每个中小学通常会配备专门的教师发展负责人和联系人，定期向大学、教师专业发展团体等汇报学校教师发展情况；大学、教师教育机构及教师专业团体会根据学校的具体情况进行设计和指导，帮助学校解决教师发展的相关问题。

基于学校的教师发展运动起源于英、美等国家，在随后的国际组织、会议及教育项目的推进下，逐渐扩展到了世界上的其他国家。许多欧洲及亚洲国家开始接受并开展教师发展的校本培训模式的实践活动，并使其发展成为教师发展的重要模式。1986年，联合国教科文组织对马来西亚等5国的校本教师培训模式进行了调查研究，后来这一研究又拓展到了新西兰等13个国家。在这个研究项目中，他们发现了教师的校本发展秉承的五大理念：一是学校是发生教育变革最大、最适合的地方；二是教师有能力在学校和团体中发展他们个人的专业能力；三是教师有必要确认并说出他们的培训需求；四是每所学校都有他们独特的问题和发展需求，因此需要特别的解决方案和培训项目；五是学校在开发人力资源和物力资源方面有巨大的潜力。[②]

① Murphy J.Restructuring Schools:Capturing and Assessing the Phenomena, New York, Teachers College Press, 1991, pp.12–14.

② Unesco. Regional Office for Education in Asia and the Pacific, School based in-service training: a handbook, Bangkok, 1986, i–ii.

后来的实践和研究逐渐总结出了在职校本教师培训所需关注的主要内容，如个体的交流技巧、人际关系、课堂管理能力、时间规划能力等，因为这些都直接影响了教师培训的效果。另外，这一时期的教师在职校本培训是与学校的课程建设、教学改革及教师专业化发展运动紧密联系的。以学校为中心的各类教育教学改革和计划要求教师积极参与其中并扮演重要角色，这使教师成长与学校发展可以同步，更确立了学校不仅是培养学生发展，更是培养教师发展的基地的理念。

3.作为“教师即研究者”和行动研究思潮载体的校本教师发展

20世纪70年代以来，国际发展风起云涌，各种教育改革不断兴起，其中“研究—推广—运用”是最广泛的改革模式。但这种模式有一个严重的弊端，就是认为可以通过把改革中所必需的技术传授给教师，教师就能担负起改革中的责任，完成改革任务。但是后来人们逐渐发现，这种改革忽视了教育的情景性，以及组织化、脉络化的因素在教育改革中的重要性。无论哪个年代的教育改革，教师都是其中的重要变量，教育改革政策及相关知识的学习和灌输是被动的改革模式。而在鲜活的教育实践中，教师应该是知识的主动接受者和研究者，甚至是知识的创造者和定义者。在这种背景下，教师在教育改革和学校发展中角色、地位和含义发生了变化，教师的主体地位受到前所未有的重视。

20世纪六七十年代，斯滕豪斯(Stenhouse)等教育家提出了“教师即研究者”的重要命题，强调在教育教学实践困境中的教师要有专业自主判断，通过发展清晰的自我判断来反思和监控自己的教学工作。这些观点和思潮带来了人们对“校本化”“基于校本”的教师发展的关注。人们逐渐认识到，没有学校参与，尤其是没有教师参与的教育改革和研究是无法很好地在教育教学实践中开展的，收效也是不理想的。诚如斯滕豪斯所言，如果没有得到教师对研究成果的思考和检验，那么很难想象出教师能够用此改进教学或者进行课程规划。如果教学要得到改进和发展，就必须形成一种教师参与和认可的范围和研究体系。[1]在后来的实践中，斯滕豪斯等人的观点逐渐发展和演变为学校发展的问题，即大力倡导教师对学校发展和研究的参与，共同促进学校的发展进步。后来，埃利奥特在研究中对教师基于校本进行的相关研究的行为称之为“教师成为行动研究者”并作为一种理念流传开来，后来通过进一步发展斯滕豪斯的理论，埃利奥特提出了教师不仅要成为研究者，还要自己提出并发展理论的观点。

教师作为研究者是在特定的教育情景中解决特定的问题，并在行动实践中进行反思，获得实践性的、具有个人特征的知识。包括前面提到过的教师的行动研究或是教师的实践性反思，都强调这样一种观点：学校的发展要摆脱二元论的特征，建立教师的发展和学校的发展是一致的观点，要突出教师在学校发展中的主体地位，强调依靠教师自身的力量来融通教育领域中的理论、政策与教育教学实践。所有的这些理论都突出了一个显著的特征：反对技术性的教育改革。因为持技术性教育改革观点的人们错误地认为，解决教育教学实践问题有通用的办法，这种办法可以在基于实践情景之外的地方被研究出来，以确定的知识形态进入学校和课堂。更为科学的、更能够解决实际问题的可行的做法是在特定的情景中发展和解决问题的办法，并根据实践活动灵活地进行调整和改变。

侧重于教师在学校发展及教育改革中的主体地位和参与性是这一时期校本教师发展的一个关注点。随着时间的推移和改革的推进，基于教师个人知识发展和专业发展及学科专业发展的需要成为另一个关注点。教师个人知识的建构和发展是根植于学校的发展脉络，即在学校环境中，教师进行问题的解决和个人知识的重构。这些知识和专业不可能在大学或学院化的环境以及正规的培训活动中完成，只能通过真实的教育教学环境和教学问题，在实践中通过揣摩、交流、反思等形成；同样，教师具有个人化的教学知识和技能也是在这样的过程中形成的。诚如舒尔曼(Schormann)提出了学科教学知识的概念，也正

---

① Elliott, J.Action Research for Educational Change, Berkshire, Open University Press, 1991, pp.23-24.

是基于这样的理念提出的。这其实也是教师专业发展的另一条道路，只有教师自己亲身经历过后才能完成。

学者凯米斯(Kemmis)秉承法兰克福学派的批判理论，在吸收斯滕豪斯“教师成为研究者”及施瓦布(Schwab)关于“实践”的思想，对“教师成为研究者”观点中只注重教师个人、单枪匹马式的努力而获得发展的观点进行了批判，认为这种发展模式过于强调个人的发展，而忽略了集团层面的进步。在借鉴哈贝马斯“知识构成兴趣”分类方式的基础上，凯米斯将行动研究分为了三代，分别是“技术性的行动研究”(technical action research)、“实践性的行动研究”(practical action research)和“解放性的行动研究”(emancipatory action research)。[①]凯米斯认为，行动研究以何种形式呈现，在于研究者在其中扮演的角色。他认为“解放性的行动研究”将实践活动置于系统的理论知识和研究基础之上，因此，行动中的人的批判意识、自我反思意识易于得到发展，研究中人获得了解放，分散中的教师联合起来形成了研究共同体，获得了共同的发展和进步。“解放性的行动研究”是将教师的发展理念拓展到了更大的社会性的范围，同社会实际相结合，人在其中获得了真正的解放。

(二)我国校本教师发展的历程

1.我国校本教师发展的形态

虽然“校本教师”的表述是翻译过来的，但是校本教师的实践形态或实践载体在我国学校发展中是一直存在的。其最早的形态是教研组本位，逐渐地过渡到学校本位。

在我国，关于学校本位的教师发展实践和相关研究一直存在。其中比较有影响力的是作为制度化的组织出现的教研组。我国的教研组制度是借鉴前苏联时期的经验而建立的，并于1952年作为教育部的正式文件颁布实施，其中提到“中学各学科设教学研究组。由各科教员分别组织之，以研究改进教学工作

①Carr, W. Kemmis, S. Becoming Critical, *Education, Knowledge and Action Research*, London The Flamer Press, 1982, p134.

为目的”。[1]从这里可以看出，我国教研组成立之初就是为了讨论及制订各科的教学进度、研究教学的内容及方法。教研组是一种教学研究组织，与前面讨论过的西方教师作为研究者的校本教师发展有一定的相似之处，且我国的教研组从一开始就强调集体的教学和研究活动。

不过，与西方基于校本的教师发展的不同之处在于，西方基于学校的教师发展是指向教师的专业发展和学校发展的，其活动也是围绕着教师专业及学校发展召开的；而国内的教研组之类的教师发展模式不仅承担了促进教师及教学发展的目的，还承担了繁重的行政任务。由于国内学校通常都承担了过多的非教导性事务，加之学校规模较西方国家而言更为庞大，结果学校就把部分的行政性工作交于教研组处理和承担。例如，学期教学计划、分配教学任务、组织教师集体备课、探讨备课、公开课等，而且教研组还要参与教师进修、职称评定、教师人际关系处理等事务。有些学校的教研组越来越像“教师组”，有些教研组已然成了学校行政的基础组织。[2]

另一种是基于学校，以学校为本的教师发展形态。20世纪80年代初，我国兴起了中小学教师参与教育研究的潮流。这样的教育研究与美国草根式的以学校为基础的独立研究不同，我国教师所参与的教育研究是由教育行政部门主导的、由各级教育类科研院所与学校的教育科研室一起构成的教育研究管理系统，并建立了选题、开题、立项、中期检查、结题、专家评审、研究成果评审等管理程序。学校教师参与了课题的研究，并以自己的教育教学实践为研究对象，一定程度上促进了教师对教学实践的反思，这对提升教育教学理念和实践有一定的助益。但是在实践中也出现了一定的偏差，例如，有些课程往往只有少数的“笔杆子”类型的教师代笔，而其他教师的参与行为只是表层的，没有深入地进行思考和研究。

近些年来，随着教育改革的推进，学校层面的教师研究也逐渐地发展与覆

①李存仁.促进教师发展提高教学质量[J]语文月刊.2011(2).

②陈桂生.我国教研组演变的轨迹[J].教育管理研究，2006(4).

盖到普通教师。一些学校的教师成了课题主持人，与其他教师一起组成研究团队，边实践边研究，通过研究来解决教学实践中的问题或难点。这种课题一般是以学校或教师个人的教学为研究对象，研究团队一起推进课题研究，共同参与，最终完成研究。在这个过程中，研究团队中的每位教师都发挥了积极的主体作用，不仅对研究问题有了更加深入的认识，对于提升教育教学理念也是不可忽视的。由此可以看出，研究对于教学实践具有积极的指导意义。

综上可知，无论是我国的教研组还是教师参与的课题研究，都是我国本土的教师集体发展的有效模式，在一定时期内为学校发展及我国教育事业的进步发挥了积极作用。虽然表现形式不一样，但他们与西方基于学校为本的教师发展有着共同的旨趣和价值追求，即实现了教师发展和学校发展的双向促进、和谐共生共赢的局面。

2.我国校本教师发展的历程

在我国，政策层面出现的规范的校本教师发展出现于1999年前后。1998年，国家颁布的《面向21世纪教育振兴行动计划》中提到"跨世纪园丁工程"，其中重要内容之一就是强调对中小学校长和教师进行全员培训和继续教育。虽然中小学校长和教师的继续教育得到了推广，但其中的问题和矛盾却在不断暴露。例如，集中培训中工学矛盾、经费困难、针对性不强、实效性不高等问题逐渐出现，且明显影响到培训的效果及中小学校长和教师的积极性。继续教育和教师再培训工作的重要性是不容置疑的，因此，人们开始寻求其他更有效的方式来调和之前集中培训带来的弊端。1999年，教育部召开了"面向21世纪中小学教师继续教育和校长培训工作会议"，会上明确提出了中小学教师的全员培训要以校本培训为主。至此，校本培训作为教师发展的重要形式正式进入了人们的视野。

2001年，我国基础教育领域发起了第八次课程改革，将校本教师发展推入了新的发展期。随着基础教育课程改革的进行，尤其是国家课程、地方课程和学校课程三级课程体系的明确提出，让学校在课程开发和建设中拥有了前所未有的自主权。随着教育改革的进一步深化，国家课程也允许在实施的过程中校本化，因此，教师在课程开发过程中的重要地位被凸显出来。教师不仅直接参与了校本课程的开发，并在新课程的实施过程中起到了连接课程实践和政策目标的重要作用，只有教师主动参与课程的开发与教学的设计，才能真正保障课程目标及育人目标的有效实现。

从我国校本教师的实践形态和发展历程可以看出，与西方校本教师发展的最大不同之处是，我国教师的校本发展不是通过教师教育领域独立演进的，而是对教育改革、课程改革的一个辅助、保障或是作为一种不可缺少的利器。例如，校本课程建设中的教师的校本发展是将课程开发的权力部分地赋予教师，教师不仅是课程的执行者，更是课程的开发者、研究者和设计者，要充分发挥教师在改革中的作用。总结而言，我国教师的校本发展有以下几种：一是以学校为主体的课题研究活动；二是学校内教研组的“主题教研”；三是以教师个人为主体的研究活动。

二、校本教师发展的内涵释义

学校对于教师而言是工作的地方，更是个人成长和承载情感的场域。梳理学校的起源，有助于理清学校作为育人场所的发展历史，为我们清晰地认识学校打好认识论的基础。探析教师概念及其发展历程，对在学校层面研究教师的发展提供了更加宏观的背景和基础。

（一）学校及其发展演变

现代意义上的学校是指教育者有计划、有组织地对受教育者进行系统教育活动的组织机构。从哲学的意义讲，作为一种存在物，它必定是历史的发展的融合，学校也不例外。随着社会的发展，我国的学校及学校教育也经历了巨大变化。以时间为轴线梳理学校的发展，可以为我们呈现学校发展的历史样态，以便我们更加客观、理性地认识学校这一社会产物。

夏商周之前社会发展形态低下，文字记录匮乏。我国古代关于学校的起源有很多传说和记载，其中最为可信的是在我国五帝时代的成均之学与虞舜时代的虞庠之学。成均是我国最早的大学性质的教育机构，其提法最早见于《周礼》《礼记》[①]，汉代学者郑玄引董仲舒曰："五帝名大学曰成均，则虞庠近是也"[②]便是佐证。成均的教学内容主要以乐教为主，其教学对象主要是贵族子弟，教学活动是采取口耳相传的方式进行的。有人说："均字即韵字之古文。古代教民，口耳相传，故重声教。而以声感人，莫善于乐。"[③]成均中的教学人员为当时的乐师，郑玄认为，"均，调也。乐师主调其音"。虞庠之学为虞舜时代的学校场所，据说是兼作养老、藏米之所，且有大学、小学之分。教学内容以养老为主，而老人有国老、庶老之别，敬养老人的场所也就有"上庠""下庠"之分。《礼记·王制》："有虞氏养国老于上庠，养庶老于下庠。"《礼记·明堂位》："米廪，有虞氏之庠也。"[④]

夏商周时期，社会各方面都取得了较大的发展，尤其是奴隶主阶层的兴起给社会的各项发展均带来了巨大的影响。奴隶主阶级占有了社会所有生产资料，其中包括对学校教育的垄断，史称"学在官府""官守学业"。夏序之学，商代的瞽宗之学，西周时期，学校大致可以分为"国学"和"乡学"两种。《孟子·滕文公上》记载："设为庠序学校以教之。庠者养也，校者序也，序者射也。夏曰校，殷曰序，周曰庠，学则三代共之。皆所以明人伦也。"[⑤]夏商周时期的学校无论是注重习射，还是重视祭祀、崇尚礼乐，其教育场所的执教者都是由某一方面能力突出的专人充当的，同时这些人也都身居官位，既为吏，又为师，教师还未成为单独的社会职业，而行使"教"的行为的人皆为政府职官。

春秋战国时期，由于战乱和政治斗争，社会处于大动荡、大变革状态。此时，统治阶级对国家的稳定和统一都没有能力维持，更无暇顾及学校的开

①《周礼·春官·宗伯下》："大司乐掌成均之法。"《礼记·文王世子》："以其序，谓之郊人，远之于成均。"

②王炳照等.简明中国教育史[M].北京：北京师范大学出版社，2008：4.

③栗洪武，朱智斌.中国教育发展[M].西安：陕西师范大学出版社，2000：16.

④王炳照等.简明中国教育史[M].北京：北京师范大学出版社，2008：5.

⑤栗洪武，朱智斌.中国教育发展[M].西安：陕西师范大学出版社，2000：388.

办和管理，因此，造成了“天子失官，学在四夷”的局面。政治的失落和不安，让一部分官吏纷纷从朝堂逃离。迫于生计所需，这一部分掌握一定文化知识的官员开始在社会开坛讲学，并演变成为一场私人讲学之风，其中最典型的是稷下学宫和以孔子为代表的儒家学派创办的私学。稷下学宫是由官家举办、私家主持的特殊形式的学校，是战国时期齐国的一所著名学府。稷下学宫是一个集讲学、著述与育才于一体的场所，学习氛围宽松、管理民主，在我国教育史上产生了重要的影响。

孔子是伟大的思想家、教育家，儒家学派的创始人，儒家教育理论的奠基人。他一生在文化教育方面的重要成就有两大方面：一是首创私学，开创私人讲学之风；二是编订“六经”，整理和保存了我国古代文化典籍。孔子在其一生的私学办学实践中，给后人留下了许多宝贵的教育思想。他结合实际进行教学，在整个实践中坚持“有教无类”的办学方针；坚持以培养德才兼备的君子为办学目的，以“六艺”为主要教学内容；坚持人要全面发展的办学理念。孔子主张自觉修养德行的育人思想直到今日还熠熠生辉。

到了秦汉时期，学校发展更加多样化。在“独尊儒术”政策的指引下，秦汉时期各级学校蓬勃发展，形成了较完整的学校教育体系。以儒家经学为主要教学内容的学校主要是中央的太学、鸿都门学、宫邸学和地方的郡国学；太学的教师由博士担任，学生为博士弟子。设置太学是为国家培养“经明行修”的官吏，以《五经》为统一御订教材。鸿都门学始创于东汉灵帝元年，学校设于皇宫鸿都门内，是统治集团内部各派政治力量较量在教育上的反映，是宦官集团为抗衡官僚集团而建立的传授知识的场所；其目的是培养拥护自己政治主张的知识分子。从后来的史料中我们可以得知，鸿都门学其实是一所研究文学艺术的专门学校，以诗赋书画做为教学内容。鸿都门学作为一种新的具有创造性的办学形式，为后代专科教育的发展提供了宝贵经验。宫邸学是汉代唯一由官方举办的小学；郡国学是地方官学的主要形式。

魏晋南北朝是我国古代由统一转为分裂和战乱的时期，这时学校废置无常，但也出现了一些新的形式和特点。如西晋增设了国子学，国子学的地位与太学并列；南朝时开办了一些专科学校，如宋的“四馆”和总明馆；北朝的地方官学也是相当发达的。

隋唐时期是我国封建专制制度高度发达的时期，也是我国封建教育进一步发展和完善的时期。隋朝如秦朝一样是一个短命王朝，但是隋朝创立的科举制度对唐朝乃至以后的朝代都有重要的影响。在学校教育方面，隋朝主要是在中央设置的国子寺；唐朝在中央设立了“六学”“二馆”，地方设有府、州、县学。

宋元时期是我国封建社会继续发展的时期，教育事业在唐代高度发展的基础上又有了进一步的发展和新的提高。例如，社会普遍重视文教政策，北宋“三次兴学”，官学教育进一步完善。这一时期，除了中央各类官学外，私学勃兴，书院制度兴盛，形成了中国封建社会独具特色的教育组织形式。

明清时期的学校在前朝发展的基础上，吸取前朝统治经验，把中央集权的封建专制主义更向前推进了一步，在思想、文化、教育等领域中实施的各项政策均以强化中央集权为目的。明初统治者对学校教育十分重视，强调学校教育对于选拔人才的重要作用，曾一度规定学校毕业生可以直接授官，后又有监生历事之举。中央官学主要是国子监，不过明代国子监教育对象扩大，甚至用钱可以买到国子监生的资格和身份，即所谓的“例监”或“捐监”。地方官学主要仍然是府州县学，又在防卫区设立卫学，乡村设立社学，还在地方行政机构所在地设置司儒学。但这个时期书院极其不发达，明末官方甚至“禁毁书院”。

清代的学校教育制度基本沿用明代旧制。中央官学设有国子监和特殊性质的宗学、旗学、觉罗学，还有算学馆以及俄罗斯学馆等；地方官职学设有府州县等“儒学”。此外还有书院。清代学校制度比较完整，但因特别重视科举，所以较之前代，学校更加有名无实，形同虚设。

鸦片战争以后，官学名存实亡，私学空疏腐化。随着新式学堂的产生，以儒家经典为主要教育内容的古代学校逐渐废止。直到1905年，清政府下令“立停科举，以广学校”，至此，封建时代的科举制度彻底废除，这标志着封建时代的旧教育宣告结束，新的学校形式和学校制度诞生。

经历了洋务运动、维新运动及民国时期的发展，现代意义上的学校基本得以建立。学校教育是由专职人员和专门机构承担的有目的、有系统、有组织、有计划地以影响受教育者的身心发展为直接目标，并最终使受教育者的身心发展达到预定目的的社会活动。学校教育指受教育者在各类学校内所接受的各种教育活动，是教育制度重要组成部分。学校教育的具体活动受到社会需求影响，必须符合社会发展趋势，承担着对社会输送人才的职能。一般说来，学校教育包括初等教育、中等教育和高等教育。学校的类别主要分为五种：幼儿园、小学、初中、高中和大学。

(二)教师职业形成及发展

1.教师职业的历史探源

教师职业是从什么时代开始形成的，我们需要进行历史的、具体的分析。中国古代的“师”一词指称的对象涵盖了职能、社会身份与地位不同的族群与人物。“师”最初是军官的称号，“师氏”指的是高级军官，“大师”是比“师氏”级别更高的军官，以“师”和军官的人名连称为“师某”。西周时担任国王警卫队长的师氏、保氏，除了负责警卫、军旅等大事之外，还兼管贵族子弟的教育工作。由于贵族子弟将来要成为统治者、军队骨干，又加上当时战乱不断，因此，军事训练自然而然就成为教学的主要内容，教官也就由师氏来兼任了。久而久之，“师”就转为教育者的称呼，所以，“教师”的名称，实起源于古代的军官，后来担任教育工作的职官也被称为“师”。①

而所谓“教”有去声与平声的区别，前者相当于教学，后者相当于今日狭义的教育。从实践而言，凡是对他人产生了积极的影响的人，都具有“师从”的意义，可称之为“师”。又由于“教”这种活动的期限的长短有别，故又有“常师”“非常师”之分。从严格的意义上说，“常师”的弟子比较固定，师生关系明确，这种授业之师，可称之为教师。

① 孙培青.中国教育史[M].上海：华东师范大学出版社，2009：21.

以传授社会经验知识、适应社会生活需要的技能为主要工作内容的教师，在早期的教育中是由有生活经验的老者或是孩子的父母充当这样的角色的。在很长的一段时间内，这样的教师群体并没有发生变化。相反，这些人并没有被社会冠以教师的称号，而后来出现的被称为教师的人，他们也承担了部分的传道授业的功能，但他们多是社会上的显赫人物，有较高的社会地位，有较稳定的收入来源，还有固定的社会兼职等，这些被称为教师的人群并不是当今教师的前身。

2.教师职业的现代发展

专业化被认为是现代教师职业发展的重要标志。专业化，一般意味着需要经过专门的训练，继而才能具备比较复杂的知识和技能。不同的社会发展时期有不同的专业，如原始社会能够转述神灵启示的“巫”，奴隶社会的祭司，资本主义社会的各种工程师等。此类人群有一些共同特征，即掌握着专门的知识、从事着社会上重要的职业活动、享有较高的地位和权力。从人类发展不同阶段的专业形态可以看出，专业是具有时代性和历史性的，是时代孕育了专业。不同的时代以及不同的历史时期，形成的专业和专业观是不尽相同的。教师的专业发展也是源于社会对教师职业、教师角色的期待。近代知识经济的飞速发展、科教兴国战略的大力实施、新一轮课程改革的全面展开，都直接指向了与教育息息相关的教师职业。于是，培养什么样的教师、怎样培养教师、教师职业如何发展成了教育界无法回避的理论问题和实践问题。

(1)教师专业化发展的回顾

1986年，美国卡耐基教育促进会发表的《国家为21世纪培养教师》和霍尔姆斯协会发表的《明日的教师》无疑是教师专业化发展的导火索。[①]其后，国际教师专业化发展的浪潮开始出现并迅速发展。经济合作与发展组织(OECD)于1989至1992年间发表的《教师培训》《今日之教师》以及联合国教科文组织在1996年召开的国际教育大会，对教师专业化发展及改革的路线进行了积极的肯

① 黄春梅.基于教师专业化发展的校本教研对策研究[D].兰州：西北师范大学，2004.

定及倡导，把教师专业化发展的浪潮推向高潮。在国际教师专业化发展的大背景下，我国教师事业的改革与发展也紧锣密鼓地展开。《中华人民共和国教师法》《教师资格条例》《教师资格条例实施办法》等系列文件的颁布及各类会议地召开，开启了我国教师专业化发展之路。同时，教育研究者也对教师专业化发展进行了大量的研究，不断深化和夯实了教师专业化发展的理论基础。发展至今日，这些研究已经相当完善和成熟，其中研究内容涉及了概念厘定、专业特性、专业标准及专业实践；研究方式从最初的基本范式发展到多元途径；研究视角也从教师知识论发展演变到理论模式论。

在教育实践中，经过系统的、专门化的训练，教师拥有了更宽泛的专业知识背景和更强的专业适应能力，具备了更全面的教学技能，拥有更强的教育教学操作能力和研究能力。教师群体正逐渐像律师、医生等专业人员一样，以丰富而专业知识积累，在自己的教育行为中表现出良好的专业素养。在教师专业化发展的催生下，教师的工作不再是随意的、低效的，教育教学水平和教育质量有明显的提升。

(2)教师专业化发展的反思

自从专业化发展成为教师发展的方向和主题以来，人们逐渐达成共识，认为只有提高教师的专业地位和专业水平，促进教师专业化发展，才能让教学工作成为受人尊敬、具有较高社会地位的专业。多年来对教师专业化的强调成就了现代化背景下教育的大发展。然而，发展成绩的存在仍不足以弱化我们对专业化和教师专业化的反思与完善。因为，专业化对于成为一个教师的典范是不够的。[①]在疑难问题中进行研究进而发现问题，在反思中厘清疑惑，进而明晰发展方向是事物发展的有效途径。因此，我们有必要反思教师专业化发展，在追问为什么专业化，专业化与教育、教师的关系，专业化最终给教育带来了什么等这些基本问题，以探寻教师发展的方向。

首先，教师专业化自身之疾。教师专业化是由提高教学效益要求所引发的，

①黄春梅.基于教师专业化发展的校本教研对策研究[D].兰州：西北师范大学，2004.

是现代社会大生产对劳动分工精细化、高效化要求在教育领域的体现。专业化产生之初是工业化大生产的需要，其目的指向是教育对社会进步的贡献与影响，而非教育者和受教育者自身的发展和生活意义的提升。社会发展需求下的教师专业化的顽疾就是功利化目的与技术主义倾向。在功利化教学目的影响下，教学被不断地筹划和分类，以便能够严密控制，产生效率，教师专业化演变成对教学目标最大化的追求。这种类似于工业流水线式的教学，使每位教师像技术工人一样，其所负责的学科更加精致、更加专业，这又反过来加重了专业化的功利性和技术主义倾向。陷入功利化和技术主义倾向的教师专业化遮蔽并扭曲了教师健康、积极的发展之路，导致只有形式上的“进步”，而掩盖了其单一化、停滞性和表面性。

另外，专门化加剧了教师专业化的先天不足。专门化是专业化的一个基本前提，专门划分是现代工业生产分工模式提供的简化形式。教师专业化在实践中的典型特征是教师必须是一个专门学科领域的专家，教学被分为专门学科进行，这些不同学科由不同科任教师担当，教师由此变成了某某学科的教师。专门化无疑满足了教学的功利化追求，实现了在规定时间内培养人才的目的，以更好地为现代社会发展服务。然而专门化带来教师实践的精细化和标准化，让教师只要按照划分的学科知识去教书即可，教师的存在因此也被简化为一个认真负责的执行者而已。

其次，教师专业化的伦理之悖。海德格尔认为，专业化是现代科学本质的必然和积极的结果。[①]一定要成为专门化的科学是现代科学发展的典型特征，教师专业化发展就一直走在科学化的道路上。在科学主义思想的影响下，教师专业化不断追寻教师职业的技术含量，并参考了如律师之类的经典专业形态，在进行类比的基础上得出了严格的教师发展标准，并以该标准来培养和判断教师专业发展的状态和追求目标。在这种理念的指导下，教师专业化发展成为一种标准化的产出过程。从已有的教师专业化研究中可以看到，专业化标准的制

①[德]海德格尔：林中路[M].孙周兴译.上海：上海译文出版社，1997：34.

定大多是演绎出来的，标准的内容多是关于知识、技能获得与规范养成的，这些抽象的标准与教育实践有一定的空间距离。

教师专业化发展的初衷是让教师懂得如何专业地完成教学任务，但在实践中也带来了教师自我认同的改变，这种改变让教师自觉地按照专业化的要求来筹划并发展自己，以此来获得教师工作并得到认可。实践证明，教师专业化不仅影响了教师的行为方式，更重要的是影响或主导了教师的观念，让教师在进行教育教学时就会有意识乃至无意识地遵从专业化所要求的所有原则，并将其视为普遍原则，从而使自己完全忘记了专业化之外的其他发展方式，其中既包括教育教学方式也包括教师的个体发展。

以效率优先和标准为基的教师专业化发展，往往使得教师的主体性被忽视，独特性被掩盖，以至于形成了只见“专业”不见“人”的尴尬局面。人是一切存在的首要意义，忽略了教师本身的教师专业化发展，使教学沦为程序化的生产。教师的职业乐趣不见了，作为一名教师的思考少了，教师的个体价值和幸福感被置之一边，教师的工作呈现出机械、沉闷和程序化态势。

再次，与教育终极目的相左。中国古代教育是在生活中进行的，教育的内容主要是四书五经与礼乐教育，教育的目的在于使一个人成为一个有道德、懂礼仪的人。对于古代希腊教育而言，人文教化则是教育的追求，即一个受过教育的人必须要成为一个热爱生活、追求正义和真知的公民。这一时期的教育大多是人性教化，是关于人性的教育，是追求人的幸福生活的教育，这是教育最初的目的，也是终极目的。

随着工业社会的发展，尤其是科学主义的出现，教育也随之发生了巨大的改变。科学主义促进了社会各方面的发展，解放了人的思想，“知识就是力量”像是一抹闪电划过了沉寂的世纪夜空。倡导自然科学是最权威的科学，人类最重要的知识观点被不断引入到包括哲学、人文学科等在内的一切研究领域。教育也试图以一种获取科学知识的现代逻辑去分析、总结、规划其发展。同时，人们也开始信奉这样的理念，即：只有受过科学训练、掌握科学知识的人，才能适应社会的发展，创造美好的生活，实现自我的价值。工业化发展要求教育必须发生一种转型，这种转型带来的结果是使教育沦为运用理性的技术解决社会发展和人的发展的工具。教育的过程变成了知识的读、写、算，教育的目的成了对科学知识的追求和获得。教育发展的取向使得教师的教学必须是一种科学的行动，从而保障科学的结果。教师的专业化在这种背景中产生，并加重了教育的技术化倾向，以专业化名义进行教学的教师越来越忽视对学生真实生命的整体关注，教育结果也越来越偏离人的良好性格和幸福生活。

(3)教师专业化发展的未来之路

一切事物都是处在不断发展之中的，教师专业化既是教师发展的一种状态，又是教师发展继续深化的过程。教师发展对于教育来说是基础和保障，对于教师来说是既是个体生命价值的彰显，又是群体价值的延续。在未来的教育实践中，我们应极力深化教师专业发展，启发专业自觉，并以文化的视角和立场关注教师存在，以此促进教师整体的和谐发展。未来教师的专业化发展应做到以下三点：

一是深化专业发展。由外在条件向内在条件完善发展。人们一直用两个维度对教师专业化的发展状态进行衡量，一是地位的改善，一是实践的改进。[①]地位的改善是作为满足一个专业性职业的基本要求；实践的改进是指通过提升实践者的知识和能力来改进和优化所提供的实践质量。自发轫之日，教师专业化便以提高教师的社会地位和待遇为标志，在之后相当长的一段时间里，专业化追寻的目标实际上是提高教师的社会地位和待遇，并且往往把其优先于对改进实践的追求。20 世纪 80 年代之后，才逐渐将教师的专业知识和专业实践的应有状态结合起来，开始关注教师的教学质量。教师的社会地位问题尽管很重要，但提高教师的服务质量应成为教师专业化的基本前提，让教师的角色提升和实践改进成为教师专业化发展的标志。

受科学主义思想影响，教师专业化之初就十分强调学科知识、教育教学知

①I.F.Goodson and A .Hargeaves(eds).*Teacher's Professional Lives*. London, Falmer Press, 1996.

识对教师发展的重要性，这种认识使教师工作逐渐演变成由知识化的工作条例和规则构成的一种稳固、确定、程序化的操作。深化教师专业化发展，应该规避学校的科层制管理及分工体制，避免教师工作被分割和局部化，重视教师除知识之外的其他方面的发展，让教师可以真实地融入学校发展之中，而不仅仅像是学校组织结构中的一个单纯部件。另外，教师职业存在的基本前提是其工作对象，即学校的学生，因此，在强调教师专业知识和技能的同时，更多的关注应该放在教师与其工作对象——学生之间的关系上面，以同情、关心、宽容为特征的教师特性应成为教师专业化发展的核心内容和追求目标。

二是启发专业自觉。专业自觉是教师专业化的应有之义。专业区别于职业的一个典型特征是拥有“广泛的职业自由”，职业自由的前提是教师保持高度的自觉性。这种自觉是教师基于对生命、教育的深刻理解而形成的一种自我意识以及自律、自信、自由的生命状态，是教师主体在教育实践中能够根据自身的角色有一套自动、清醒的行为方式。

专业自觉是超越目前教师专业化局限的内在要求。教师发展的自觉性可以改变教师理解自我的立场，以一种融合而不是分离的心态来对待教育活动，并促使教师自我关注重点的改变。教师不仅只关注自身专业知识和技能的获得，更注意自我人生境界和品格的提升；不仅为了教学而教学，更加关注学生的精神成长和人格发展。专业的出现是时代的产物，其发展具有时代的烙印，教师专业化发展在促进教育发展的同时也不可避免地带有现代的弊端。教师发展的自觉性是时代转型时期对于教育工作及教师个人的现实要求。实践也证明，教师发展的自觉性可以有效突破现代性的壁垒，从专业化的训练走向对生命的自主。

启发教师专业自觉，一是要引导教师对人生的自觉，自觉促进自我人格的发展，自觉促进自我平等的发展，自觉地追求丰富、幸福的生活。在教育实践中，保持对教育生活的深入反思，积极投身研究与变革，以一种“对话”的方式参与学校整体教育教学工作。二是强调教师对教育的自觉。教师对教育目标、对学科教学、对教育方式要做到自知自觉，而不仅仅是一个简化的执行者。①

三是引领专业文化。教师专业化是教师发展的一种方式或一个阶段，而不是发展的最终目的。专业化运动发展至今，其弊端已经不断显现。因此，需要一种更加全面、有效、正当的理论来缓解当前的危机，服务于教师的发展。其中，引领基于教师教育生活的专业文化发展是一种有深度的、重细节的、致力于解决教师发展困境的改革思路。教师文化既是一种身体文化又是一种意识文化，既受价值观念的影响，又受行为惯例的制约，教师文化是“观念—行为”的复合生成体，具有生活相关性、稳定性、中立性、多主体性、自然性等特征。

在现实教育生活中，教师文化呈现多种样态，从主体层面来看，可以分为个体文化、群体文化与行业文化。其中个体文化是教师文化存在的基点，诚如怀特所言：个体是文化的原动力。②生成及发展教师个体文化，要引领教师进行积极反思，在反思中形成新的自我认同和新的教育观念，将教育视为一个全新的、可再创造的境遇，使行为不再是一个重复性的、技能性的活动。

构建专业教师组织是引领专业文化的又一重要形式。教师既需要自由、自觉、独立这种“强”的存在方式，也需要自然、依赖、适应这种“弱”的存在方式。教师个体的存在具有局限性，无论是在思维层面还是行为层面。因为没有他人的加入和对话，教师个体的发展很难超越自身，健康、科学、积极的专业文化需要教师组织这种群体文化的载体与教师个人关联起来，从而推动教师持续、和谐发展。

（三）校本环境下教师成长释义

随着教育改革的深入，教师在教育发展及学生成长中的重要性被不断重视。尤其是随着实践的深入，人们逐渐认识到，学校不仅是学生成长的场所，对于教师而言，也是其发展的场所。加之教师工作的复杂性和情境性，教师的发展也只有在真实的教学环境下，在学校场域中才能真正获得实现和提升。

---

① 叶文梓.觉者为师——教师专业化的超越于回归[J].教育研究，2013(12).

② 龙宝新.当代教师教育变革的文化路径[M].北京：北京师范大学出版社，2012：1.

1.何谓校本环境

我们无时无刻不处在各种环境之下，而何谓环境、环境的内涵如何，不是每个人都曾深入思考过的。我们身处的被称为环境的存在囊括了对人发生影响的一切过去、现在和未来的人、事、物，包含了其中的历史传统、文化习俗和社会关系的总和。虽然人存在于环境之中，但人不能反映生活环境中的全部事物，而真正与人能够发生联系的环境是有条件要求的：首先是在时间和空间上的关联性；其次是能够与人的心理发生关系。只有这两个条件同时成立时，环境才真正地与人建立了联系、对人发生影响和作用并构成人的心理环境。

另外，在实践的过程中，现实环境能够在多大程度上影响或作用于人的心理环境，还受人的个性倾向(如注意力、兴趣、需要、价值观等)和认知结构两个方面影响。因此，生活在同一环境中的人，头脑中的环境映象可能截然不同。而正是这种心理环境反映、调节着每个人的需要、动机和目标，引导和制约着一个人对周围的人和事采取什么样的行动。[①]

校本环境是指学校范围内的环境，学校环境主要包括物质环境和非物质环境两部分内容。营造校园物质环境建设，是现代学校建设的重要内容之一，也是通过优良的育人环境提升育人效果的方式。因为学校的物质环境不仅承载着学校的历史，也体现着学校师生的精神面貌、价值观念及审美取向，是传承精神且不断发展的人文环境的综合。校园的物质环境从大的方面来说包括门庭楼宇、轩榭亭台，从小的方面来说包括校园的一尊雕塑、一幅壁画、一株花草，这些都构成了学校内涵的一部分。教师从中接受熏陶和感染，也与环境进行积极地互动。从宏观的概念观之，非物质环境是指包括影响一个学校的基本价值、观念的制度、传统及人文等因素。人们成长在特定的学校环境中，学校塑造了师生的基本信仰和价值观，也随之确定了他们与周围人们的关系的形成。

2.校本教师发展内涵及价值

校本，顾名思义就是以学校为本，是学校本位的意思。人们对校本的关注

① 车文博.心理咨询大百科全书[M].杭州：浙江科学技术出版社，2001：546.

和研究是伴随着校本课程的开发和实施开始的，由于理解的角度和关注的层面不同，总结起来，关于校本的内涵一般有以下几种理解：

一是以学校为基地。这种理解是一种基于空间的理解。校本教师发展就是在学校这样的场域中，在学校内部开展一系列实践活动，包括校本教师发展的政策制定、模式开发、实践实施等。

二是以学校为基础。基础即为事物发展的基本环境或基础载体，对于事物的发展具有举足轻重的意义。校本教师的发展必须以学校实际为原则，如学校的办学宗旨、性质任务、现实条件、资源特点等，这些都是校本教师发展的依据，校本教师的发展是依次而行且不可随意更改的。

三是以学校为主体。即校本教师的发展要围绕学校自身的发展愿景，是学校积极主动的行为，而非外界的任务指示或行政命令。因此，学校对教师的发展和规划拥有自主权，是真正以教师发展为主体的。虽然可以邀请校外的专家、学者、优秀同行进行指导，但他们不能替代学校开展的工作。

四是以学校为整体。校本教师的发展是充分建立在学校整体教育目标和教师本人发展需要的基础上的，是以带动学校的各项工作，促进教师整体性发展为目标的，这也是在充分考虑学校的各种综合因素的基础上，动员整体的力量，群策群力和共同协作的过程。

第三章　学校自觉：校本教师发展的动力基础

事物发展的整体方向是向前、向上的持续奋进的状态，是对旧事物的突破，是对新的关系和秩序的建立。因此，发展的道路从来不是平坦大道，而是布满了荆棘和各种矛盾，教师的发展亦是如此。学校是教师发展的第一场所，为教师从事专业化的教育教学活动提供了场景，尽管教师的工作在时空维度上具有广延性，但无疑学校是其发展的重要场域。基于学校环境的教师发展需要学校范围的支持，需要适合的外界氛围，其中最关键的就是学校自觉。校本教师发展需要学校自觉，学校自觉为教师发展提供了良好的物质环境和安全的心理环境。

一、校本教师发展需要学校自觉

事物的发展是外因和内因共同作用的结果，基于校本的教师发展是教师个人和学校支持共同作用的结果。学校为教师发展提供了基础和保障，但教师最终是否能够在原有的基础上获得进步和提升以及提升程度的高低在很大程度与教师个人的主观状态是分不开的。因为，在校本教师发展中，教师作为成人的特征决定了其学习和发展的自觉性和自我导向性。

(一)自觉是校本教师发展的首要特征

教师发展的本质是教师自我的学习和对更高目标的追求,教师学习具有鲜明的成人特征,这类人群的学习和发展需要外界自觉、民主环境的支持。因此,校本教师发展与教师个人努力和能动性以及学校的支持是密不可分的。

校本发展中教师学习的特点决定了学校要具有自觉的特性。教师的学习具有明显的自我导向性,是一种自我导向性的学习。自我导向性学习(Self-Directed Learning)是近年来世界成人教育领域迅速发展起来的一种新型学习理论,也是教师发展过程中极力倡导的学习模式。自我导向性学习概念最早是由诺尔斯(Knowles)提出的。自我导向性学习是一种有别于传统意义上的学习方式,这种学习包含了这样一种假设,即,随着学习的推进,学习者的自主性会随之不断增强。①在之后的研究中,诺尔斯对自我导向性学习又进行了这样的概述:"一种没有他人帮助的、由个体自己引发的以评价自己学习需要、形成自己的学习目标、寻求学习的人力和物质资源、选择适当的学习策略和评价学习结果的过程。"随后,加拿大学者艾伦·塔富(Tough, A)在霍尔(Houle)(1961)研究的基础上首先提出了自我导向学习的概念。他通过调查一个由60位成人组成的实验小组学习项目,发现这种类型的学习不依靠教师和班级授课,学习者自己制订学习计划项目,完全是一种自我掌控的学习状态。

从以上理论的发轫及定义概述可以窥见,自我导向性学习倡导这样的学习观,即强调自我完成的特性,强调个体的独立自主性,强调在整个学习过程中成人自己建构学习目标、负责寻找学习资源、设计学习策略以及评价学习的结果。通常而言,成人一般具有高度的自主性,有丰富的社会经验以及明确的学习目的和学习动机,自我导向性学习很适合成人的学习特点,因此为人们广泛接受并在成人教育中得到了迅速的发展。以强调学习者的自主性、独立性为特

① SharanB.Merriam.Andragogy and Self-Directed Learning:Pillars of Adult Learning Theory.http://search.ebscohost.com/login.aspx?direct=true&db=a3h&AN=9178913&lang=zh-cn&site=ehost-live,2018年6月。

征的自我导向性学习在成人教育中赢得了较高的重视度和践行热情。由于自我导向性学习将学习的发起、推进、维护和评价等都限定在成人自身，因此，他人、环境、支持性资源等对这种学习的顺利推进是极为重要的。

众所周知，人是群居类的社会性生物，人类的起源及未来发展都离不开他人及环境因素的作用。因此，作为具有自我导向性学习特征的校本教师发展需要情景资源、环境中的“他人”及适应人群支持。因为校本环境的教师发展的一大特点就是具有自主性，但这种自主性是个体广义上的自主性。无论是欧洲还是北美的成人教育研究和实验大多集中在个体的生物性方面而不是学习者的自主学习过程，这容易导致人们产生这样的理解，即，自主性就是一个人的个性。因此，研究者对学习者个性方面的广泛关注和社会性方面的忽略，导致了研究的局限性，并使自我导向学习这场运动逐渐表现出由盛转衰的迹象。

另外，自我导向学习与情景资源是不可分割的。从认识论的角度讲，我们可以反思一下什么是自主性，自主性是如何形成的，自主性是个体所具有的天生特性还是后天习得的一种能力，如果是后天习得的，这种特性又是在什么样的环境下获得的。在没有弄清楚这些问题之前，我们就没有办法很好地理解自我导向学习。通过对自我导向学习和自主性的反思和质疑，以拉贝尔(Labelle)(1996)为代表的一些学者们借用哲学、心理学的理论及研究方法，逐渐从一种新的视角发现自我导向学习。他们认识到成人的自主性不是个体孤立形成的特性，而是在与周围环境和他人的共同作用下发展形成的。坎迪(Candy)(1991)的研究同样也表明，外部的限制和自我的概念一样，都是个体自主性形成的不可缺少的一部分。[①]坎迪(Candy)等人的研究揭示了个体自主性建构的两条路径，一是通过与外部世界和他人的接触；另一个是通过给经验赋予一定的意义，

①JEROME ENEAU . from autonomy to reciprocity, or vice versa? french per-sonalism's contribution to a new perspective on self-directedlearning.http://search.ebscohost.com/login.aspx?direct=true&db=a3h&AN=31818287&lang=zh-cn&site=ehost-live, 2018年6月。

个体有意识地、积极地、主动地建构自己的自主性。因此，自主性是“一个过程而不是一个结果”(Candy)，这个建构的过程既有赖于周围的环境又与个体的能力有关。进而言之，自主性即是天生的倾向又是后天习得的结果。从建构主义的视角看自主性和自我导向学习，我们可以得出这样的结论，即，自主性是个体在与周围环境的相互作用下产生的，以自主性为核心的学习的发生强调独立自主中与他人的合作，与环境的合作。

(二)校本教师发展需要学校系统支持

从以上关于校本教师发展具有的自我导向性学习这一特征的阐述中可以看出，作为一种发展模式或学习类型，校本教师的发展不是孤立发生的，在学习的过程中是需要外界以互动、支持等方式对学习者(这里主要指教师)提供协助的。

1.校本教师发展需要激发积极的学习动机

个体内部学习动机驱使下的主动性是自我导向性学习发生的关键性因素。学习者的态度、求知欲、兴趣等直接或间接地影响着个体的内部动机。激发学习者积极、自觉、主动地投入到学习当中，要注意以下两点：一是端正的学习态度。态度是个人即将发生的行为倾向或内部之于外界反应的状态，态度决定行为。心理学家通过实验发现，在学习过程中，那些与学习者既有态度相一致的内容容易被教授、认同并转化为个人的信念及行为；相反，与学习者既有态度相左的学习内容容易被阻止或过滤掉。维持某一行为的态度是可以通过外界的干预使其朝良好的方向转变的，例如言语的劝服、规训，行为上的帮助、指导以及事情运作方式的改革与变换等。二是强烈的求知欲望。求知欲望的形成大致源于以下两种情况，一方面来自对当下及未来生存的担忧，另一方面来自自身的兴趣和爱好。因此，可以通过帮助学习者正确分析自身状况、社会发展方向以及两者之间的关系，使之产生对于学习的需求和紧迫感。可以通过对学习内容和任务模式的详细解读和深度介绍，调动学习者已有的知识与经验，使新旧知识之间建立可靠的联系，营造熟识的认知氛围，从而激发学习者的兴趣。

2. 校本教师的发展需要加强适度的学习指导

在校本教师发展中，加强学习策略的指导是掌握学习方法的基础和关键。学习策略大致包括制订学习计划的策略、学习时间管理策略、学习资源建设策略以及学习结果评价策略。加强适度的学习指导应注意以下三点。一是在制订学习计划策略时要结合学习任务和学习目标，制订长期或短期、粗略或具体、整体或分步骤的计划，并结合学习活动及时进行总结、反思和调整。在制订学习计划的过程中，要注意针对性与灵活性相结合。二是时间是我们生命中的重要存在，承载着我们生存活动的所有内容，有效的时间管理和时间规划是使活动能高效顺利进行的保障。帮助成人学习者安排科学、合理的学习时间，并充分利用各时段的时间，不仅可以提高学习的有效性，也可以彰显自我导向性学习的优势。此外，要在文献资料的查阅、信息的处理和判断、周围的人力资源利用等方面给成人学习者以指导和协助。三是要帮助教师树立评价意识，提供多元化的评价方式，并给予评价指导，最终使学习者通过评价手段完成已有的自我导向学习，并进行下一步的发展。

3. 校本教师的发展需要营造宽松、有支持力的氛围

一是关注学习者的心理安全及健康。心理安全和心理自由是开展创造性活动的一般条件。在自我导向性学习的过程中，由于主观或客观原因造成的学习困难和学习障碍是时常存在的，因此，对于学习者焦虑、失落的学习情绪要进行及时帮助、疏导。二是注意增强学习者的效能感。自我效能感不仅影响学习者的内部动机，也直接关系着其自信心和积极的学习态度。要引导学习者通过体会成功的学习经验，建立积极、正面的学习情绪；要激励学习者在体验失败时正确归因，重树信心，避免因不良情绪而自暴自弃，放弃学习。三是建立常规机制对学习者进行全面支持。卡利森(Cairrison)(1997)指出，环境的熟悉、资源的支持和外界依赖三者之间的平衡是活动成功的关键。[①]建立常规的机制

① 贺慧敏.教师发展的反思与策略重构[J].现代中小学教育，2016(4).

对学习者进行辅导和提供帮助，从“协助者”的身份进行信息的提供、分析和解读，使学习者熟悉学习环境；从“资源者”的身份提供各类资源；从“共同体”的身份进行任务的分享、情感的帮助和困惑的引导，从而营造宽松、有支持力的学习氛围。

二、学校自觉发展及特征表现

自觉是一种状态和心理活动，是指人们积极主动地去认识事物并有所行动。在具体的实践过程中，自觉是一个自我发现、外在创新的自我解放意识。从教育本体论的角度看，学校作为一种行为主体的存在，其发展受外界影响，但自主自觉的过程也是不可避免的。从内外因的关系考量，外因只能作为事物发展的条件，内因才是事物发展和创新至关重要的因素。良性的、持续的循环发展需要的是真正自觉的发生，也只有唤醒自觉，方能促进包括教师在内的学校整体的发展和变革，从而提升学校教育教学质量，促进学生健康全面成长。

（一）学校自觉提出的背景

转型时期的社会充满了变化和创新，也带来了人们观念的转变和价值追求的多元。在这样的背景下，学校的教育及发展也不可避免地与时代经历相似。尤其是人们价值观念的变化，使价值标准的失衡、价值理解的困难和价值选择的困境等表现出现。同样，学校教育也面临同质的危机和挑战。社会的多元发展对学校价值理念的冲击，导致了学校价值观念形成的自发性。所谓价值自发是指价值主体对客观事物及其发展规律没有一个正确、全面的认识，导致在活动中盲目地被不当的价值理念支配，还不能预见其活动的后果。纵观我国当前基础教育阶段的学校发展，关于教育的自发价值理念是普遍存在的；自发性价值带来了三种不良的学校发展特征：

第一是发展的盲目性。由于学校在对教育本质及学校发展使命方面缺少理性的认识和准确的判断，因此，对当前社会充斥的各种价值对学校产生的影响缺少实际考虑。因为这些不成熟的、带有感性的认识，让学校在自身发展中形成了只注重眼前利益和局部情况，缺失对未来的谋划和整体发展的考虑。例如，目前存在比较多的现象就是学校对升学率过分重视，导致学生主体性的缺失，导师教师发展的功利化，以至于学校发展陷入只关心升学和考试的泥潭，并在其中越陷越深。

第二是发展的被动性。处于价值自发中的学校教育，在学校发展的各类活动中(如学校管理、教师发展、教学等)，对价值问题缺少及时的反应和积极的应对，被动倾向明显。例如，当前社会中的拜金主义、享乐主义等不良的价值观念随着媒体渗透到纯净的校园，开始以各种形式影响学生的头脑和思想并逐渐在学生的日常实践中反映出来。但是，学校偏颇的价值理念还沉浸在学生的分数上面，一旦学生出现类似问题，学校现行的办学理念和实践活动不能及时、有效地进行应对，更谈不上合理、科学的解决方式。

第三是发展的守旧性。处于价值自发状态中的学校，由于其价值判断的局限性，在学校发展方面很难做到与时俱进和变革创新。这主要反映在办学思想观念固守原来的价值传统，对新的价值观念和取向缺少了解和认识，甚至排斥、蔑视。在学校发展中，不求新、求变，而是惯用旧观念、老办法来应对学校出现的新问题、新挑战。①

自发的学习价值给学校的各项发展带来了消极的影响，甚至威胁到了学校自身的生存与发展。自发性的学校价值使教育呈现出了异质化的倾向，失去了教育的本真追求，以至于学校像工厂一样，在各种考试和要求的规定下，生产“标准化”的人；教师没有了教育的情怀，而是不断地关注学生的分数，把育人的本职责任抛于脑后；学生不再追求真理和成长，又或是变成考试的机器，或是在学校这样的小社会里混沌度日。综上，学校发展尤其是价值理念的自发性可能会把学校的发展带入“失控”的地步。因此，学校必须要进行发展价值的转变，由价值理念的自发性转为自觉性。自发性与自觉性一字之差，却带来了发展观念、发展态势和发展结果的巨大差异。

---

① 姚林群.价值多元时代学校教育的价值自觉[J].全球教育展望，2010(7).

(二)学校自觉的特征表现

自觉是学校发展的应然追求。身处社会环境之中的学校,其行为规范自然受大环境的影响和制约,但这些不能成为学校被动发展、因循守旧的理由。学校的发展有特定的内部环境和发展体系,学校有责任在权力范围内对学校的发展进行自主规划和积极推进,而这首先就要求学校必须理念先行,打破当前盲目、被动、自发性的发展状态,变自发的价值理念为自觉的办学追求。

学校发展的价值自觉是指学校在长期的办学过程中,在与外部交流和内部沟通的过程中,对自我存在的主体意识积极定位,这是对师生成长负责的发展追求和办学态度。也就是说,学校的发展不只是在上级主管部门的领导下的按部就班,而是在思考教育真谛等问题的过程中形成学校自己的发展特色。具体而言,学校的自觉发展主要有以下几个特征:

一是发展的主动性。有发展追求的学校能够意识到外部环境和内部环境的变化,能够自觉、主动地从校园走出来,去观察、分析和了解当前的社会现状,掌握社会发展的趋势(尤其是对人才成长要求的变化),进而综合地做出反思和批判。在这种状态下,学校自然能够准确地把握学校办学宗旨和人才培养方向,从而科学地指导学生知识、技能的获得,掌握心理发展变化、精神思想成长等方面。另外,在发展定位上,有价值自觉的学校能够清楚自身的追求是什么,能够坚定地朝着自己认准的目标努力,而不是一味地模仿、照搬。

二是发展的灵活性。《学会生存——教育世界的今天和明天》一书中有这样一句话,“如果教育要继续成为一个生机勃勃的有机体,能够运用智慧和精力去满足个人和社会的发展需要,那么它就必须克服自满和墨守成规的缺点。教育必须经常检查它的目标、内容和方法。”①学校发展的自觉性可以有效地引导学校根据社会发展需求定位自己,明确发展方向,继而在实践中能够灵活地调整教育目标,更新教育内容和教育教学方式。例如,不同地区的学校可以根据

①联合国教科文组织国际教育发展委员会.学会生存——教育世界的今天和明天[M].北京:教育科学出版社,1996:109.

所处地域、教育对象的构成及特点，采用适宜的手段和方式来办学。

三是发展的创造性。教育是一项长期的事业，教育也是一项充满挑战和创新的事业。社会的飞速发展，学生身心特征的不断发展，都对学校发展提出了挑战，而相对反应迟钝的学校系统及组织体系要跟上变化的步伐，只有以自觉来在一定程度上弥补学校组织滞顿性的不足。自觉的学校发展可以积极地根据自身的情况和外部环境的变化，冲破思维定式的束缚，大胆创新，不断追求新的学校发展方式和路径。

（三）学校自觉的实践样态

学校的自觉是一个不断形成和发展的过程，既需要理念的转变，也需要管理的跟进，更需要相应的改革举措。因此，学校要明确自身所担负的神圣使命。弗兰克尔曾经说过，“我们生活在一个弥漫着无意义感的时代里。在我们这样的时代里，必须仰赖教育。不仅为增进知识而且要纯化良心，使得人人皆有足够的聪明，以便能够辨明暗藏在每一个个别情境中的要求”[①]。因此，作为社会发展的重要机构，作为促进学生健康成长的重要场域，学校要自觉明了使命，肩负任务，主动探求科学发展的方向，深化发展改革，为师生发展负责。

在教育实践中，学校通过自觉实践主动谋求发展，逆袭成为优秀学校的例子比比皆是。其中最著名的当属山东的杜郎口中学。20世纪90年代，杜郎口中学是远近闻名的薄弱学校，学生跟不上教学进度，厌学思想严重，辍学现象时有发生。1998年春，初三年级一个曾有60名学生的班级，中考前只剩下21名学生。学校教师情绪浮动，教学秩序混乱，师生关系紧张，体罚几乎天天发生。学校所在县已经将这所学校划入了撤并的行列。后来，经过学校主动寻求教育变革，采取新的教学模式，实施课程改革，通过几年的探索积累，一个教育教学“双差”校一跃成为茌平县初中教育的“东方明珠”。2005年，杜郎口中学有410名学生参加中考，404名学生顺利升学，其中有287名学生报考了茌平县最好的茌平一中，考上了286名。杜郎口中学是一所地处鲁西南平原上的乡镇

① [奥]弗兰克尔.活出意义来[M].赵可式等译.北京：三联书店，1991：18.

初中，曾经连续10年在县里考核居倒数之列，如今被誉为具有“原生性、开创性，扎根本土”特色的农村教育改革的先锋。另外，江苏省的洋思中学也是通过积极、主动、自觉地发展成为优质学校的典型案例。从理论研究和实践探索中，我们得出了学校通过自觉发展，促进教师发展的有益经验。

1.学校要自觉激发教师发展的主动性

随着时代的发展和社会转型期的到来，我们的生活正经历着根本性的变化，身处其中的教育活动自然也必须完成相应的变革和转型，以保持自身的活力和价值。这种转变最明显的特征就是从注重共性和数量向关注个性和质量发展，关注人的差异性和个性潜能是新时期教育的重要使命。教师作为一切教育改革的关键，其主体性是不容忽视的。近年来的基础教育改革，特别强调学生的全面性、个性化发展，而轻视了教师的主体性发展。教育实践活动表明，只有教师真正担负起教育教学的主体责任，积极主动地“用自己的观念认识、信念理想、经验意向和心血情操处理知识教育，化育德性人格，经营组织管理”①，而不仅仅作为知识的“传送”者而存在，这样才可能实现教育教学的本真目的和价值追求。校本教师发展更有利于学校利用熟悉的教育教学环境，从实践中遇到问题，以问题为导向，有针对性地、在解决问题的过程中发展教师的能力和水平。

自觉激发教师的发展，学校要注意以下几点：

一是学校应当充分关注教师的需求。目前，学校发展的重点和关注的重心主要在组织层面，而对于教师个人关注得较少。诚然，组织层面的关注和发展在一定程度上促进了教师的专业发展和学校办学水平的提升，但如果缺少对教师个体的关注，教师的需求长期得不到满足，教师发展的积极性将会受到影响，教师学习的内驱力将会下降。实践表明，当教师的个体发展需求得到满足时，其个人发展的意愿会强烈释放出来，发展的效果事半功倍。

二是充分调动教师的积极性，让教师参与到学校的教师专业发展活动设计

①朱小蔓.关于教师创造性的再认识[J].中国教育学刊，2001(3).

中来。学校必须明确教师是其发展的主体，教师个人在发展中遇到的问题，需要什么样的解决方案、期待怎样的外界帮助只有教师及教师群体最清楚。因此，学校要充分调动教师参与培训设计的主动性，通过问卷设计、座谈会和个案访谈等方式，尽量让更多的教师参与进来，突出教师基于学校发展的针对性和有效性。在发展方式、学习内容、时间安排等方面要更加突出教师的主体性。

三是学校应给予教师更多的选择权。选择本来就是自主导向的核心成分，因此，学校在教师专业发展、活动形式等方面要给予更多选择的自由，不要有太多的束缚。学校在其中的作用应该是为教师提供更多的外界信息，为教师发展做好服务工作，让他们能够有选择的权利和选择的空间。

对于学校来说，教师不仅是教育的主体，更是学校发展的主力军，是教育活动的具体实施者。教师自觉的行为活动更是学校的价值追求和理念的体现。一所学校的生存状态以及能否实现优质特色发展，需要全体师生自主发展，同构共生，江苏ZZ中学的发展实践恰好证明了这一点。ZZ中学是一所有着九十余载风雨征程、历史底蕴深厚的老校，但在调动教师的积极性、使其全力参与学校建设中也曾遇到阻力与困难。于是，学校坚信教师的自主发展是学校发展的原动力，对此进行了积极地改革探索。学校确立了“走优质特色发展道路，需要教师形成自能发展[①]合力”的理念共识，把教师与学校的发展视为树与枝干的关系，即教师的自能发展能够带动和呈现学校的发展，进而促进学生的发展，学校及学生的发展又反过来促进教师的发展，从而形成良性循环、可持续发展的办学模式。为此，学校以聚焦教育教学中心工作创先争优为出发点，以通过行政力量带动非行政力量的领导力为模型架构，形成一股共谋学校发展的合力，学校教师队伍迅速壮大，同时也使学校朝着优质发展的目标靠近。[②]

2.学校自觉为教师发展提供多种持续的专业发展机会

教师的发展离不开资源的支持。要想实现全体教师的共同发展，让学校真

①作者注：自能发展，也就是教师自主、能动地发展。

②李莉媛.教师自能发展对学校优质特色发展的意义与作用[J].启迪·教育教学版，2016(11).

正成为教师的发展之所，就需要学校为教师提供多种发展机会和平台。传统的教师发展一般是通过参加外部教育行政部门提供的专门的教师培训，而基于学校环境的教师发展要改变传统观念，应从改善学校实际入手，使之成为教师发展的基地，并通过设计专门的活动，将教师的发展嵌入到日常的教学工作中，使之日常化、常态化。

学校在为教师提供学习和发展机会的时候，要注意结合教师群体的学习及发展特征。教育在本质上是一种实践行为，这一论断揭示了教育活动的创造性特质和丰富的现实性意义。因此，与一般意义上的学习不同，教师的学习具有明显的实践取向，会与教育教学工作及完成相关任务紧密相连，其发展指向也多是直指实践问题的解决的。简而言之，提升中小学教师的发展和综合能力并不能简单地提高教师学历或使其参加继续教育进修，而必须使提升教师能力与日常教育实践融为一体。当学校所提供的发展机会与教师所从事的工作相关并能将学习结果运用其中的话，教师会认同这种学习的意义和价值，进而会产生更强的学习动机和学习热情，发展和学习效果也会得到显著提升。由此可知，在教师发展的过程中，实践是其发展的基础和源泉，但也要注意实践选择的恰当性和有效性，重复的、低效的实践不仅不能促进教师的发展，反而会产生相反的效果，只有在实践中整合了反思探究、问题解决及合作分享时，基于实践的发展才是有效的。

除了实践性的要求之外，学校也应当为教师的发展提供多元化的实践。与传统的通过参加教师培训而获得发展的方式不同，学校在促进和引导教师发展方面的优势在于其实践的多样性和丰富性，学校要紧抓这一优势，为教师的校本发展提供积极的支持和保障。

首先，要从实践中探寻教师发展的主题，关注和分析教师在教育教学中遇到的难点或热点问题，从中归纳或提出发展主题。但实践的提升总是离不开理论的指导，没有理论的学习是空乏的、无后劲的。因此，基于实践的发展主题也必须有理论的引领和介入，但这种理论的运用一定要在实践中加以改造或付诸实践，让教师有能力、有基础把实践和理论连接和贯通起来，让教师认知并感受到理论之于他们的实践价值。

其次，基于教师的实践要开展多种多样的活动。学校要善于发掘教师的日常活动，将教师专业实践中的集体备课、听评课、课例研究、协同教学等内容整合起来，从学校层面和教师发展维度进行改造，使之成为教师发展的有效依托和有效途径。

再次，基于学校的教师发展是指向实践改善的。因此，在校本教师发展中，要创造边学习边提升，边实践边应用的模式，不但要向教师提供学习和发展的机会，更要向教师提供实践和应用的机会，将理论转化为实践。

例如，天津市G学校是一所普通的初中校。多年来，学校坚持有效的校本教师发展，通过开拓校本培训途径和方式，构建了校本理念、校本活动(各种业务比赛)、校本科研、校本文化(教师文化、课堂文化、制度文化、管理文化)、校本管理(教案共享、学练卷)、校本教材等多种培训模式。学校先后制订了首席教师、学科带头人和骨干教师的培养方案和考核办法，制订了任职3年内的青年教师、任职3～5年内的青年教师及任职5～10年内的青年教师的培养考核办法，取得了积极的发展效果。围绕以上培训模式、培养方案和考核办法，学校积极为教师搭建平台，举办相应的研究课程及针对不同层次教师的优秀课竞赛活动(如首席教师、学科带头人、骨干教师展示课，青年教师研究课等)，进行优秀教学设计方案与学案、优秀试卷、优秀课件、优秀教学案例、优秀作业设计、优秀论文等的评比交流，举办说课、读书论坛等活动，让教师们在活动中反思自己的课堂教学。同时，天津市G学校还不断加强校本培训，鼓励教师写教学反思，通过课堂教学的反思提升教师专业化水平。学校的教研组、备课组逐步改革备课方法，提倡学术争鸣，务实开展研究工作，既加强集体备课和学术交流，又注重个案分析研讨，改革备课模式，提高备课的实效性。实践证明，天津市G学校坚持校本教师发展，在实践中学习，在学习中实践，努力提升学校的办学质量，赢得了积极的社会声誉。从学校发展取得的成绩可以看出，天津市G学校的校本教师培训有力地推动着学校的教育教学质量的提升。

三、营造教师发展的自觉文化

文化是人类社会特有的，是人类从物的束缚中解放出来的产物和证明。文化既可以通过物质呈现出来，也可以存在于人们的精神和活动中。无论是哪种形式，文化都规范着人们的行为，提升了人们的认知。营造教师发展的自觉文化，就是为校本教师的发展提供更加自觉和有意义的环境和气氛。

(一)学校文化及功能

文化是学校发展和建设的重要内容，无论是学校发展或是教师队伍建设都离不开文化的影响。同时，学校文化还起到管理的作用，是影响发展的一种无形力量。厘清文化的内涵和意义，梳理学校文化及发展，为我们研究文化对校本教师的发展和意义提供更为宽广的视角。

1.什么是学校文化

(1)文化释义

从词源上考究，文化一词出自《易经》："刚柔交错，天文也；文明以止，人文也。观乎天文，以察时变，观乎人文，以化成天下。"[①]文化乃"人文化成"的缩写。所谓文化就是指一切现象或形象经过人的认识、点化、改造、重组的产物。狭义而言，文化仅存在于人类的活动之中。在人类的活动中文化分为两个层次，一个是认识的层次，一个是运用的层次。认识的层次是对一切已存在的自然现象加以观察、认识、了解，使之成为确定的知识，为人类活动做准备。运用的层次又可称为服务，即利用这些自然物或人为加工物为代表与象征，以呈现出独特的人群所具有的生活方式，包括制度法规、风俗习惯、社会伦常等。例如，简单的吃饭行为，除了吃饱之外，同时还有精神层面的意义，许多人在一起共食、让食、劝食以显谦和与敬意；饮食所用器皿，乃是对美好生活的追求；佛徒所食之茹素，端午所食之粽子，中秋所食之月饼，又是戒规、怀古和表达思念团圆之意。一个简单行为背后所折射出的意义，都足以显示

①任保平.观乎人文，化成天下[J].人文杂志，2017(11).

人的生活现实和无限扩展延伸的意义。这种能指向无限特质的特征便是人文活动真正的价值所在。[①]

因此，所称之为文化的活动能赋予一切自然物或人为加工物以意义。一方面，活动本身点化了人的生命，使人不在囚困于衣食住行等自然活动本身，而是将认识和意义拓宽至丰富、充实的精神内涵层面上来；另一方面，也点化了一切被人所用之物，使它不再仅是物的存在，同时也因参与了人的创造活动而具有无限意义的象征。于是，经过此番活动，人的自然性行为化为社会化行为，而自然秩序化为道德秩序。至此，人的精神世界彰显出了光明，自无心进至有情；当进至有情发生时，人与物便融合为一体。人不但能敬人爱人，也能敬物爱物。论述至此，我们可以概括出“文化”一词的主要含义，即：它是特指一种晋级的人文活动，其目的在于点化人的生活中及一切所涉及的外物，以使之具有无限的道德意义和价值规范。

(2)学校文化概念探析

综上关于文化概念的解析，学校文化概念也可以从广义和狭义两种角度进行理解和释义。从广义的视角来看，一般将学校文化理解为学校在发展过程中形成的包括物质和精神两个层面的所有存在。在现有的文献资料中，许多研究者也是从物质文化和精神文化两个维度对文化进行定义。如安文铸认为，中小学学校文化是指以中小学校园为地理环境圈，以社会文化为背景，以学校管理者和全体师生员工组成的校园人为主体，在学校教育、学习、生活、管理过程中的活动方式和活动结果，这种方式和结果以具有学校特色的物质形式和精神形式为其内、外部表现，并影响和制约着校园人的活动与校园人的发展。[②]阎德明认为，所谓学校文化就是一所学校在长期的教育实践中积淀和创造出来并为其成员认同和遵循的价值观念体系、行为规范准则和物化环境风貌的整合和结

① 全面认识传统文化的内涵[N].光明日报，2015-12-04.

② 刘锋.学校文化建设中校长的管理行为[BE/OL].https://max.book118.com/html/2018/0705/5040321211001301.shtm.

晶，它表现为学校的“综合个性”。①

从狭义的视角来看，一般将学校文化界定为学校在其发展过程中所留下的精神层面的存在，强调精神层面的要素。以下几个定义就是这种理解的典型表述。如朱小蔓认为，学校文化是学校的精神生命和灵魂，是学校办学理念、办学目标、学校精神、制度规范和行为方式的综合体现，它是一种浸润人心的氛围，是一种约定俗成的规则。②张立昌认为，所谓学校文化，是指学校这个教育组织系统中，所有个体(或大部分成员)的共享价值、规范、行为准则和成员之间的相互联系与作用方式。它包括两方面的含义，一是精神方面的价值观、信念、态度、情感和共同行动的准则规范，这是学校文化的内在与核心，属于精神文化；二是群体成员关系的形式与组织运行的框架结构，这是学校文化的外在表层部分，属于制度文化。③陶西平认为，学校文化是一个学校经过长期发展、历史积淀而形成的，其是以校内师生为主体创造并形成共识的价值观念、办学思想、群众意识、行为规范等构成的价值体系，是一个学校精神与氛围的集中体现。④学校文化的狭义定义中重点关注的是学校精神层面的要素，主要是价值观念层面的精神文化和行为规范层面的制度文化，具体表现为学校的办学思想、理念、办学目标、学校精神、制度规范、行为方式、行为准则、氛围等。

2.学校文化的功能与特质

(1)学校文化的功能

在学校发展的实践过程中，学校文化表现为学校的“软管理”，是作为一种发展力量而存在的。人们对文化最早的关注起源于对企业的管理。20世纪70年代以后，日本经济的快速发展逐渐引起国际社会的广泛关注，人们开始研究日本企业成功的秘密。为什么大致相同的组织结构、规章制度，所用生产工具

---

①阎德明.现代学校管理学[M].北京：人民教育出版社，1999：78.

②陈瑞生.学校精神的研究[D].上海：华东师范大学，2010.

③张立昌.现代教育学[M].北京：中国社会科学出版社，2003：32.

④陶平西.培育学校良好的教育生态[EB.OL].http://www.360doc.com/content/11/1203/22/3367442_169484123.shtml.

同样先进，计划同样严密，而企业的运行却会产生不同结果，甚至出现截然相反的局面呢？大量的实证研究发现，这是后来人们发现的“企业文化”在起作用。美国的《幸福》杂志认为：“没有强大的企业文化，即价值观和哲学信仰，再高明的经营战略也无法成功。企业文化是企业生存的基础、发展动力、行为的准则和成功的核心。”[①]同样，作为社会组织机构的学校，其文化在学校发展中也是极为重要的。概括而言，学校文化在学校发展中的功能主要包括以下几个方面。

第一，导向功能。如前所述，学校文化参与到学校的软管理之中，通过文化所传递的信念和规则来约束和规范学校师生的行为和学校发展实践。其中最常见的文化的导向功能就是通过各类具有文化意义的活动，将学校的发展理念和发展目标进行宣传，内化于师生。当学校的发展目标为人们所认同、接受之后，不但可以实施学校发展规划，更能激发师生的工作和学习热情，并在共同的活动氛围中形成一致的价值观念。

第二，凝聚功能。学校文化的凝聚功能在实践中具体表现为纽带的作用。学校作为一个社会组织，有统一的构架，但构架内部各系统和人员之间，人员和系统之间如果没有一种凝聚力，很可能会影响学校构架的整体运行，而学校文化恰好充当了这样的角色。在学校发展和改革的过程中，当一种观念被教职员工认同之后，就会以一种润物无声的方式来浸润人的思想，让人们产生对学校的认同感，从而形成强大的发展凝聚力。这种凝聚力在学校发展的积淀中会慢慢成为学校文化，学校就在这样的文化中进行科学、高效的运行。

第三，规范功能。学校文化一旦形成，就会以独特的方式影响人们的行为，尤其是学校文化中蕴含的道德因素，能够有效地弥补制度管理的单一化和机械化。文化能够从价值观念和道德规范方面来调节人自身以及人与人之间的关系，使之能更好地服务于学校，形成和谐、有序的人文环境。

---

①阎德明.现代学校管理学[M].北京：人民教育出版社，1999.179.

(2)学校文化的特质

首先,学校文化是一种亚文化。学校文化是文化中的一种类型,因此,它的存在是受社会主流文化形态及精神样态影响的。作为文化的一种具体形式,学校文化又有其特殊的一面,即与学校环境及任务目标密切相关。因此,由于学校教育在发展过程中,尤其是在面对社会剧烈变革的时候,自身具有相对滞后的特点,学校文化要自觉承担起引领学校向前发展的任务。

其次,学校文化是一种综合文化。学校文化的综合性可以从两个方面来把握。一是从学校人员构成类型来理解。学校主要是由教师和学生构成的重要活动场所,其文化自然包括教师文化和学生文化,由于年龄、经历等方面的差异性,教师文化和学生文化是有明显差异的,而这两类文化又是作为学校文化的主要成分而同时存在的,即学校文化是成人文化与青少年文化的综合体。二是从校内、校外的角度进行理解。单从字面意义就可以看出,学校文化是基于学校的文化,学校限定了其发生的场域,但学校作为社会的有机组成部分,其文化的形成和发展又不可避免地烙上社会的烙印。

第三,学校文化是一种对立与统整互见的文化。作为学校的主体,教师和学生是学校发展的重要存在和主要成员,但是二者之间的价值观念和行为模式是有差异的,其内在的期望也是不可能完全一致的。因此,学校中教育者和受教育者之间的对立冲突是普遍存在的现象。但教师与学生的对立不是永远存在的,也不是学校文化的主流,统整才是学校文化的实践形态。教师和学生的矛盾和冲突在一次次交锋后会化作一种平衡状态,即教师有其坚守的职业规则,学生有其成长的自由。当新的问题出现后,平衡状态又被打破,新的矛盾继续出现,新的平衡也待出现。学校文化就是在这种对立和统整的交互之间实现发展和传承的。

第四,学校文化是一种有计划、有目的形成的文化。学校作为一种专门的育人场所,有计划与有目的是其活动的主要特点。因此,学校文化在一定程度上是一种可以安排或引导学校发展目标的文化。学校文化中一部分是自然形成的，这种自然性必然会带来文化积极与消极共存的局面；另一部分是教育工作者有意安排和合理计划发展形成的文化，如学校的物质文化、制度文化等是可以根据学校发展的需要进行安排和改变的。

(二)学校自觉文化塑造

文化自觉是人们在自身所处的文化中，主动对其进行反思和创新的状态。在社会飞速发展的今天，文化自觉对于各行各业的发展和创新都是必须为之的。学校文化自觉对于学校的发展有重要的意义和价值，其是基于学校教师发展的基础，为教师的发展营造了氛围，提供了保障。

文化自觉的概念最早是由费孝通提出的。费孝通在研究民族文化发展中提出了文化自觉概念。面对当时全球化的时代背景，费孝通对中华文化的发展前景进行了深入反思，他指出，中国人在全球化时代“应当深入到中国的文化中和中国人的生活中去认识自己文化的历史和现状……用科学的态度去体会、去认识、去解释”[①]。从这一段话可以看出，费孝通提倡的是一种在反思中主动探索和创新的态度，是面对当时落后和陈旧的中华文化的一种理性自信。因此，文化自觉的要义还是立足自身文化，认识和反思自身文化，再根据环境的适时变化进行取舍，取其精华，去其糟粕。另外，对自身文化的追求结果不是全盘否定自己，亦不是守古不化，而是“生活在一定文化中的人对其文化有‘自知之明’，明白它的来历、形成过程、所具的特色和它发展的趋向”[②]。

文化自觉的要义和实质在学校发展尤其是文化建设过程中也同样适用。学校作为专门的育人场所，其教育对象是学生，而学生是差异的个体存在。学生的个体差异是由两方面造成的。一方面，先天原因造成了这种差异。因为人是实践的存在，实践丰富了个体的多样性。通过实践，人类不仅认识了世界，认知了自我，还产生了动机，发展了思维；同时，呈现出了不同的发展结果和发展势态。自然之性上的人并没有本质上的区别，然而，当考察的视

① 张冉.文化自觉论[D].武汉：华中科技大学，2010.

② 费孝通.费孝通论文化与文化自觉[M].北京：群言出版社，2007：87-104.

角从自然层面转向社会层面，情况便大有不同。实践与主体之“身”须臾不可分割，实践自身是复杂而多变的，因而由此带来个体的社会属性的差异就更显著了。另一方面，社会实践因素造成了这种差异。由于历史积淀和办学条件限制，一个地区的学校已经形成了固定的格局，加之招生政策的影响，如“划片入学”政策实施之后，学生是按照户籍所在地就近入学，这与传统的招生制度相比，给学校带来的直接影响是学生学业水平的差异增大。学生就近划片入学，各层次学业水平的学生将在同一个班级接受教师的同步教学。根据有关社会学的调查统计，学生的学业水平除了受到先天智力因素的影响外，后天的资源获得、有效指导和信心鼓励也与其有极大的相关性，而这些因素又直接受到学生的家庭背景、父母的受教育程度等影响。由此便可知，学业水平参差不齐的学生，其家庭背景也存在很大差异，由此带来的其他方面的差异(如学生的见识、敏感性、反应的灵活性等)就更加明显。

学生的差异带来了教学方式的差异和学校的差异，并形成不同的学校文化，即学校成员长期以来在学校制度、学校物质空间内形成的共有的价值观念、行为方式等是各不相同的，学校要想寻求新的发展和突破，就要坚定信念，有勇气和魄力去挑战学校传统。因此，想要求学校“换一个样子”，这在客观上对学校文化自觉提出了新课题。

具体而言，学校文化自觉就是学校成员尤其是学校管理者对学校文化及其他相关事务进行理性反思，发现存在的问题并主动寻求发展的过程，是在对既有学校文化及学校生活进行反思的基础上，确立新的学校发展观念和管理体系，并建立和发展与之相适应的制度，养成适宜的行为方式、构建相应的物质空间的动态过程。①

(三)学校自觉文化塑造路径

学校文化自觉是一个涉及多方面的复杂过程，稍有疏忽，就会使学校的文化建设成为一个混乱的工程，费时而成效不明显。因此，学校要抓住学校文化

① 刘长海等.学校文化自觉：培植真实的新型学校文化[J].中国教育学刊，2009(10).

建设的核心要素，牵住学校发展的“牛鼻子”。纵观学校改革实践，学校文化自觉可以依托学校观念体系的反思与重建展开，即以学校观念体系的反思和提炼为轴心，展开学校观念系统、制度系统、行为系统和物质空间系统的全面建设，培植合乎教育改革需要并且扎根于学校生活之中的新型学校文化，从深层改变学校生活的运行方式。

学校文化自觉的工作要围绕学校的中心工作开展，例如，反思发展的核心观念，重构学校观念体系；健全学校制度，确保制度与新型理念的协调；加强宣传和引导，调动教师自觉；规划学校物质空间，为学校文化建设提供物质支持等。关于学校文化重建的这几个方面缺一不可，但教师的作用不可轻视，教师队伍的培养是一项长期而艰巨的任务，需要学校从长计议。在实际的教育教学工作中，可以从以下几个方面进行学校自觉文化的规划和塑造。

1.培育学校精神

学校精神是一所学校整体精神面貌的体现，是学校生存和发展的原动力，亦是学校内涵及发展成熟度的体现。研究与实践都表明，良好的学校精神是提高学校整体办学水平和教学质量的重要途径，是激发学校发展的动力源泉。学校精神的理解可以从心理学和组织文化的视角进行分析。心理学视角下的学校精神是指学校群体在长期的教育、教学实践中积淀下来的共同的心理和行为中体现出来的群体心理定式和心理特征，其核心内容和具体表现形式是校风。[①]组织文化视角下的学校精神是指一所学校在长期的教育实践过程中所创造和积淀下的文化传统、价值观念以及行为习惯等方面的一种整合和结晶，是学校文化的内核和灵魂。

自觉的学校文化需要学校精神的滋养和孕育。学校精神不可能自发地产生和形成，需要经过学校在各个方面有意识地加以培育和引导，并经过学校的发展计划和实施措施，内化为师生员工的价值观和理念认同。这是一个积累和

① 林崇德，俞国良．论心理学视野中的学校精神 [J]. 北京师范大学学报（社科版），1996（1）.

循环的过程，大致要经过孕育期、整合期、内化期和成熟稳定期。在办学实际过程中，培育和弘扬学校精神，要注意从以下两个方面入手。

一方面，要基于学校实际，找准突破口，精准定位和表达学校精神。其中要注意遵循三点基本原则，一是学校精神应该符合时代发展的要求；二是学校精神要符合学校发展的实际和学校发展的目标，即体现学校发展的愿景，又要认清现实；三是学校精神内容在表达形式上应该简洁明了，既能准确表达学校的精神实质，又便于记忆和传播。

另一方面，要进行多方面渗透，培养师生的认同感和母校意识。在学校精神培育的过程中，宣传是不可或缺的手段。通过反复的、有效的宣传，使学校精神内化到师生的思想行动中。学校通常会在校园中常见之物上下功夫，这也是培育学校精神最基本的途径。有一种叫作CIS(英文名称为Corporate Identity System)的视觉形象传播系统被广泛运用到学校精神内化的过程中。这一系统主要是对组织机构的一切可视事物进行统筹、设计、管理和传播，使组织系统的现象要素个性化和统一化，通过强化整体视角，来达到精神内化于心的效果。学校中常见的可以纳入CIS范围的要素包括学校的校名、校徽、校旗、校服、校歌等；可以被实际运用其中的要素包括学校的办公用品系列、宣传系列、环境系列和人员服饰系列等等。

特色鲜明的校徽、校服，振奋人心的校歌，学校处处展现的统一校标以及统一的作业本等，从细节把师生员工的心聚于学校的发展之中，在潜移默化中培育师生员工对学校的认同感和作为学校成员的自豪感和归属感。另外，母校意识的核心是光荣感、自豪感和对学校的热爱。因此，学校要抓住校史教育这个关键点，通过宣传学校的办学历史、宣扬优秀校友的事迹等方式来激发学生的自豪感；通过邀请优秀校友来校讲座、与师生们座谈，激发学生斗志，让学生了解学校对自身发展的重要性，提升对学校的自信和认同。此外，学校要利用好校庆或特殊纪念日，对学校的相关事项进行宣传教育。

2.规范学校建设

从前面的论述我们可以看到，文化是一种抽象的存在，文化的传播需要借助一定的载体，使文化能够于有形处被人们感知。因此，学校文化的形成和发展要注意文化行为的积累和改造。所谓文化行为是指身居文化之中的人们的言谈举止以及物质环境的呈现。实践证明，在学校范围里，文化行为的形成要与学校的常规管理相结合。因为一种文化的形成，尤其是在初始阶段，要进行人为地反复宣传，如果仅靠人们的自觉，文化行为很难在短时间内稳定和巩固下来，这时候就需要一系列的规章制度对其进行约束和规范，从而形成群体的规范。另外，科学、合理、有特色的管理办法也是一所学校运行的基础和保障，很多高水平有特色学校的发展实践都证明，正是因为有一套严格的、行之有效的规章制度，才能够逐渐形成学校的文化特质，在具有一定文化特质的环境中，人们才能积极地朝着学校规划的方向努力，办出学校的特色，办出学校的水平。

学校的制度规范、制度文化的形成要在特定的环境下，遵循特定的行政要求来形成。一方面，学校管理要按照颁布和制定的管理常规的部门的层级进行划分。这里涉及了三个层面的管理内容，一是国家制定的部分，二是地方制定的部分，三是学校制定的部分。另一方面，学校管理要按照管理常规作用的对象划分。常见的学校按照管理常规作用对象划分的种类有：按照人、财、物、时间、信息等来划分；按照教学工作、德育工作、总务后勤工作等来划分；按照部门职责、集体活动准则、岗位职责等来划分。

在建立和完善学校管理常规时既要注意和遵循几项基本原则，又要了解管理常规形成的基本要求。由于学校性质和发展任务的特殊性，学校管理常规的建立要注意科学性、政策性、教育性、严肃性和稳定性的基本原则。管理规章制定完成之后要注意进行经常性的教育、要进行常规训练、要进行常规示范并及时检查评价。

3.优化校园环境

校园环境建设与良好的行为习惯也是紧密相关的。在实践中，校园环境又被称之为“第二教师队伍”和“隐性课程”，也就是说，好的校园环境可以相当于一部立体的、多彩的、富有吸引力的教科书一般，不仅有利于学生陶冶情操、美化心灵、启迪智慧，也有利于提升学生素质。总结起来，校园环境在学校文化建构过程中的作用主要体现在三个方面：

一是以潜移默化的方式传播精神文明。听觉和视觉是学生接收信息和教育的两个主要途径，整洁的校园环境、良好的布置不仅对学生的身心健康发展有促进作用，对学生的行为养成和规范积累也是积极有益的。二是以调节的方式参与师生精神成长。学校是脑力劳动集中的场所，高强度的脑力劳动容易使人疲倦，甚至产生厌烦和不愉快的心理。而校园环境可以在这个过程中产生积极的影响，提高师生脑力活动的效果，一景一物，一花一草都可以作为师生心灵栖息的载体。三是校园环境是学校对外交往的重要媒介。校园环境是学校精神和文化的具体体现，是学校办学理念的物质化。学校的对外活动和交往离不开校园环境的参与，学校办学水平和精神面貌的展现更离不开校园环境。

校园环境的建设分为两种，一种是新建学校，一种是老校舍改建。无论哪种形式都要遵循一定的原则：

一是系统原则。学校作为一个系统体系，每一部分的功能作用都不同，但总体的方向和基调要一致，不能成为散乱的个体。二是互不相干原则。这是基于作用和功能的考虑，校园里教学区、活动区、体育区、生活区等要相对独立，尽量互不干扰。三是安全健康原则。学校一切建设都要以学生为中心，以学生的安全健康成长为前提。四是超前性原则。学校是培养社会未来的建设者和接班人，因此，其校园建设与教育内容一样都应具有超前性。在各项条件都允许的情况下，以超前意识引领学校发展。五是理性原则。无论是学校的新建还是老校舍改建，都要依据学校的人力、物力、财力进行具体规划。

（四）发展教师自觉文化

诚如有些研究者所言：文化是人存在的一种方式，不了解文化，也就不了解人的存在。随着课程改革的推进，尤其是教育改革向综合和纵深发展，许多学校都发现在实践中需要一个这样的模式：能够积极并持之以恒地对教师文化进行长远谋划和建设，了解现有的教师文化，挖掘可能的教师文化，在弘扬传统文化的过程中创新教师发展。

1.教师文化的功能

(1)教师文化是学校建设的基础。人是一切事物发展的基础和关键。教师是学校的重要组成部分，其言行举止在一定程度上代表着学校的精神面貌和气质，引领着学校的发展方向。另外，教师文化对学校的整体建设尤其是人员队伍的发展起到了积极的示范功能。优秀的教师是学校的榜样，对其他教师的成长有示范和鼓励作用。

(2)教师文化直接影响着教师的专业发展。教师专业从结构上来看，主要包括教师的信念、知识、能力、动机及态度等。很明显，教师专业结构中蕴含着教师文化的因素，即教师专业的发展离不开教师文化的支持。一方面，教师的教育信念是教师专业发展的动力之基。信念指导着人们的行为。"教师文化的一个成熟表现就是教师群体拥有一种共同的教育信念，它不仅在很大程度上影响着教师的教育教学行为，而且对教师自身的成长以及教师专业发展发挥着重大作用"①。另一方面，教师的专业精神和发展意识在很大程度上来源于教师文化的滋养。教师的专业精神是教师在工作中呈现出来地对工作的热情和追求，对教师的专业发展起到了支柱的作用。良好的教师文化不仅可以提升教师的专业精神，更可以催生教师的发展意愿和发展信心。

(3)教师文化有利于提升学校管理的效能。教师管理能否发挥其自身的效用和参与其中的人有很大的关系，人们能否接纳、认同学校相关的规章制度，能否从自己的思想观念上去行动，能否在自己的价值体系中去践行，是制度生效的关键。良好的教师文化具有强大的凝聚力、吸引力和战斗力，能够实现师资的常规性管理向深层次转变，并形成教师队伍建设的长效机制。

2.教师文化的特征

①孟宪乐．教师文化与教师专业发展[J].教学与管理.2005(10).

在人类的发展过程中，许多关键性的事件和历史的创造都是由集体来实现的。因此，我们所研究的教师文化是指教师群体文化。对于教师的一般性研究也是以教师群体为对象的。群体的研究有其自身的特殊价值。群体的研究关注的是人的类属生命与生活的规定性，例如，群体可以实现人的沟通和交流，为人类的生存和活动的正常开展提供基础和保障。也正是群体的特殊性才形成群体文化的特殊功能。总结起来，教师文化的特征包括以下四点：

一是教师文化具有精神性。精神性是针对教师文化的价值而言的。教师文化的核心因素是价值观，价值观具有引导人们行为的基础性作用，是精神层面的动力基础。“教师所表现出的职业态度、敬业精神、工作风格以及内心深层次的价值观念、心理面貌等，都默无声息地折射出一种只有教师群体之外的人才能感受到的独特气息”①。因此，在良好的教师文化氛围中教师的价值观是同质的，积极的价值观影响着教师的教育教学实践，展现了教师向上的精神风貌，良好的教师实践又反过来促进教师正向价值观的形成和发展，形成良性的发展循环。

二是教师文化具有示范性。文化一旦形成和稳固下来，就会在实践中发挥巨大的影响和示范作用，不但对教师集体有积极的影响，对学生的发展的影响同样是巨大的。正如马卡连柯在《论共产主义教育》一书中所言：“如果没有教师集体的话，那是不能够培养出(学生)集体来的。”教师是学生学习和模仿的对象，优秀教师亦是其他年轻教师学习的对象。在优秀的文化氛围中，教师的一言一行都会对周围的人起到榜样示范的作用。学校的教师形成群体，能够形成一股强大的合力，影响教师队伍的发展。

三是教师文化的融合性。融合性体现了教师文化的规范价值。一种文化一旦在教师群体中形成，便成为教师们所遵循的价值规范。在这种规范的作用下，教师与教师之间的关系便以和谐的基调稳定下来，容易形成教师之间相互

①赵中建.学校文化[M].上海：华东师范大学出版社，2004：23-27.

合作、相互竞争的关系。

四是教师文化的共享性。克拉克洪(Clarkhong)和凯利(Kelly)认为："文化是历史上所创造的生存式样的系统，既包含显形式样，又包含隐形式样；它具有为整个群体共享的倾向，或是在一定时期为群体的特定部分所共享。"[1]因此，无论一个学校中存在多少教师亚文化，教师群体中必然存在一套为该群体所认可的价值观或准则，这套价值观和准则规范着教师的行为。此外，群体共享性也从文化的概念揭示出教育过程中教师之间协作互动的必然性。

①郑杰.给教师的一百条新建议[M].上海：华东师范大学出版社，2004：34.

第四章　民主管理：为校本教师发展营造气场

管理是现代学校发展的必要手段，对学校及教师的发展都有重要的意义。学校怎样才能建设一支高水平、专业化、数量充足且积极性高的教师队伍是新时期学校发展的关键，而管理在其中起到了保障和促进的作用。推进校本教师发展离不开学校管理，民主和谐的管理氛围、科学的管理实践对于实现教师的校本发展，提升校本教师发展的实效性具有重要的意义。

一、促进校本教师发展的管理原则

校本教师发展过程中的管理与一般的管理活动有相似地方，但也有其特殊之处。对不同事物的管理遵循不同的管理原则，管理原则是活动的一般规律的体现，是管理活动开展的依据和准绳，因此，管理原则最能体现事物发展的独特性。要想促进教师的发展，就要为教师的发展提供良好的管理氛围，这是校本教师发展中管理的首要原则。在具体的实践过程中，管理者要注重满足教师的高层次需要、注重教师的软管理、注重管理过程中教师主体效能的发挥、注重坚持教师管理的人本化。

(一)注重满足教师的高层次需要

我国学校教育的发展经历了一个逐渐发展完善的过程。尤其是随着改革开放，随着我国社会的快速发展和经济实力的不断增强，教育领域的财政投入逐年增加，教师的物质生活条件得到了极大的改善，如福利待遇、医疗保险、居住环境等方面的满意度都在不断提升。在物质条件改善的同时，教师作为知识群体，更需要精神层面的关注。对教师需求的关注是有效教师管理的途径之一。孙中山先生曾说过："需要者，创造之母也。"[①]按照马斯洛的需要层次理论，当人的生理、安全等低层次需求得到满足之后，随着人心理发展水平的提高，尊重和自我实现等高级心理需要逐渐增强。人在特定时期，往往有一种需要是占优势地位的，会对人的动机和行为产生更大的影响。了解和满足教师的合理需要，是管理和激励教师的有效方式。

因此，从学校管理的角度审视，学校在制定管理工作时，要在分析教师发展需求的基础上，制定精准的教师管理制度和实施策略，有效促进教师的发展。而作为专业群体的教师，专业发展无疑是各个发展阶段的教师都渴求的，加之教育随着时代的变迁，教师的专业意识、专业知识和专业技能等也是需要随时更新的。因此，学校要注意满足教师的专业发展需求，把教师的专业发展、外出学习和培训等纳入学校专项工作的范围，成立专门的资金项目，支持教师出书立著等。学校可以发掘多种渠道，创造各种机会让教师参与学校的管理工作，这样既增强了学校管理工作的针对性和实效性，又能在一定程度上提升教师的主人翁意识。学校还可以在营造积极的科研氛围方面下功夫，让教师不仅仅局限于课堂教学，还能在研究中发现并享受教育的快乐，身心愉悦发展。

(二)注重教师的软管理

教师作为知识分子群体，具有自律、自我发展的特征，由于工作的性质，教师的管理不易划一、刻板。加之现代民主意识的觉醒，人本主义思想在管理界的流行，有人提出教师的管理应做到软管理。所谓的软管理是从管理的"非人

①孙中山选集[M].北京：人民出版社，1986：148.

性”特征的角度提出的。在软管理中,人是一个综合概念,它即包括劳力,也包括智力。软管理理论认为,人力中最为宝贵、最具有价值的部分不是“劳力”,而是“智力”,是人的大脑中隐藏着的无穷无尽的创新能力和创造能力。因此,管理的重点就应该充分开发、发挥和利用人的智力。

软管理作为当代具有特殊意义的管理方式,在其发生作用的内在机制上具有鲜明特征。软管理是一种内在的柔性约束力、驱动力。一般来说,组织与成员的心理、认知和价值取向是相互影响的,其行为也是相互关联的。因此,软管理一般用学校组织的文化氛围、精神气氛对教师心理和行为进行影响和规范。教师通过对他人的心理行为和组织的精神环境的觉察和认识而改变自己的思想和价值观,进而调整自己的行为。软管理是一种客观影响力,这种影响力具有持久性的特征。

学校管理是以人为对象的,教师及学生的构成和素质的变化,必然要求管理方式和管理方法产生相应的变化。随着经济社会的发展和信息时代的到来,新时代教师的知识结构和素质结构发生了巨大的变化,教师群体的总体素质明显提高,更多的人希望自己能够被看成独一无二的“个人”,个体特征不断凸显。教师希望有更多交流与沟通的机会,能够参与学校决策、履行职责并在工作中获得自我实现的机会。在这样的背景下,民主、温情的管理方式在现代学校,尤其是在促进校本教师发展的要求下,更加的适当。

为了保障校本教师发展,学校在软管理方面最应调整的是对教师时间的管理。解放教师的时间,给他们更多可自由支配的时间,允许教师根据工作、生活和自我发展规划来安排时间。例如,在关于什么是最影响教师发展的调查研究中,我们发现时间是目前教师发展的最大障碍。时间保障主要是指教师有专门的、充足的时间来发展自己,进而发挥示范引领作用和辐射影响,更好地提高自己的专业水平。造成时间不足的原因及类型有以下几种:一是被行政事务所累。有教师表示,“事务性工作挤占了自己大量的时间和精力,没有时间顾及其他”,有教师提到,“任务多,工作量大,身心疲惫”“迎检任务繁重”等。二是教学任务繁重。有教师提到，“学校工作任务重，教学及管理压力大”。

除此之外，学校还要从管理角度发挥教师群体的作用，利用群体来影响教师个人的发展动机，营造积极向上的氛围。现代学校管理不能将教师作为孤立的人来看待，更不能一味地鼓励教师特立独行，因为脱离集体的个人发展将是盲目的、无序的。管理不仅要重视教师的个体发展及需要，更要从教师群体的视角促进群体的共同进步，增强教师的群体意识和集体主义精神。所以，一些学校已注意到要加强年级组和学科组的建设，并通过教学教研活动和工会活动等形式，在集体中引导、促进教师发展。

(三)注重管理过程中教师主体效能的发挥

随着时代的发展和社会转型期的到来，我们的生活正在经历根本性的变化，教育自然也必须完成相应的转型和变革，以保持自身的活力和价值。这种转变最明显的特征就是从注重共性和数量向关注个性和质量发展，关注人的差异性和个性潜能是新时期教育的重要使命。

校本教师发展是教师自我反思、同伴互助、专业引领的重要载体，可以有效地实现教师发展，助益学校改进，深化教育教学改革。如此重要的教师发展模式自提出之日就受到了教育研究者和行政管理者的极大关注，并在教育实践中普遍推行，相关研究成果也不断涌现。然而，综观研究成果和教育实践，目前已开展的校本教师发展多是自上而下的行政命令，或是专家主导性的研究活动，而一线教师在其中一直扮演着“被参与者”和“被管理者”的角色，处于发展的边缘地带，严重违背了人的主体性理论，也不符合校本教师发展“以教师为主体”的内涵和初衷。

校本教师发展中教师主体性的构建是可能且可行的。主体性属于哲学研究地范畴。人的主体性是针对客体性提出的，是人在社会实践活动中作为行动主体的质的规定性。主体性强调人在活动中的自觉、能动和创造，是自主性、能动性和创造性的复合统一。传统的校本教师发展囿于传统制度、管理者的视野、教师自身素质等因素的制约，教师主体性一度孱弱至几近消失。校本教师发展是以教师为主体，以教育教学情境中的问题为直接研究对象，其目的是以改进教育实践、促进师生全面发展为目的的。因此，校本教师发展与教师主体性具有一致性。

1.校本教师发展是教师主体性生成的基础

主体性的第一要素是作为人的自主性。校本教师发展中的主体指向是教师，其把教师开展活动视为一种权利和责任，这在一定程度上肯定了教师的主体性地位。从教师发展情况来看，教师是其自身发展的发起、推进和实施的第一人。有关发展内容的选择和确定主要是由教师本人来完成的。因此，校本教师发展从一开始就具有自主性和适应性的特征。在校本教师发展中，教师的自主性体现了教师做自己发展的主人，并通过对教学的剖析、设计和规划来实现人的主体性。教师以研究的态度对待教育教学工作，加深了对教学的理解和体悟，可以更自觉地参加教学的决策、改进和提升，从而实现从内在的主体生成上升为实在的主体行动。

2.校本教师发展是教师主体性建构的保障

在现代社会背景下，虽然主体是与权利、关系紧密联系在一起的①，但作为存在的个体，尤其是作为学校发展的关键力量，教师在自我经验中的批判反思对其主体性的建构还是十分重要的。校本教师发展是基于学校、基于教师、基于教学活动而展开的，即这种以校为本的教师发展是围绕教师的教学经验而进行的深度、系统的解析和研究，研究内容本身是教师在学校和教学中已经遭遇或其他同事已经遇到的真实问题。问题场景也是其最熟悉的学校或是课堂，这些因素都为教师发展及主体性的生成提供了条件保障。因此，个体经验是主体性发展的土壤，为其建构提供了可以依托的基础。校本教师发展的过程也是教师教学经验和个人经验逐渐被梳理、澄清和系统、升华的过程；在这个过程中，

①[法]米歇尔·福柯.规训与惩罚[M].刘北成，杨远婴译.北京：生活·读书·新知三联书店，2007：85.

教师的自我意识得到强化，主体性不断建构。另外，对经验的重视也唤起个体构建自我存在的热情，激发教师在自我可掌控的范围内积极主动地认识自我、成全自我和提升自我的自信心。

3.校本教师发展的关系性是教师主体性形成的关键

主体性是在关系中发展和形成的。校本教师发展强调教师同伴之间的互助和合作，在很多时候也是以教师共同体的形式开展活动的。共同体是一个关系性场域，在其中容易形成群体文化，容身与此的教师个体会自觉受到群体规定性的影响，并能从其中更加清楚地认识自我、展示个性。

校本教师发展中的关系性这一特征弥补了教师个体经验的局限性并改变教师个体思考方式的单一性等问题，教师群体中的合作可以带领教师把问题引向更深层次的探讨，解决方法也可以更加丰富、全面。另外，教师在一起交流、合作、表达的过程也是教师自我意识不断修正、明晰，自我认识不断深化、发展，自我能力不断提升的过程。

（四）注重坚持教师管理的人本化

苏霍姆林斯基说过，学校及学校所从事的一切活动赖以确立的基础，就是每位教师多样化的知识、丰富的智力生活、宽阔的眼界和不断提高的学识。新课程实施后，我们必须正确认识新课程给学校管理带来的巨大变化，确立以人为本的管理观念，激励教师积极发展。

1.坚持以人为本思想是实现人的全面发展的具体体现

进入21世纪以后，人们逐渐认识到自身的价值和意义，尤其在知识经济时代，“人才资源是第一资源”的观念深入人心，于是人们开始不断追寻人的全面发展和全面发展的方式，人的全面发展也因此被誉为21世纪的最高命题。人的全面发展包括两层含义，一是指个体的人在知识、技能、心理、交际能力以及思想品德、文化修养、法律意识等方面的普遍进步和全面发展；二是指一个国家、一个地区人口素质的整体提升。实现这两种层面的人的发展的基本前提是重视人的意义及价值，在一切发展和一切活动中树立以人为本的理念。

2.秉持以人为本思想是促进经济社会全面发展的内在力量

纵观人类社会的进步和发展，其本质追求都是为了改善和优化人的生存条件，换句话说，人是社会进步的服务对象。人的生存条件的提升，生活质量的改善，生产方式的完善都应该是面向大多数人的。如果一个社会的进步和发展成果只能够惠及少数人及群体的话，那结果就是只有少数人有工作的积极性，而多数人没有共同努力和奋斗的热情。若只有少数人拥有高技术、高水平，而社会整体的认知水平、文化水平及道德水平不高的话，那么实现经济社会的全面进步也是极不现实的。

3.以人为本是人和经济社会全面发展的核心要求

社会发展规律证明，只有坚持人、经济与社会三位一体的和谐全面发展才是良性的发展模式。只有人的全面发展才能为经济提供充足的智力支撑，才能保证经济的绿色和可持续发展；经济的全面发展在促进社会财富不断增强的基础上，促进社会文化教育等各项事业的发达；而经济与社会的发展又为人的发展提供了条件和机会，人、经济、社会三者之间的发展是相辅相成、相互促进、协调一致的。

例如，天津市G学校就是学校人本化管理下促进教师优质发展和学校办学质量提升的典范。天津市G学校坚持校长负责制下的民主管理，建立健全工会管理体制，充分发挥学校教职工代表大会(简称职工代表大会或教代会)民主决策、民主监督作用。坚持校务公开制度，评优、职称评定、绩效工资、教学改革等热点问题经过民主公开和细致解读，使全体教职工了解、内化、认可直至自觉执行。学校还不断增强管理的透明度，开展为学校发展谏言献计活动，设置校长信箱，努力拓宽教师、学生的诉求渠道。邀请街道、社区代表和家长参与校务活动，学校通过全体会、教代会、行政会、家长委员会、班级协作体等专项会议和军训成果展示、五四表彰、毕业典礼、家长开放日等大型活动，以多种形式实现校务公开。学校还实事求是地在学校民主管理、课程教学、德育工作、后勤管理、校园安全等方面建章立制，重新修订学校管理制度汇编，并使全体教职工人手一册，为进一步推进学校制度建设奠定了坚实的政策基础。

在实践过程中，要坚持人本化管理原则。天津市G学校在这方面的做法也是非常有效的。天津市G学校通过采取集体备课下的共享教案方式，力求教师备课的实效性，并且改革学校例会制度，给教师自主研究提供时间。成功而有效的学校管理应该是最大限度地节约教职员工的时间，只有这样，教职员工才能真正成为自己的主人，校长才能有更多的时间思考学校发展的大事、要事。学校还不断为各种会议"瘦身"，废除了每周开行政例会的做法，无特殊情况，一般是学期初、学期中和学期末开三次行政办公会。另外，校长是领导的关键，校长要树立人本主义管理的意识，在具体工作中，要注意化繁为简、提高效率。推进学校的改革，提高管理效率，给教师自主发展和研究提供时间，以促进教师的全面发展。

二、实现教师领导

教师领导是一个相对较新的研究领域，从已有的研究来看，教师领导的发展及研究的中心区域主要在北美洲，集中在美国和加拿大；后来扩展到英国、澳大利亚等教育分权制国家。近年来，随着世界各国教育改革浪潮的不断涌现，尤其是教师在改革中的关键作用被不断强调，教师领导逐渐受到世界各国学者的关注。目前，我国教师领导研究不断出现，尤其是基于校本的教师发展更加需要教师领导的实现，从而更好地促进教师的发展。

教师领导兴起于20世纪80年代的"学校重整运动"中，当时学校改革的艰难历程使学校管理者逐渐认识到，教育改革要想真正成功，必须要有教师的参与，教师领导因而成为学校革新的重要议题。1986年，美国出台了《国家为教育21世纪的教师做准备》的报告，认为更高的教育质量的取得要建立一支与此任务相适应的教师队伍，这样的教师队伍应能在重建学校中起到积极的带头作用，并能帮助他们的同事达到学术和教课的高标准。[①]此报告被认为是对教师领导的最早表述。

①Mangin M M, Stoelinga S R. *Effective Teacher Leadership: Using Research to Inform and Reform*, NewYork, Teachers College Press, 2008, pp.1-9.

20世纪90年代，随着社会发展及教育改革推进以及领导理论的不断更新和发展，人们逐渐意识到，校长责任的无限放大是过去几个世纪学校组织结构迟滞僵化的主要原因，于是松绑决策权力、倡导本位管理逐渐成为学校组织结构与领导变革的发展趋势。教师领导在此趋势下，受到更多学者的重视。提倡教师领导的学者认为，为更有效地领导学校发展，校长应允许教师集体领导学校，否则，学校将无法处理现今来自教育情境的挑战，教师领导也因此被称为“每所学校沉睡的巨人”和“学校变革的强大催化剂”①。进入新世纪，教师领导在学校发展中的作用和地位不断得到人们的肯定，人们对教师领导的期望也有了更多更具体的发展。

（一）影响教师领导实现的因素

1.学校组织结构

目前我国许多中小学还在强调自上而下的命令、指挥、控制的科层制的组织结构，普通教师不但缺乏正式的职位权力，而且在学校决策、日常管理中也没有多少地位。在这样的学校组织结构中，教师除了日常教学工作和学生管理之外，对于学校管理工作和发展前景没有明确的任务及期望。虽然，随着学校改革的推进，以年级组为核心的教师管理组织变革在许多中小学开展并实施，但在教师管理实践中，年级组长更像是校长的代理人，其权力也成为校长职能的延伸，而不是教师领导的榜样或深化。实际上，年级组长负责制在一定程度上“变异”成为学校另一种意义上的“科层”。

2.校长领导风格

校长的领导风格是影响教师领导的重要变量。研究表明，积极的、支持性的领导方式将促使更多的教师参与到学校的领导之中。反之，独断的、英雄式的领导方式会阻碍教师领导的发展。②长期的学校科层制使校长的“一言堂”

① David Frost & Alma Harris. “Teacher leadership: toward a research agenda”, *Cambridge journal of education* ,(November2003),p.479.

② 金建生.中小学教师领导研究[D].重庆：西南师范大学，2007.

成为平常之态。校长这种习惯于以一种政治的、行政的眼光看待问题的工作作风更阻碍了教师领导的实现和发展。

3. 教师自身的原因

由于学校民主文化的长期缺失以及实行校长负责制带来的负面效果，教师没有在课堂外担负责任的传统，教师本人也不愿改进，这些情况都不利于实现和发展教师领导。此外，教师对领导的理解存在一定局限性。大多数教师认为领导就是“说话管用”“上级任命”和“管理者”的那类人，这种认识造成的后果就是混淆了领导与管理的功能，制约了学校的变革。

（二）实现教师领导的策略

教师领导的提出改变了以往对教师角色定位的局限性，突出了教师在学校发展中的核心地位和关键作用，不仅为教师的发展，更为学生、学校的发展开辟了新的途径，也为更好地实现校本教师发展打下了坚实的基础。因此，探索教师领导的实现策略在社会急剧发展、教育改革迅猛发展的今天具有十分重要的现实意义。

1. 重新建构组织机构

学校教学管理的变革仅仅靠思想和理念是不够的，还必须找到切实可行的依托路径。任何管理都是靠具体的组织结构、制度规范等来实施的。因此，组织、制度和文化便是学校实现教师领导切实的变革路径。

(1) 变革组织结构

构建有利于教师领导的学校组织结构，必须实现从“金字塔”式的等级结构到“扁平化”组织结构的转变。在扁平化的组织结构中，通过压缩中间的行政机构，减少控制的层次或规模，删减中间管理层，从而达到高层与基层直接对话的目的。扁平化管理的突出特点就是扩大了管理幅度，缩减了管理层次，实现组织结构的精致化。①改变官僚制严格的控制机制，通过广泛的授权来实现组织成员个体发展的需求的组织结构，优化机构设置，实现组织成员自主性

①[英]托尼·布什.当代西方教育管理模式[M].强海燕译.南京：南京师范大学出版社，1998：56.

的最大化发挥，建立有助于教师自主发展、发挥创造性的组织环境，实现教师参与学校发展的有效途径。

(2) 构建学习共同体

学习共同体是支撑以知识建构与意义协商为内涵的学习平台，是信息时代知识创生的社会基础。在学习共同体内，管理的重点已经从维持和控制转变成为创造、探究和合作的关系。[①]实践表明，要达成良好的教师领导效能，学校必须要建立开放性的、协作性的团队。巴斯(Barth，R)也明确指出，在教师作为领导者的学校中，教师同伴合作越兴盛，越有益于教师领导的实现和发展。[②]因此，学习共同体的构建为教师提供了丰富的学习、交流平台，拓展了教师个性表达和创造性发挥的空间。强调尊重个性、鼓励创新的学习共同体不仅能够推动教师做研究的热情，营造良好的学习研究氛围，而且有助于促进教师角色的转变，激发教师的责任感，从而发挥教师领导力。

(3) 转变学校组织文化

学校的组织结构、权力分配、精神面貌等都可能影响教师的工作状态、精神信念，其中，文化氛围对教师在学校的各项实践活动影响最大。教育实践证明，学校不只是摒弃科层命令的形式、赋予教师发展权就可以实现教师领导，而且还需要创设教师发展的文化，利用文化的力量，激发和唤起教师的专业自尊和自我实现的需要。学校应努力打破以往沉默的组织文化，构建有利于教师参与学校各项事宜的环境。对于一个组织来说，组织内部的竞争是必要的，但是竞争的归宿是合作，也就是将组织中的种种竞争整合成一种组织合力。对于学校来说，尤其如此。[③]因此，学校要致力于打破孤立的教学文化，创造共享、合作交流的文化氛围。

①[美]詹姆·G· 亨德森，理查德·D· 霍索恩.革新的课程领导[M].志平，李静译.杭州：浙江教育出版社，2005:23-27.

②金建生.教师领导何以可能[J].中国教育学刊，2010(7).

③戴维·W· 约翰逊，罗杰·W· 约翰.领导合作型学校[M]唐宗清等译.上海：上海教育出版社，2003:58.

2.重塑学校领导

(1)转变管理理念

校长领导作为教师与政策的缓冲器，其本身的理念在教师领导中起着重要的作用。[①]管理理念是管理学校的意识或信念，是用来指导学校管理工作，实现学校管理目标的指导思想、基本观念、基本准则。领导者(尤其是校长)的理念在学校组织建设、文化营造以及促进教师领导方面起着非常大的作用。教师拥有权力只能说明教师领导的可能性，还不能说明教师领导的可行性。要激发教师领导、实现教师领导、发展教师领导，最重要的还是校长要从理念上赞成和支持教师领导。

(2)改变领导方式

在教师领导理念的关照下，采用更加有利于促进教师发展的人本领导模式，充分赋权于教师，特别是在与教师专业发挥相关的校本课程开发、特色学校建设的过程中，学校领导应充分发挥教师集体的智慧，激发教师的主体性意识，激励教师参与学校事务，让教师在教学工作中体会到自身行为的重要性，满足自我实现的需要。在具体的领导模式中，参与式领导、分布式领导、项目领导、团队领导等领导模式是实现教师领导的有效范式。

(3)营造支持氛围

教师领导的过程是教师借助专业优势发挥专业特长的过程，教师领导权也源自教师的专业权威。这里就涉及教师专业发展的问题。专业化的教师权威强调教师在课程、教学等方面的专业地位和文化地位，强调教师是教学知识的创造者、实践者，是拥有合理合法处置教育情境、做出教学决策的领导者。因此，学校领导要支持教师的专业发展，并在办学实践中注意营造支持的氛围。例如，支持教师与校外的大学或科研机构开展合作研究，以项目领导的形式促进教师才能的发挥，在学校内部组建合作小组等，并积极促成这种支持的内在化、持续性和实效性。

---

①卢乃桂，操太圣.中国教师的专业发展与变迁[M].北京：教育科学出版社，2009:4.

3.促进教师领导专业发展

(1)强化教师领导观念

学校领导要鼓励教师分享和讨论彼此对教师领导已有的认识与看法，引导教师加深对教师领导的认知并形成正确的教师领导观，这是实施教师领导的认知基础，也是至关重要的前提条件。另外，除了进行常规的观念引领之外，还应该借助一些专业培训，让教师在原有的认识基础上，对教师领导的内涵、功能、价值、条件、实施策略等有足够的理解与认知，对自己作为教师所能够承担的领导职责有清晰、明确的认知，从而形成教师领导观，让教师领导观念真正融入教师的教育教学中。

(2)提升教师领导能力

教师领导的实现对教师的专业素质和综合能力有多方面的要求。首先，教师要构建良好的人际关系，并能通过人际关系与合作意向为同伴提供支持，促进团队成长；其次，培养处理冲突和进行谈判与调解的能力，让教师能够胜任工作中突发事件及棘手事件；再次，能够处理团队工作进程，并评估和分析各种需求和重要事项。①

此外，培养和养成乐意与人合作、有热情和激情、喜欢接受各种挑战、善于表达等个性与人格特征也是非常重要的。

(3)提升专业自主能力

教师领导的本质特征是提升教师专业性，重新分配权力和增强教师之间的交流互动。促使教师领导出现的直接原因是改革者和学校领导逐渐意识到教师在教育改革和学校改进中的重要性和不可替代性，其中最关键的是教师的专业性。因此，促进教师领导发展的关键是促进教师专业自主能力的提升。所以，学校应从各个层面重视和发挥教师领导，激发教师的领导意识，促进教师和学校的共同发展。学校可以通过在校本培训中培养领袖教师，在教育科研中引领

① York -Barr J，Duke K：What Do We Know About Teacher Leadership? Findings From Two Decades of Scholarship，*Review of Educational Research*.2004，74(3).

教师发展，在项目推进中以特色项目带动教师领导的发挥等方式来提升教师的专业自主能力。

在培养教师领导时，学校应积极为其提供任务平台，尽可能多地给予教师参与教学事务以外的具体事务的机会，如成立工作室、开发校本课程、同伴指导协作、成立学习共同体等，以帮助教师逐渐适应新的领导角色。另外，当教师参与学校其他事务时，要注意及时的鼓励；当教师完成一项工作任务时，应充分给予肯定并积极赞扬，从而帮助教师培养责任心、自信心和反思实践的能力，鼓励其不断地发挥领导力。

三、校本教师发展中学校领导者的作为

（一）创造良好的氛围和组建发展团队

教师是学校发展的第一资源，学校领导者的主要工作内容就是促进教师的发展，以教师为本，为教师的发展保驾护航。教师的发展有两项重要的内容，一个是促进师德修养的提升，另一个是促进教师专业能力的提升。因此，学校领导者，尤其是校长要切实担负起组织、领导职责，顺利推进教师发展。

1.校长要为教师的发展营造积极的发展氛围

学校要明确校本教师发展对于学校发展的价值意义，这是创造良好发展氛围的关键。良好氛围创造的基础是全体参与者对于这一事件有一定的认知和了解，只有在观念上认同了，心理上接受了，价值上维护了，才能最终推动事件的发展并取得实践性的成果。因此，促进教师提升基于校本发展的积极性，促进其自觉、主动地研修学习，要大力宣传和讲解校本教师发展的意义，让教师认识到其发展对于学校和自身的重要性。教师可以利用各种会议、学习等场合，利用各种标语宣传等校园环境的营造对教师进行必要的宣传教育。

校长要明确校本教师发展的目标、内容及方式，有针对性地开展工作。校本教师发展是与学校的实际工作紧密联系在一起的，是与教师的教育教学工作不可分割的，其发展的目的是让教师基于实际发展，并从实践中感受到专业发展的价值及其与学校发展的一致性。因此，学校不仅是培养学生的地方，更是

培育教师成长和发展的地方。另外，校本教师发展要更加注重实践问题，倡导以解决实践中的问题为目标，突出针对性和目的性。

2.校长要为教师的校本发展组建专业的团队

现代社会发展越来越重视组织的作用和力量。个体的力量来自组织，个人又赋予组织以持续的力量。因此，组织建设及组织竞争力提升成为当今社会的重要议题。学校作为一种社会发展形态下的固有产物，其发展也遵循着社会发展规律。学校中存在着各类组织，校长要发展组织的优势，并积极营造和维持这种优势来充实自己的管理和学校发展。学校中的组织和团队是由个体组成的，个体是在团队共同目标下，践行着共同的行为，经历着共同的情感，由此履行共同的使命。由此，团队的工作目标不在个体行为的有效性，而在相互的协作行为而产生的实践效率。因此，校长要把握学校中的各类团队有明确的发展方向、正确的行为和明确的关系，以利于积极情感的生成和目标使命的完成。

另外，学校团队要具有学习型的基本特征。在1997年《哈佛商业评论》创刊75周年庆典上，德鲁克、汉迪、圣吉(Drucker, Handy, Sangi)这些管理大师相遇时，探讨的重点就是21世纪的管理需要的是人的学习，“传统的‘命令——控制模式’很难带领我们进入21世纪。人们的独立性越来越强，外界的变化越来越迅速，这使得高层主管很难简单控制下属。再也不能期望用命令的方式去激励下属变革，成功的组织是将竞争优势建立在少控制、多学习的基础上”[①]。

(二)校长是引领校本教师发展的关键

“一个好校长就是一所好学校”，这个流传已久的观点已经说明了校长对学校发展和教师发展的重要性。作为校长，要为学校发展负责，为教师和学生的发展负责，不断进行管理、制度及方式上的创新，促进学校各项事业的发展。下面的这个例子就充分说明了一个有前瞻性、有引领能力的校长对于学校和教师发展的重要性。

①熊焰.校本教师专业发展研修手册[M].天津：天津教育出版社，2012：176。

【案例】

创新学校管理 促进教师发展①

一、规范岗位职责，落实评价体系

要让教师静心工作，首先要制订出各类教师的具体岗位职责，使每个人清楚自己应该干什么；其次要制订与岗位职责配套的评价指标体系，使每个教师知道干到什么程度才算好；最后要制订考核的具体方法和奖惩办法，把评价指标体系落到实处。以上三个问题可归纳为：干什么、干到什么程度、干与不干有什么区别。哈佛大学荣誉校长陆登庭说："哈佛的成功主要是形成了一种明确的办学理念，一套系统的制度和机制，所以现在即使没有校长，哈佛一样可以正常运转。"学校管理的最高层次就应该是这种无人管理仍在高效运转的管理，这应该是学校管理者追求的目标。要达到这样的目标，规范岗位职责、科学地进行考核评价、恰当地奖惩是基础，也是不可逾越的必经阶段。

学校管理者必须让每个干部和教师都清楚自己的岗位职责是什么，怎样才算尽职尽责。我任校长后，首先为全校的每一个岗位制订岗位职责，如教学质量处主任的职责、教学运转处主任的职责、教学科研处主任的职责、课务员的职责、学籍员的职责等。岗位职责共涉及34个岗位类别，不留任何空白，不走形式，每个岗位的职责描述都很具体，避免大而空、模棱两可的现象。岗位职责制订出来后，我先组织教职员工反复讨论修改，讨论的过程也是一个教育的过程，是一个培养责任意识的过程，也是教职员工不断明晰自己岗位职责的过程。

二、减轻教师负担，创设宽松环境

校长的工作经历使我感受到作为当代一名校长着实不易。在学校正常的工作时间之内，校长根本没有多少精力和时间静下心来读书学习。联想到我们的老师，他们同样也面临着这样的问题。现在的教学常规要求越来越高，教案的规范要求细之又细，开学初要交各种各样的计划，学期末要交各种各样的总

①节选自《中小学校长》2010年第2期《潘怀林：创新学校管理 促进教师发展》，有删减。

结等。如果是班主任，各种各样的事务性工作更多。再加上学校各种各样的量化评比，教师们的确负担很重，不免出现应付工作的现象。教师们面对繁重的工作，想静下心来读书学习、提高自己的专业化水平是很难的。作为校长，必须切实减轻教师的负担，减少教师的无效劳动，减少一些形式上的东西，给教师创设宽松的环境，使他们能够有充足的时间去提高自己的专业素养。

三、搭建发展平台，鼓励教师成名

我校积极创设科研工作化、工作科研化的氛围，引导教师树立“教学就是研究”的理念。为使教师静心工作，我们向教师提出了“七静三品四用”的工作要求，即“静下心来上好每一堂课，静下心来批改每一本作业，静下心来与每个学生对话，静下心来研究教学，静下心来读几本书，静下心来总结工作规律，静下心来反思自己的言行和方式；品味师生的情谊，品味工作的乐趣，品味生活的幸福；用智慧启迪灵性，用人格陶冶情操，用爱心浇灌希望，用汗水哺育未来。”

为了让教师不要忽视教育中的每一个细节，我们提醒教师要注意“五个第一次”，即“第一次亮相是形象，第一次叫出学生名字是亲切，第一次提出要求是信任，第一次上课是艺术，第一次批改作业是鼓励”。

一名校长要抓的事情的确很多，但在繁杂的学校事务中，校长一定要头脑清醒，要抓那些牵一发而动全身的事情，要抓主要矛盾，抓矛盾的主要方面。在学校里，抓教师队伍建设，给教师创造条件，让教师能够静下心来自我发展，这才是抓住了主要矛盾，抓住了学校发展的灵魂。实践证明，教师队伍建设是提高学校教育教学质量的根本出路，也是提升学校办学水平的正确途径。

第五章　师德引领:
校本教师发展的核心追求

百年大计,教育为本;教育大计,教师为本;教师大计,师德为先。师德是教师最重要的素质。师德建设水平也是人民群众对教育工作满意与否的重要方面,更是教育改革发展、学生全面发展的内在需要。尤其是当前时期,我国正处在经济社会发展的转型期,社会矛盾发生了巨大的变化,人们对教育事业也提出了更高的要求,人民群众从原来的"有学上、有书读",转变为"上好学、读好书",进一步接受优质教育的诉求。提升教育质量,关键在学校,根源在教师,教师作为学校发展的主力军,是一切政策、理念落实的载体,也是学生全面发展的第一引路人。因此,加强师德师风建设刻不容缓,这也是学校建设的重点和难点。学校要借助发展校本教师,不遗余力地提升学校师德师风建设质量,为教师的各项发展打下坚实的基础。

一、新时期师德发展要求及时代意义

高尚的师德无疑已经成为"立教之基",它是推动教育发展的无形力量和精神动力,关系到学生和教师全面发展,关系到学校学风、校风氛围的良好与否,关系到教育的成败,也关系到精神文明建设和社会整体道德水平的提高与升华。也正是因为认识到师德及师德建设的重要性,每位教师要严格要求自己,在教育教学中做师德高尚、与时俱进的“四有好老师”。

(一)师德的概念、内容及特征

师德,即教师的职业道德。道德渗透于人类社会各类实践活动之中,无处不在。从人类的进化史和发展史来看,人不仅是一种自然的存在,更是一种社会的存在。因此,人的存在既要遵循自然界的规则,也要符合社会的规则,这种社会的规则对人类的行为进行约束和引导,使得人与自然以及人与社会的关系得以和谐发展。马克思从社会经济关系的角度出发对道德做了如下定义,认为道德是一种特殊的意识形态,这种意识形态包含了关于善恶评价的标准,并依靠流传下来的传统习惯,来调节人与人之间、人与自然及社会之间行为规范的总和。职业道德是道德的下为概念,是与职业相关的特定的道德类型,具体来说,职业道德是从事某一职业的人所必须共同具备的品德,包括道德准则、道德情操和道德品质。职业道德体现了职业对本职人员在职业活动中的思想及行为的标准及要求,同时也是某一职业对社会应肩负的道德责任与义务。

1.师德的概念

师德,即教师的职业道德。教师作为一种古老而现代的职业,随着社会的发展和教师职业本身的完善,教师职业道德也不断地确立、丰富和发展起来。概括而言,教师职业道德是教师从事教育教学工作中必须遵从的与教师职业相关的行为规范和道德准则;这种行为规范和道德准则是根据教育行业内的传统、习惯以及教师个人的内心信仰和社会的舆论等形成的;教师职业道德一旦形成就无时无刻不体现在教师的教育工作中,教师据此来调节和处理与他人、与社会、与集体及教育工作的关系,从而保证教师职业的和谐健康发展,继而保证教育的高质量发展。

从这些论述可以看出,教师的职业道德包含三层内涵:一是师德是一种社会意识。师德的来源是教师的教育教学实践活动,从范畴上来说,教育教学实践活动属于社会活动的一种,受社会经济关系制约并作为其产物而存在,从这种意义可以看出，师德是一种社会意识。作为社会意识的师德具有历史性和传承性，它与传统习惯和文化心理融为一体，渗透在教师的心理和行为当中，影响一代又一代的教师。二是师德是一种生存智慧。师德一旦形成并开始传承，它的主要功能就是调节教师的行为和心理活动，使之更加符合时代对教育和教师的要求和规范，使教师自己的行为更加符合教育教学规律。这种能够引导和规范教师更好从事教师职业的道德规范在实践中就慢慢形成了一种秩序，这种秩序是师德在实践中概括和选择的结果，更是教师智慧的生产方式。三是师德是一种实践精神。师德是在教育教学实践中形成且运用于教育教学实践的，因此，实践性是师德的显著特征。师德的实践精神还表现在师德不是一种被动的、一成不变的存在，而是在实践中随着实践的发展而不断变化和自我完善的，是根据不同的教育教学情景而调整的。

2.师德的内容

从心理学上来说，道德包括知、情、意、行四个方面，下面我们依循心理学的分类来对教师的道德内容进行分析，从而更加明晰教师道德的内容建构。这里的“知”和“意”可以概括为教师的职业意识；“情”，就是教师的职业感情；“行”，就是教师的职业行为。

(1)教师的职业意识

教师的职业意识是对教师思想意识方面的要求，是指教师对本职业的看法、想法，是职业感情和职业行为的基础。教师的职业意识主要包括职业认识、职业理想、职业信念。

认识是理解的基础，理解是热爱的基础。无论从事何种职业，能够尽心去做的基础首先是对职业有一个基本的、正确的认识。认识也是行动的基础，当你对所从事的职业缺乏正确的认识时，就不知道从何处入手，因此做好的概率也是极小的。具体到教师职业，教育工作是怎样的职业，它的目标、任务是什么；它的历史、现状和未来是怎样的；它跟社会各类活动是怎样的关系等……只有能够正确地回答以上问题，才算对教育工作有了较高的认识，才能在理解的基础上产生责任感和荣誉感。

职业理想指的是从事某一职业应当有的志向和抱负。作为教师，要有成为教育家的理想和情怀，要给自己确定一个近期、中期和长期的职业奋斗目标；要有为教育事业奋斗和奉献的精神，要志存高远，要有为国家培养高质量人才的决心；要勤奋工作，严格要求自己，努力探索，做出优秀的、一流的工作，做一名优秀的人民教师。

职业信念是把职业理想转变为现实的中间环节。要把职业理想变为职业实践，需要一个漫长的甚至是有些艰苦的过程，需要教师跨越个人和社会的无数障碍，要付出大量的时间、精力。这需要有一个持久的思想的力量来支持，这便是信念。信念是愿意以之为行动指南的认识。信念在教师职业中表现为，有为教育事业奉献的精神，就如社会对教师的赞誉一样，教师如粉笔，一点点磨损了自己，开垦着蒙昧的荒原，播散着知识的种子。

(2)教师的职业感情

教师的职业感情是伴随着教师的职业意识而出现的，较之职业意识，职业感情更加深刻，对实践行为的指导和支配作用更加明显。教师的职业感情包括强烈的责任感、热爱教育事业、热爱教育对象。

责任感是一个人做好某种职业的基础。一个人只有认识到自己对所从事的事业具有不可推卸的责任时，他才有可能不遗余力地去做好。责任感还是一种能推动人们奋力前行的压力，催人奋进，使人坚强。责任感更像是一种焊接剂，把人与事业连接起来，融为一体。教师的责任感是把学生的全面健康成长当成不可推卸的责任。

如果说责任感是侧重于外界的规定和舆论给予教师一种被动的推动力的话，那么热爱教育事业就是一种主动的推动力了。教师应该忠诚于自己所从事的教育事业，且这种爱是真挚的、深沉的、持久的，不能随大流或是三分钟热度，抑或是为了获得某种荣誉而伪装出来的爱。

教师的职业感情里最重要的是热爱教育对象，即教师对学生的爱。教师对学生的爱是既不同于亲情的爱，又有别于爱情的爱，其集中体现了社会发展进步对教育及教师的要求，蕴含了更多社会内容和社会规范要求，也因此具有广泛的社会意义。热爱学生对于教育教学工作是极其重要的，这不仅是做好教育工作的前提和起点，更是教师的使命。苏霍姆林斯基曾说过："教育技巧的全部奥秘也就在于如何爱护儿童。"①高尚纯洁的教师之爱是教师和学生心灵之间的一条通道，可以有效地开启学生心智，点亮学生的人生道路。正是因为教师的纯洁高尚之爱，才能使教师赢得学生的信赖，使学生乐于学习，接受教诲。

教师对学生的爱是内容丰富、形式多样的，归纳起来主要有对学生的尊重、对学生的信任以及对学生的严格要求。首先，教师对学生的尊重是教师对学生的爱的基本要求。著名教育家马卡连柯曾用一句话概括了他的教育经验，即对学生严格的要求及给学生最大的尊重。苏霍姆林斯基也提出过一个响亮的口号：让每一个学生都抬起头来走路。尊重学生是培养学生自信心，从而使其产生自尊心的基础，因此，每一位老师都要用严谨、审慎的态度对待学生的自尊心。其次，教师要充分信任学生。作为教师应该坚定地信任学生，信任是师生交往的前提。基础教育时期的学生正处于心智、习惯和行为方式都不稳定也不成熟的阶段，因此，可塑性也很大。教师在面对有问题的学生时，要静下心来，选择有效的方式进行沟通和教育，在信任和支持的基础上，引导学生向着积极的方向发展。第三是严格的要求。这里的严格要求不是手段或实施方式的严格，而是在对待学生时，在一些关键性的问题上，教师的态度一定是严格的。爱学生不是骄纵、姑息学生或对学生放任自流。另外，教师对学生的爱要注意一视同仁，外国有一句谚语，"漂亮的孩子人人喜欢，而爱难看的孩子才是真正的爱"。因此，在教育教学实践中，尤其是对成绩不佳、表现普通的孩子，教师要真诚相待，热情鼓励帮助，用精神甘露和心灵温暖去影响孩子的成长和发展，莫让冷漠、歧视和训斥伤害了孩子的心灵。②

①郭慧．苏霍姆林斯基情感教育思想及其对幼儿教育的启示[D]．南京：南京师范大学，2015.

②瞿葆奎．教师[M]．北京：人民教育出版社，1991：162-164.

(3)教师的职业行为

职业行为是职业道德水平的重要标志，是职业道德可视、可测、可感的维度。道德具有实践性，教师的职业行为是教师职业道德的实践体现，是职业道德中的主体。教师职业行为包括多方面的内容，这里重点介绍两大方面：忠于职守和以身作则。

忠于职守是职业道德中最基本的要求。各个行业都对从事人员有最基本的要求，教师就是要忠诚于党的教育事业，践行教学育人。韩愈在《师说》中提到，"师者，所以传道授业解惑也"。"受业解惑"就是传授知识，教师要在教学活动中向学生传授优秀的传统文化知识、最新的科学技术成果以及与人类生存相关的基本知识等，并且要做到知识传授和选择的准确性。教师忠于职业的另一个方面体现在坚守育人本质。育人是教师工作的重点和核心，无论时代如何变化和发展，教师职业的育人职责是教师应该时刻谨记的，也应落实在教育教学实践中。

因此，在教育教学实践中，教师的态度和方法是十分重要的。教师要注意做到以下几点。一是要有诲人不倦的精神，积极、热情地投身教育教学工作。二是要有循循善诱的育人态度。颜渊赞美孔子说："夫子循循然善诱人，博我以文，约我以礼，欲罢不能。"作为教师，只有乐于教人的愿望是不够的，还要善教。何谓善教呢？首先是要有和善的态度，对学生温暖如春风，动之以情，晓之以理，平心静气地与学生交往。其次是要有善教的方法。正确的、有效的、符合学生特征的教学方法可以让教学工作达到事半功倍的效果，也可以提高师生之间的交往效率，增进感情。另外，因材施教和勇于创新对于教师的正确施教也是十分重要的。

除了忠于职守之外，以身作则是教师职业行为的第二个重要内容。孔子有言："其身正，不令而行；其身不正，虽令不从"，车尔尼雪夫斯基认为："教师把学生造成一种什么人，自己就该当是这种人"[①]。学生时期正是世界

①张鉴虞.历史人物论教师的道德威信[J].教育研究，1981(3).

观、品质及性格、作风形成的阶段，这个时期的学生可塑性很强，模仿力也是极强的，因此，教师的一言一行、一颦一笑都会在学生的心中留下痕迹，都会对学生产生积极作用，这种作用有时候是无声的、有滞后性的，教师不能因为当时没有觉察出来，就随意地对待学生。因此，教育无小事，处处皆教育。教师一定要时刻注意自己的言行，用自己的模范行动为学生树立前进的旗帜。

以身作则要求教师在个人品格、治学精神、文明习惯等方面要严格要求自己，做学生的楷模。教师应该具有无私、善良、言行一致、诚实等美德；教师应具有勤奋、刻苦、勇于探索的精神、顽强的意志和坚忍不拔的毅力等；教师应该谈吐优雅、庄重含蓄、仪表端庄、举止得体，在学生的心目中留下美好、高大的形象。教师要做学生生活的榜样和向导。

师德在我国教育事业发展中占有重要地位，教育部专门颁布了《中小学教师职业道德规范》，我国现行的《中小学教师职业道德规范》基本内容继承了我国优秀的师德传统，并充分反映了新形势下经济、社会和教育发展对中小学教师应具有的道德品质和职业行为的基本要求。我国现行的《中小学教师职业道德规范》的具体内容如下：

一是爱国守法。热爱祖国，热爱人民，拥护中国共产党领导，拥护社会主义。全面贯彻国家教育方针，自觉遵守教育法律法规，依法履行教师职责权利。不得有违背党和国家方针政策的言行。二是爱岗敬业。忠诚于人民教育事业，志存高远，勤恳敬业，甘为人梯，乐于奉献。对工作高度负责，认真备课上课，认真批改作业，认真辅导学生。不得敷衍塞责。三是关爱学生。关心爱护全体学生，尊重学生人格，平等公正对待学生。对学生严慈相济，做学生良师益友。保护学生安全，关心学生健康，维护学生权益。不讽刺、挖苦、歧视学生，不体罚或变相体罚学生。四是教书育人。遵循教育规律，实施素质教育。循循善诱，诲人不倦，因材施教。培养学生良好品行，激发学生创新精神，促进学生全面发展。不以分数作为评价学生的唯一标准。五是为人师表。坚守高尚情操，知荣明耻，严于律己，以身作则。衣着得体，语言规范，举止文明。关心集体，团结协作，尊重同事，尊重家长。作风正派，廉洁奉公。自觉抵制有偿家教，不利用职务之便谋取私利。六是终身学习。崇尚科学精神，树立终身学习理念，拓宽知识视野，更新知识结构。潜心钻研业务，勇于探索创新，不断提高专业素养和教育教学水平。①

3.师德的主要特征

师德是基于教师群体发展，在循环往复的教育实践中总结和沉淀下来的相对稳定的观念和规范，因此，具有鲜明的特征，具体特征分别如下：

⑴要求的高标准性。教师肩负着教书育人的职责，其中育人的功能更突出。因为教师在青少年学生的身心发展过程中发挥着重要的作用，教师通过教学活动，通过知识的传递，以高尚的品格和道德情操启迪和影响着学生的心灵，使学生拥有良好的思想品德，成长为身体健康、性格健全、心灵美善的社会建设者和参与者。也正是因为教师在学生发展过程中的重要作用，每一时期的社会及个人都对教师的职业道德提出了很高的要求。

⑵意识的自觉性。道德意识是内化于主体的关于职业的认识、态度、价值观等，是职业道德的重要组成部分，决定了教师在教育教学活动中的工作态度、思想品行、责任感等。由于教师职业的特殊性，教师的一言一行都会在学生的头脑中留下痕迹，甚至会影响学生的认知发展和道德判断。因此，教师应当时刻注意自己的言行，无论是在课堂上还是在课下，都要具有高度的责任心，用高标准严格要求自己。

⑶情感的丰富性。因为教师职业的重要内容之一就是教书育人，因此，育人在教师的职业活动中是核心内容。育人是一项复杂的活动，不仅需要教师有专业的知识和技能，还需要教师有丰富的、细腻的情感投入。学生作为心智尚未成熟的群体，在接受教育的过程中，难免会遇到认知、情感或交往方面的挫

① 教育部中国教科文卫体工会全国委员会关于重新修订和印发《中小学教师职业道德规范》的通知[EB/OL].http://www.moe.gov.cn/s78/A10/s7058/201410/t20141021_178929.html

折，教师在这个时候就应发挥专业人员的优势，动之以情、晓之以理，充分调动自己的情感世界，来参与完成对学生的教育教学活动。如果教师在职业活动中失去了情感，就不能很好地完成育人任务。

(4)影响的深远性。作为人类灵魂的工程师，教师工作的职业性质和劳动特点决定了教师职业对于社会发展和人的成长的影响的深远性。这种“深”主要体现在教师的工作是直击学生的心灵，直接或间接地塑造学生的性格和品质。教师还要通过自身言行，影响学生的人格形成和道德发展，对学生的精神面貌和灵魂起到塑造的作用。对学生影响的“远”主要是指这种影响不仅是在学校期间存在，而且会伴随学生的终身，即便学生以后长大成人，进入职场和社会，这种影响也会在学生身上发生隐性或显性的作用。

(二)新时期师德的发展要求及时代意义——“四有好教师”的提出

教师的职业道德具有时代性，随着社会的发展和时代的变革，教师的职业道德势必会随之发生变化，“四有好教师”就是根据新时代的发展和要求而提出的关于教师职业道德的最新要求。“四有好教师”的内容和提出既遵循传统师德的优良成果，又符合时代发展的要求。实践也证明，“四有好教师”确实对我国当代教师队伍建设起到了积极的指导意义，也对学生的全面发展产生重要的现实引领作用。

1.“四有好老师”的内涵及提出的背景

“四有好老师”是指教师要有理想信念、有道德情操、有扎实学识、有仁爱之心。“四有好教师”源自习近平同志的一次座谈会。2014年教师节前夕，习近平同志同北京师范大学的师生举行了一次座谈会，在会上，习近平同志记提出了广大教师要做有理想信念、有道德情操、有扎实学识、有仁爱之心的好老师。后来人们就将习近平同志对教师提出的这些要求概括为“四有教师”，其具体内涵包括：

一是具有坚定的理想信念。习近平同志指出：“正确理想信念是教书育人、播种未来的指路明灯。不能想象一个没有正确理想信念的人能够成为好老师。”[①]教师要有坚定的理想，把教书育人、培养社会主义的建设者和接班人作为自己的理想并内化为自己的信念，成为教学活动的强大动力。坚定的理想信念具体到教育工作中主要表现在三个方面。首先是热爱教育事业。教师应该热爱自己所从事的教育事业，树立为教育事业奋斗终身的崇高理想。“我们的教育事业是为人民服务、为中国特色社会主义服务、为改革开放和社会主义现代化建设服务的，党和人民需要培养的是社会主义事业的建设者和接班人。好教师的理想信念应该以这一要求为基准。”[②]其次是加强理论学习，强化对中国特色社会主义的认同感。理论学习是提升实践活动的不二法宝，广大教师要重视理论的学习，提高理论水平，从而更加深刻地理解国家的政策方针及制度建设，从而更好地引导学生对社会主义的高度认同。再次是教师的理想信念要体现在教育教学中对中国梦的积极传播与践行，以自己的实际行动帮助学生追逐梦想，传播正能量。陶行知先生曾经说过“千教万教，教人求真”。教师要以理想信念引导学生对真理的追求和向往，成为学生价值观的引领者，做学生人生航向的灯塔。

二是要有高尚的道德情操。习近平同志指出：“老师的人格力量和人格魅力是成功教育的重要条件……老师对学生的影响，离不开老师的学识和能力，更离不开老师为人处世、于国于民、于公于私所持的价值观。”[③]教师的职业是教书育人，在教书育人的活动中涉及许多影响因素，这些因素或直接或间接地左右着教学活动能否顺利进行，其中教师的人格力量和人格魅力是重要的因素。十年树木，百年树人；树人为重，立德为先。一直以来，我国社会发展对教师提出的要求就是“德高为师，身正为范”。高尚的道德和严苛的修身是为师

①习近平.做党和人民满意的好老师——同北京师范大学师生代表座谈时的讲话[N].人民日报，2016-09-10(2).

②习近平.做党和人民满意的好老师——同北京师范大学师生代表座谈时的讲话[N].人民日报，2016-09-10(2).

③习近平.做党和人民满意的好老师——同北京师范大学师生代表座谈时的讲话[N].人民日报，2016-09-10(2).

的基本要求，教师高尚的情操更是学生信赖的基石，教师的权威和榜样力量也源于自身的道德修养。我们可以从两个方面来理解教师的高尚道德情操在教育教学中的重要性。首先是高尚的道德情操是教师践行教育使命的核心品质。在教育教学活动中，教师应该用自己的道德情操去感染学生，发挥教师的示范作用，引领学生发展。其次是持续不断的修养是教师道德提升的关键。随着时代的发展和教育的创新要求，教师的修养和道德情操也需要持续不断地更新以适应时代的需要。因此，教师要自觉提升自己的情操修养，严谨治学、严以律己，做一个高尚的人、纯粹的人和脱离了低级趣味的人。

三是具有扎实的学识。习近平同志指出："扎实的知识功底、过硬的教学能力、勤勉的教学态度、科学的教学方法是老师的基本素质，其中知识是根本基础。"①这是对好老师的专业知识要求，也就是'师能'。当代社会提倡有能者居之，试想一个教师没有扎实的专业知识，怎样让学生信服？教师的言行举止就能体现一个教师的才华与知识涵养，正应了那句"腹有诗书气自华"。扎实的学识对于成长为优秀的教师是极其重要的，这可以从以下三个方面进行理解。首先，教师要具备精深的学科知识。知识的传递是教师职业的基本内容，因此，教师掌握一定的扎实的学科知识是教师进行知识传递的基本前提条件。从质和量两个方面的规定性来说，教师教授的知识要是人类社会的优秀文化传统积淀下来的知识，教师的知识量要明显优于学生。诚如常言道，教师要给学生一杯水，他自己要先有一桶水。其次，教师要掌握专业的教学技能技巧，这样在处理复杂的教育教学情景时，教师才能灵活地处理，选择最佳的解决方案，提升教育教学效果，促进学生的发展。再次，教师要树立终身学习的观念。陶行知先生曾说："出世便是破蒙，进棺材才算毕业。"②这是对教师要树立学习观念的最好诠释，教师的职业要求其始终

① 习近平. 做党和人民满意的好老师——同北京师范大学师生代表座谈时的讲话[N]. 人民日报，2016-09-10(2).

② 出世便是破蒙[EB/OL].http：// tougao.12371.cn/gaojian.php?tid=843044

处于学习状态，只有如此才能保证自己能够站在知识发展的前沿。教师在学习和求知的过程中要刻苦钻研、严谨笃学，不断提高自己。在当今信息社会的背景下，教师必须要具备广博的科学文化知识、良好的思维方法并了解学术体系。不仅如此，教师还要在长期的教学实践中丰富教学知识经验，养成勤勉的教学态度。

四是要有仁爱之心。习近平同志指出：“教育是一门‘仁而爱人’的事业，爱是教育的灵魂，没有爱就没有教育。好老师应该是仁师，没有爱心的人不可能成为好老师。”① 教师的仁爱之心首先体现在要真诚地尊重学生。尊重学生的第一个表现就是肯定学生，承认学生的个体差异，尊重学生的成长进步，并适时予以肯定。尊重学生还要在教学过程中平等地对待学生，尊重学生的人格。另外，教师的仁爱之心还体现在教师要充分理解学生。理解学生的需要，并积极地与学生进行相关的沟通和交流；理解学生要充分地宽容和关怀学生。在学生的成长过程中，当学生的言行出现不当的表现时，教师要耐心纠正、积极引导，以一种无私的仁爱去关怀学生的内心，展现一位教师应具备的教育智慧和教育能力。

2.“四有好老师”提出的时代意义

（1）继承了重视师德的历史传统

师德的传统几乎和教师这一职业的传统一样源远流长。社会发展的各个历史时期都对教师的职业道德提出了相关要求。我国自古就有尊师重教的文化传统，十分重视教师在人才培养、社会发展方面的贡献和价值。在古代社会，就已经有了关于师德的理论论述和记载，由于这一时期教育呈现的特征是官师一体化，教师道德规范被予以统治者的思想。近代以来，随着教育的近现代化发展，师德规范也随之发生了变化。其中梁启超提出了要建立师范教育，必然要重视师德教育，他提出：“盖凡为教育家，必终身以教育为职志，教育之外，无

① 习近平.做党和人民满意的好老师——同北京师范大学师生代表座谈时的讲话[N].人民日报，2016-09-10(2)。

论任何事，均非所计，又须头脑明净，识见卓越，然后就能负此重任。”①

新时期，习近平同志提出的“四有好老师”标准继承了我国历史进程中的优秀师德。“四有好老师”标准强调教师的言传身教，这是传统师德和现代师德中最基本的要求。“身教”就是教师的人格力量和人格魅力对学生的影响，也是教育取得成功的重要条件。学而不厌、诲人不倦是对教师学习品德的基本要求。作为一名教师，渊博的知识与不断学习的精神态度是为师的又一基本要求，“温故而知新，可以为师矣”所表达的内涵正是如此。热爱教育事业，热爱学生，尊重学生，这是传统师德和现代师德对师生关系的基本规定，诚如善教者，“视徒如己，反己以教，则得教之情矣。所加于人，必可行于己。若此则师徒同体。”②

(2)满足时代发展对教师的要求

有人曾预言，21世纪将是知识经济的时代，而知识经济时代被认为是有史以来人类社会最伟大的时代。知识在人类社会发展中扮演着重要的角色，并在一定历史时期起到了推动社会变革的巨大作用，其重要性是随着社会的发展，尤其是社会经济的转型和发展，才逐渐被人们觉察和认识。教育的基本职能之一就是知识传递，但事实上，从逻辑与现实关系来讲，教师并不是知识的唯一生产者和拥有者。在知识与学生之间，教师永远只是一个中介者。社会的飞速发展，科技的广泛应用，获得知识的渠道越来越多，教师必须不断地提升自己的综合素质以适应社会经济发展的要求。诚如《教育——财富蕴藏其中》一书中所言，“今天，世界整体上的演变如此迅速，以致教师和大部分其他职业的成员从此不得不接受这一事实，即他们的入门培训对他们余生来说是不够用的，他们必须在整个生存期间更新和改进自己的知识和技术”③。

因此，时代的发展对教师提出的挑战首先要求教师要更加热爱自己的本职

---

①柳炳成.浅论当前中等师范生的师德教育[J].安徽科技学院学报，2019(01).

②张慧娟.《吕代春秋》的教育思想对当代中学教育的启示[D].西安：陕西师范大学，207.

③王学青.现代认知观下的教师知识结构更新[J].青年教师，2004(10).

工作，只有从感情上忠于职业选择，才能在行动上有所付出和作为；只有在知识上有所储备和创新，才能胜任教师工作；只有兼具仁爱之心，才能真正地爱教育、爱学生。为人师表，爱岗敬业，充实的学科知识，高尚的道德修养，热爱学生，关心学生等所有的标准要求都是新时期教师必不可少的品质。“四有教师”对教师的职业品质、知识储备和情感态度等方面皆有关涉，是对新时期教师职业道德及职业素养的全面要求。

⑶顺应教育改革和发展的趋势

随着社会政治、经济和文化各个领域发生重大变化，教育也被深刻影响和改变着。21世纪，各国基础教育改革更加频繁，其中，全民基础教育、学习社会、国民整体素质和教育国际化这4个方面在国际基础教育改革和发展中更为突出。在我国，在国际教育大环境的影响下，基础教育改革不断地向纵深发展，其中素质教育改革的呼声一直非常强烈。因为素质教育更加重视提升学生的整体素养，重视学生的全面发展，尤其注重是培养学生创新精神和创造能力。教师是一切教育改革落实教育实践的关键环节，直接影响教育改革的胜利与否。基于此，教师的素质受到了前所未有的关注。

教师在教学中不仅要使学生掌握基础文化知识和基本技能，还担任培养学生高尚道德情操、养成良好思想品德的重任。因此，需要全面提升教师的素质，这里不仅包括业务素质也包括道德素质。优秀的教师不仅仅体现在学识和技能技巧方面，更重要的是高尚的人格魅力，以知识的优势和品质的优势作为学生的人生导师来引导学生全面的发展。“四有好老师”标准从“专业素养”“情感素养”“心理素养”3个方面对当前教师提出了高标准的要求，符合历史和时代的要求。

二、师德建设的原则和发力点

教师在教育发展中的重要性是公认的。当今社会，教师的社会地位不断提升，教师的育人作用愈加明显。教师在教育中的作用包括启迪学生智慧、传递知识、培养学生的道德品质，做学生成长的引路人。概括而言，教师在教育中的作用就是通过教学而行育人之责。因此，教师的道德水平直接关系到学生的身心健康。师德作为教师素质中最重要的部分，是教师素质的核心和灵魂。基于这样的基本理念，我们认识到，在校本教师发展中，师德建设应该摆在第一位。

(一)国家政策层面的教师职业道德规范建设

现代学校是社会政治经济发展的产物，学校的一切建设都离不开当今社会的发展要求和引领。教师职业道德不仅关乎学生、学校的发展，更关乎社会及国家的发展。世界上每个国家历来都重视中小学教师职业道德规范，并从国家层面给予相关引导，从政策法规的制定、法律条文的颁布来具体规范实施。学校在国家政策法规的相关规定下，对教师的职业道德进行管理、引导，开展相关的师德建设，不断提升教师的师德水平，确保学生全面、健康成长，促进学校提升办学质量。

1.国家层面的中小学教师职业道德规范的历时性梳理

1981年12月，在全国中小学工会思想政治工作经验交流会上，全体与会人员代表共同发出了关于“建设社会主义精神文明　开展‘五讲四美’为人师表活动”的倡议书，倡议全国教育工作者“道德高尚，严于律己，言传身教，为人师表”，做社会主义精神文明的积极建设者。[①]1983年4月，教育部、全国教育工会在北京召开“五讲四美”为人师表先进代表会议，对先进集体和个人进行了表彰。中小学教师“五讲四美”活动是改革开放以来我国第一次从国家层面开展对中小学教师职业道德的倡议和表彰活动，充分体现了党和国家对中小学教师职业道德建设的重视。

1984年，教育部和全国教育工会联合颁布了《中小学教师职业道德要求(试行)》。这一要求的颁布是我国改革开放以来第一个中小学教师职业道德的政策性规定，也为我国中小学教师的职业道德建设指明了发展方向。1984年的

① 中国教育年鉴编辑部．中国教育年鉴(1982-1984)[M].湖南：湖南教育出版社，1986：358—359.

《中小学教师职业道德要求(试行)》①的主要包括以下内容:

(1)热爱祖国,热爱中国共产党,热爱社会主义,热爱人民教育事业;(2)执行教育方针,遵循教育规律,面向全体学生,教书育人,培养学生德、智、体全面发展;(3)认真学习马列主义、毛泽东思想,学习科学文化知识和教育理论,钻研业务,精益求精,勇于创新;(4)热爱学生,了解学生,循循善诱,诲人不倦,不歧视、讽刺、体罚学生,建立民主、平等、亲密的师生关系;(5)奉公守法,遵守纪律。热爱学校,关心集体。谦虚谨慎,团结协作。与家长、社会紧密配合,共同教育学生;(6)衣着整洁,举止端庄,语言文明,礼貌待人,以身作则,为人师表。

1984年的《中小学教师职业道德要求(试行)》对中小学教师职业道德起到了积极的推进作用。但是,社会的发展和教育改革的深入对教师素质和质量提出了更高的要求。为适应形势的发展和教育改革的新要求,1991年在《中小学教师职业道德要求(试行)》的基础上,修订《中小学教师职业道德规范》,其中明确地从政治素质、业务能力到生活作风对教师做出了具体的规定,较之之前的中小学教师职业道德规范来说,修订后的要求更加完整、更加规范。之后相关的教育改革的政策文件中对教师的职业道德都有关涉,有些也做出了明确的规定。如,1993年颁布的《中国教育改革和发展纲要》对教师的职业道德建设提出了新的更高要求,其指出,教师是人类灵魂的工程师,必须努力提高思想政治素质和业务水平;热爱教育事业,教书育人,为人师表;精心组织教学活动,积极参加教育改革,不断提高教学质量。②1993年的《中华人民共和国教师法》中规定的教师应该履行的六项义务也对教师职业道德的完善起到了积极的推动作用。

1997年,国家教委联合全国教育工会重新发布了《中小学教师职业道德规

① 中小学教师职业道德规范[EB/OL].https://wenku.baidu.com/view/foobf04d905f804d2b160b4e767f5acfa0c7835e.

② 朱旭东.中国教育改革30年(教师教育卷)[M].北京:北京师范大学出版社,2009:10—11.

范》(以下简称《规范》)，这是我国颁布的第一个关于教师职业道德的法规。具体包括以下内容：

一、依法执教。学习和宣传马列主义、毛泽东思想和邓小平同志建设中国特色社会主义理论，拥护党的基本路线，全面贯彻国家教育方针，自觉遵守《教师法》等法律法规，在教育教学中同党和国家的方针政策保持一致，不得有违背党和国家方针、政策的言行。

二、爱岗敬业。热爱教育、热爱学校，尽职尽责、教书育人，注意培养学生具有良好的思想品德。认真备课上课，认真批改作业，不敷衍塞责，不传播有害学生身心健康的思想。

三、热爱学生。关心爱护全体学生，尊重学生的人格，平等、公正对待学生。对学生严格要求，耐心教导，不讽刺、挖苦、歧视学生，不体罚或变相体罚学生，保护学生合法权益，促进学生全面、主动、健康发展。

四、严谨治学。树立优良学风，刻苦钻研业务，不断学习新知识，探索教育教学规律，改进教育教学方法，提高教育、教学和科研水平。

五、团结协作。谦虚谨慎、尊重同志，相互学习、相互帮助，维护其他教师在学生中的威信。关心集体，维护学校荣誉，共创文明校风。

六、尊重家长。主动与学生家长联系，认真听取意见和建议，取得支持与配合。积极宣传科学的教育思想和方法，不训斥、指责学生家长。

七、廉洁从教。坚守高尚情操，发扬奉献精神，自觉抵制社会不良风气影响。不利用职责之便谋取私利。

八、为人师表。模范遵守社会公德，衣着整洁得体，语言规范健康，举止文明礼貌，严于律己，作风正派，以身作则，注重身教。[①]

---

① 中小学教师职业道德规范[EB/OL].https://wenku.baidu.com/view/04bb3ae8a5e9856a57126056.html.2018-11-12.

《规范》的颁布对于我国中小学教师的职业道德发展起到规范、提升的作用，其内容包括了教师的道德修养、专业素质、人际关系等，全面而细致地对教师的职业道德进行了规定，既是对教师职业道德的重视，也是当时社会发展的需求。2008年，在《规范》的基础上，教育部联合中国教科文卫体工会全国委员会发布了《中小学教师职业道德规范(2008年修订)》(以下简称新《规范》)，新《规范》是在我国社会经济和教育发展进入新的历史阶段的重要背景下修订的，其体现了坚持"以人为本"、继承与创新相结合、广泛性与先进性相结合、倡导性要求与禁行性规定相结合、他律与自律相结合的基本原则；突出了重要性、时代性、针对性、概括性、操作性的特点。

2. 中小学职业道德规范解析

国家层面中小学职业道德规范的制定和修订，体现了社会发展和国家政治经济发展的要求，更是体现了教师职业特点对师德的本质要求，这反映了时代特征。"爱"与"责任"是贯穿中小学教师师德建设的核心和灵魂。

(1)"爱国守法"是教师职业的基本要求。热爱祖国是每个公民，也是每个教师的义务。建设社会主义法治国家，是我国现代化建设的重要目标。要实现这一目标，需要社会成员知法守法，用法律来规范自己的行为，不做法律禁止的事情。(2)"爱岗敬业"是教师职业的本质要求。没有责任就办不好教育，没有感情就做不好教育工作。教师应始终牢记自己神圣的职责，志存高远，把个人的成长进步同社会主义伟大事业、同祖国的繁荣富强紧密联系在一起，在深刻的社会变革和丰富的教育实践中履行自己的光荣职责。(3)"关爱学生"是师德的灵魂。亲其师，信其道。没有爱，就没有教育。教师必须关心爱护全体学生；尊重学生人格，平等公正对待学生；对学生严慈相济，做学生良师益友；保护学生安全，关心学生健康，维护学生权益。(4)"教书育人"是教师的天职。教师必须遵循教育规律，实施素质教育；循循善诱，诲人不倦，因材施教；培养学生良好品行，激发学生创新精神，促进学生全面发展；不以分数作为评价学生的唯一标准。(5)“为人师表”是教师职业的内在要求。教师要坚守高尚情操，知荣明耻，严于律己，以身作则，在各个方面率先垂范，做学生的榜样，以自己的人格魅力和学识魅力教育和影响学生。(6)“终身学习”是教师专业发展不竭的动力。终身学习是时代发展的要求，也是教师职业特点所决定的。教师必须树立终身学习理念，拓宽知识视野。

《中小学教师职业道德规范》在不断地完善，不断地体现时代发展的特征。例如“保护学生安全”被首次纳入新规。这是由教育和教师工作出现的新情况、新问题、新特点决定的，明确“保护学生安全”是教师应遵守的职业精神。除此之外，明确抵制有偿家教现象也被列为教师职业道德的重点内容。有偿家教的恶果很明显，不仅容易导致教师形成“拜金主义”，还会影响正常教学。另外，“终身学习”被单独提出，作为一名教师，只具备与教学相关的专业知识已远远不够，社会的迅速发展使所有人都需要不断学习，更何况是教师这种特殊行业。

3.《新时代中小学教师职业行为十项准则》的颁布

为深入贯彻习近平新时代中国特色社会主义思想和党的十九大精神，深入贯彻落实全国教育大会精神，扎实推进《中共中央国务院关于全面深化新时代教师队伍建设改革的意见》的实施，进一步加强师德师风建设，教育部研究制定了《新时代中小学教师职业行为十项准则》(以下简称《准则》)，另外，还同步出台了《新时代高校教师职业行为十项准则》《新时代幼儿园教师职业行为十项准则》。

《准则》是教师职业行为的基本规范。师德师风是评价教师队伍素质的第一标准，明确新时代教师职业规范，针对主要问题和突出问题划定基本底线，是对广大教师的警示提醒和严管厚爱，是深化师德师风建设，造就政治素质过硬、业务能力精湛、育人水平高超的高素质教师队伍的关键之举。中小学应该把《准则》要求落实到教师管理具体工作中，把好教师入口关；要将《准则》要求体现在教师聘用和聘任合同中，明确有关责任；要强化考核，在教师年度考核、职称评聘、推优评先、表彰奖励等工作中必须进行师德考核，实行师德失范

“一票否决”。改进师德考核方式方法，避免形式化、随意化。完善师德考核指标体系，提高科学性、实效性。《准则》主要包括以下内容：

一、坚定政治方向。坚持以习近平新时代中国特色社会主义思想为指导，拥护中国共产党的领导，贯彻党的教育方针；不得在教育教学活动中及其他场合有损害党中央权威、违背党的路线方针政策的言行。

二、自觉爱国守法。忠于祖国，忠于人民，恪守宪法原则，遵守法律法规，依法履行教师职责；不得损害国家利益、社会公共利益，或违背社会公序良俗。

三、传播优秀文化。带头践行社会主义核心价值观，弘扬真善美，传递正能量；不得通过课堂、论坛、讲座、信息网络及其他渠道发表、转发错误观点，或编造散布虚假信息、不良信息。

四、潜心教书育人。落实立德树人根本任务，遵循教育规律和学生成长规律，因材施教，教学相长；不得违反教学纪律，敷衍教学，或擅自从事影响教育教学本职工作的兼职兼薪行为。

五、关心爱护学生。严慈相济，诲人不倦，真心关爱学生，严格要求学生，做学生良师益友；不得歧视、侮辱学生，严禁虐待、伤害学生。

六、加强安全防范。增强安全意识，加强安全教育，保护学生安全，防范事故风险；不得在教育教学活动中遇突发事件、面临危险时，不顾学生安危，擅离职守，自行逃离。

七、坚持言行雅正。为人师表，以身作则，举止文明，作风正派，自重自爱；不得与学生发生任何不正当关系，严禁任何形式的猥亵、性骚扰行为。

八、秉持公平诚信。坚持原则，处事公道，光明磊落，为人正直；不得在招生、考试、推优、保送及绩效考核、岗位聘用、职称评聘、评优评奖等工作中徇私舞弊、弄虚作假。

九、坚守廉洁自律。严于律己，清廉从教；不得索要、收受学生及家长财物或参加由学生及家长付费的宴请、旅游、娱乐休闲等活动，不得向学生推销图书报刊、教辅材料、社会保险或利用家长资源谋取私利。

十、规范从教行为。勤勉敬业，乐于奉献，自觉抵制不良风气；不得组织、参与有偿补课，或为校外培训机构和他人介绍生源、提供相关信息。①

新时期的《准则》对广大教师落实立德树人根本任务提出新的更高要求，有利于教师进一步增强责任感、使命感、荣誉感，规范职业行为，明确师德底线，引导广大教师努力成为有理想信念、有道德情操、有扎实学识、有仁爱之心的好老师，更好地完成培养德智体美劳全面发展的社会主义建设者和接班人的历史使命和责任担当。

(二)校本环境下师德建设的原则和发力点

校本教师发展中师德建设的起点是对师德对象的理解，只有准确地理解师德对象，才能把握师德建设的原则，进而把握准师德建设的着力点。教师的角色是多重的，但归根到底，教师是作为人的存在，这是师德建设的起点，也就是说，师德建设要更具人性。联系教育教学实践，总结师德建设的原则，我们认为应以教书育人为发力点，全面推进校本环境下师德的建设。

1.教师人学意蕴的特征分析

教师人学意蕴的特征分析及现阶段存在的违背教师作为个体人的问题分析是师德建设的起点，随着各类教育改革的不断深化，教师得到了长足的发展，但同时也暴露出一些严峻的问题。如，标准化的发展模式衍生出碎片化的发展结果，工具化的价值取向禁锢了自由个性的表达，技术主义认知旨趣弱化了主

① 新时代中小学教师职业行为十项准则[EB/OL].http://www.moe.gov.cn/srcsite/A10/s7002/201811/t20181115_354921.html?from=timeline.2018-11-14/2018-11-20.

体性存在，外部控制导致了依附角色的强化等。教师职业作为社会分工的一种形式，是社会历史发展的产物。“全部人类历史的第一个前提无疑是有生命的个人存在”[①]，人始终是一切社会活动的核心和基本前提。因此，研究校本环境下的师德建设，利用马克思分工理论来探讨具有根本性的意义，有利于从根源上解决教师发展中的问题，为教师的全面可持续发展提供理论分析视角和实际践行方向。

马克思曾在著作中对现实社会中的人因各种限制而“缩小”的现象扼腕叹息。随着研究的深入，马克思逐渐认识到现代人的发展困境是由于其生存状态的改变引起的。“现在每一个人都在为自己筑起一道藩篱，把自己束缚在里面……，这样一来，人是缩小了。”[②]而实际充当这道藩篱的就是当时社会的分工。尤其是在当时资本主义兴盛时期，工场开始出现，为了提高生产效率，工场中的工人被按照天赋特征来从事特定职能的劳动，每个工人所参与的只是工作中的一个局部环节，久而久之，工人的发展就如同身体的某一个器官只负责某一功能的运作，而于其他功能来说毫无作用。如此一来，工人的发展就“异化”了。

马克思认为新式分工是社会历史发展的产物。新式分工的典型特征是人不再屈从于或是奴役于分工，分工将作为人全面发展的机会和条件，被置于人发展的支配之下。马克思新式分工理论下人的全面发展包括三方面的意蕴，分别为：人的个性自由发展、人的能力全面发展、人的社会关系充分发展，最终走向人的全面、自由发展。“个性自由发展”是人全面发展的先决条件。从分工的视角看，个性的自由发展是具体地、历史地存在于“定在”的公共性之中，其发展形势表现正如黑格尔所言：因为大家都努力维护自己的个性，其结果是个性的维护因受到同样的抗拒力而消融在彼此之间，这也是世界进程的法则。[③]

① 马克思恩格斯选集(第一卷)[M].北京：人民出版社，1995：67.

② 范履冰.论马克思人的全面发展理论的哲学意蕴和当代意义[J].西南师范大学学报(人文社会科学版)，2002(3).

③ 张毅攀.近代法哲学的演变与马克思法哲学批判思想研究[D]，上海社会科学院，2018.

实际上，正是这种法则推动和托起每个人的个性及活动自身的充分发展。个性发展的另一个特征是人的兴趣与事物发展的内在统一性，即个体的内在价值及创造力与外在的事物及社会整体的发展与价值是同一的，人处在各种关系的联合中并通过这种联合体获得自由和发展。

达到一定程度的、全面性的能力发展是个性自由发展的保障。马克思认为，人的发展归根到底是能力的发展，且这种能力的发展不是外化于个体的，而是作为目的本身的。另外，人的一切社会关系的发展是人全面发展的又一特征。社会关系是分工的现实内容，是以中介的形式将分工与人的发展内在地连接起来。由于人是社会关系的产物，又处在各种关系之中，因此，社会关系的丰富决定了人能够发展的程度、生命意义的广度及存在价值的深度。

在马克思分工理论下，教师发展的问题不断表现出来。其中最显著的问题是教师职业由“本真”走向“异化”。教师发展中存在的“碎片化”“控制”“依附”等问题，借用马克思分工理论分析后，可以在一定程度上归结为教师职业“异化”的具体表现。教师职业的异化是一个不断发展、渐深、凸显的过程。马克思认为，人及其发展只能在历史中生成和探求，所以，探析教师职业的异化表现及成因，也只能在教师及其所从事的活动之中，进行始源性考究，并用历史、经验分析教师的发展。教师最初是作为担负监护孩子任务并将孩子引向学习之路的人。此时的教师与孩子的共处方式是介入式的，就像苏格拉底“混迹”在青年学生中间一样。这一时期的教师承担着引导学生“向善”“向自由”“自我解放”的精神重负，而不仅仅是传授固定的知识和技能。因此，教师要不断反思和追问自己，以保障教学活动“育心”“育德”的特征。

随着社会的发展，尤其是生产力水平的大幅提升，教育逐渐被冠名为经济发展的支柱力量和社会发展的基石，并在公立化和国家化的进程中起到了“功不可没”的作用。①这一时期的教育造就了理性、现实、高效的新型教师，却唯独失去了教师对美好人性的追求和崇高人性的信念，教师职业的精神性和志向

① 曹永国.从信仰到职业——一个对教师专业化的省思[J].教育学报，2012(2).

性也随之遭到漠视。尤其是受到工具理性的影响，特别是在制度化、标准化、功利化的强制与诱惑下，教师的自我角色开始遭到遗忘，教育活动开始变得“平庸”而“媚俗”。随着时间的推移和实践的嬗变，教师职业一步步走进了专业化、学科化的壁垒之中。此时，教师的职能在很大程度上“沦为”服务于利益的工具，教育活动也成为教师实现自我利益的途径和手段。至此，“本真”教育之外的“价值”成了教师及其利益相关体所关注的焦点，教师的教育活动与本源之意已经发生了“分离”和“变异”。

教师发展问题的出现及产生原因是多方面的。“异化”之后的教师已经失去了对人性美好的信仰和追求，取而代之的是功利。功利是与“效用”“效益”紧密联系在一起的，功利主义之下的所有行为和目的都放在了效益的提高和效用的最大化上，是注重“做”的哲学，而无关“尊重”与“虔诚”。在功利主义的影响下，在以经济利益为量性尺度的社会里，企业模式的管理和制度必然会被引入教育领域，并被效仿和追随。教育也因此被当作一种自然存在，被人们不断榨取和索要。教师则扮演着车间流水线上操作工人的角色，所做之事无须灵魂与信念的参与，只要求程序的合法和行为上的遵守，教师关注的也只是教学产品(学生)能带给他们的利益和物质获得。另外，效益至上的工作模式必然带来分工与专门化，使所处其中的人成为某一环节的专门人员。至此，一个教师只是负责完成教育行为的某一个环节或某一部分，教师是以“碎片”的形式存在于教育活动之中的。目前的教育教学实践也是如此，教师都是以“单科教师”“阶段教师”的身份存在。

专门化、分化的工作模式一方面使教师的行为精确化，达到可控制、可操作的目的，从而使效益最大化。如，实践中的教学被分解为不同的学科、不同的学时，甚至是不同的节段，最后以此进行评价，以提高下一周期的效益。另一方面，专门化和学科之分也通过权利的分配起到了技术控制、行为规训的作用，并预示着行为主体对其他人的排斥和自我的封闭。因为现行的学科运行模式对于想进入这一学科的人来说，首先意味着对一些规范、制度、术语等的掌握和遵守，而非自我意义的实现和真理价值的追求。一旦进入到这个学科，为了保护团体和自身利益，主体会对其他利益主体进行排斥，而当既得利益稳固下来以后，主体自身的惰性又阻碍其自身其他能力的发展。因此，在以上因素的影响下，人最终变得单一、守旧和狭隘。具体到教师发展实践，在上述因素的影响和制约下，教师职业认同出现了偏倚性、教师职业价值表征为虚无性、教师存在显现为依附性、教师主体呈现出孱弱性。

通过对马克思分工理论的分析及基于分工理论对教师发展中存在问题的思考，我们总结出了教师发展走向实践的路径，分别是：引领自觉，增强教师自由主体地位；提升能力，助力教师全面发展之基；搭建平台，催生教师多元成长。其中引领自觉，增强教师自由主体地位是最主要的。自觉是教师发展的动力前提。自觉是人的基本人格，是人通过内外矛盾关系发展而来的基本属性。一个自觉的人会基于自己对外界认识的基础上主动做、主动思考的。这种“做”与“思”是一个自我内在发现、外在创新的意识解放过程，是一切实践行为的本质规律。

自由是马克思分工理论追寻的目的，是人全面发展的前提，自觉的动力特征为主体带来了自由的可能。另外，自觉意味着解除和消弭强制和控制，这也是教师主体性确立的意识基础和应有状态。因为自觉不仅是教师通向自由的途径，也是自由的表现形式，“自由和自觉是紧紧连在一起而不可分割的”[①]。

教师的自觉体现在对自我生命价值、教育价值的自觉追寻、认同和守护上面，是教师之为教师的较高境界。例如，在教育教学实践中，教师可以通过以下几种方式达到生命的自觉状态：一是促进自我人格的完满与健康发展，充实自我存在，从而减少分离和单向发展，实现自我发展与教育活动的融合。二是促进自我平等、协同发展，实现自我及他人的幸福和尊重，减少冷漠性、功利性和局限性。三是促进幸福生活的生成，实现自由、创造、给予性地生活。另外，

①张华金.论自由主体[J].江汉论坛，1987(12).

对教育价值的自觉也体现在教师对教育责任和使命的反思和超越上面。例如，在教育目标上教师要注重激发学生的兴趣、活力和生机，重视教育的“成人”追求；在教育方式上要尽量超越技术主义的藩篱，注重情感的投入和付出。

2.校本环境下师德建设的原则

事物的发展都具有内在的规律性，只有遵循了规律，事物的发展才能达到预期的效果，甚至是事半功倍。反之，如果违背了事物发展规律，事物的发展会大打折扣，甚至出现南辕北辙的情况。师德建设要遵循师德发展规律。在规律的指导下，经过一系列丰富的、合理的活动达到师德发展的理想状态。

首先，师德建设要遵循层次性和针对性的规律。因为师德是一个融合了认知、情感、反思等因素的教师综合素质的体现，因此，在发展的过程中，师德建设集中在个体教师身上是一个逐渐认知和外显的过程，由于个体差异和发展水平的不同，师德的发展水平也是不一致的；在规划学校师德发展时，要充分考虑师德的层次性。在实践中，这种层次性表现为不同的认知阶段、结构性的不同维度、境界追求的不同层面等。因此，学校要从每一位教师的道德水平实际出发，并依据教师的个性，选择具体的差异化的发展方式。

其次，师德建设要遵循示范性和引领性原则。现代学校是现代经济社会发展的产物，其生产之初是为了满足工业社会发展对人才的需求，因此，现代学校催生了班级授课制这种类似于批量生产人才的模式。因此，现代学校产生之初就是为了追求人才培养效率的最大化。但随着社会的发展，人才培养目标也发生了巨大的变化，教师的角色也随之发生了变化。人们不再是追求人才培养的最大化，而是为了学生完整的人格发展。学校要改变以往的科层管理模式，发挥管理者和优秀教师的示范引领作用，在学校管理和教师发展以及师德建设中，注重价值及意义的示范和发挥，在充分调动教师教育教学的积极性的同时，把师德建设放在首要的位置。

再次，师德建设要遵循认同性和期望性原则。道德是一种价值理念，首先需要的是团队的广泛认同，“这种共同的承认与追求乃是任何形式的共同体最本质、最首要的构成要素”[①]。因此，学校师德建设要以教师对学校办学理念、管理模式及文化价值的认同和期望为前提。另外，学校要从管理的层面对教师宣传和讲解办学愿景，让全体教师明确认同的内容，全身心地投入到学校的师德建设工作中。基于师德建设的认同，还有学校愿景的认同、对师德本身意义的认同和敬重。

最后，师德建设要遵循自主性和内生性原则。康德认为，道德是具有客观性的，其客观性主要体现在个体的自律上。自律是个体的一种心理和精神状态，是个体为自己的态度、言语、行为负责的姿态。师德是教师的职业道德，与康德所言的道德具有内在规律的一致性。因此，在师德建设过程中，教师要努力践行师德要求，对自己的教育教学行为负责。提升教师的师德建设水平，外界的作用只是促进和保障，真正实现发展和飞跃的是教师个体积极追求和严格要求自己，是教师个体在自我意识层面表现出来的主动精神。换句话说，师德的发展是缘于教师内在认知的需要，是教师行为的“自我诉求”。

3.校本环境下师德建设的发力点——提升教师的育人能力

校本环境下师德建设的发力点是教师的教书育人能力，抓住教师育人能力建设这个关键，才能真正促进教师素质的全面提升，促进学生的全面发展。落实立德树人是发展中国特色社会主义教育事业的根本任务，是适应教育内涵发展、实现教育现代化建设的必然要求。习近平同志指出：“国无德不兴，人无德不立。”德是成人、为人的根基。教育作为培养人的一项特殊社会活动，理应承担起立德树人的重要任务。自十八大以来，立德树人在学校范围内受到普遍重视，十九大明确提出要落实立德树人这一任务进一步提高了各级各类学校的重视程度，相应举措也紧锣密鼓地展开。

从目前来看，学校主要围绕课程建设、活动开展、学科渗透等方式来落实立德树人任务。客观地讲，这些举措确实在一定程度上弥补了学校过去对学生品德发展重视不足的问题，但从效果来看，形式上搞得轰轰烈烈的活动在促进

①麦金太尔.追寻美德：伦理理论研究[M].宋继杰译.南京：译林出版社，196-197.

学生道德提升方面并没有取得显著成效，校园欺凌问题依然严重，学生理性信念模糊、价值观念错误并无实质改观，个人主义盛行等问题普遍存在。究其原委，是因为无论是课程还是活动，其本身的作用是有限的，这些只是给学生的道德发展提供了机会和载体，而这些机会和载体能够在多大程度上与学生的身心发展交汇，进而影响其道德发展是取决于引导组织活动的人(通常是教师)，即教师能否基于学生道德发展达成目标，自觉遵照人成长的规律与教育的规律，理解、领会、驾驭、融合课程、活动和教学，达到带领学生积极参与其中，并引发学生认知、行为朝向预期目标发展的能力和水平，这些能力与教师的专业知识、技能有关，但不是指向学生的学术成绩，而是指向学生健康成长成才，这些能力统称为育人能力。

实践研究也表明，学生的健康成长与教师的育人能力有直接关系。国家义务教育质量监测近年来的数据表明，教师积极主动的育人行为与学生的主观幸福感、亲社会行为、成绩提升有显著相关性，并且能够明显减少抑郁、孤独感或违法等行为的发生。[①]因此，完成立德树人根本任务关键在于教师，这要求教师具有高水平、专业化的育人能力。

现有的研究多是从师德的维度来探讨教师能否完成立德树人任务，这种研究思路是基于教师职业素质的维度，是应然状态的研究；而教师育人能力直接指向学生健康成长、品德提升，是与学生道德养成更直接的影响因素，与立德树人任务的完成具有更高的契合性和对接性，是接近于实然状态的分析。另外，学生的全面成长是全社会共同参与的事情，学校及教师的作用是有限度的，我们探讨教师的育人能力的问题是基于在学校范围内，学校能够为学生的健康成长所做的最大限度地保障工作这一前提开展的。

(1) 育人是教师的首要职责

关于教师职责的传统观点有不同的流派。教师的职责一般被概括为教书育人。“教书育人”的最早提法出现在20世纪80年代，是伴随着我国社会主义

① 董奇. 育人能力是教师教育教学能力的核心[J]. 中国教育学刊，2017(1).

教育事业的发展而提出的。在传统教育实践中，人们对教书育人形成了不同的理解和看法，比较典型的有三种：一是“分工论”，即教师的主要任务是教书，将人类优秀的知识和社会生存技能教给学生；班主任、思想品德教师等政工干部主要工作是育人。虽然在当今学校教育中，有“教学教育性”的提法，有教学“三维目标”的制订，但在课堂教学实践中，学科教师自觉地将习惯、品德及审美等发展及养成纳入自己的学科教学中还是存在难度和障碍的。二是“等同论”，即教书就是育人。这种观点主要是由认识论的思维方式决定的，认为教学是一种认识活动。在这种认识活动中学生不仅知识能力得到了提升，其个体的情感、信念及思想等也参与了认识活动，并在其中形成和发展起来。显然，这种观点只关注到了学生情感等层面的认识发展，而忽略了交往和实践在学生情感、品格等全面发展中的重要作用。三是“可有可无论”，即教书是硬任务，育人是软任务，在教育教学实践中，当教学、考试等硬任务步步紧逼，成为教育常态时，学生道德等方面发展的软任务便只能退至边缘，最后几乎销声匿迹。

传统育人观存在着诸多弊端。以上关于教师“教书育人”职责的三种理解显然都有失偏颇。正是因为认识上的不准确，直接导致了教育教学实践与教育本质的背离，传统教书育人观在教学实践中主要带来了以下不利影响：

一方面，阻碍了学生的全面成长。这种影响是通过教师的教育教学行为表现出来的。在教学实践中，教师过度关注知识的传授和学术技能的养成，而对于学科知识中蕴藏的思想性发掘不足或没有意识挖掘，更谈不上在教学中有意识地引导及运用；即使一些教师有意识将思想教育融于知识传授之中，但也仅限于课堂场域，而课后辅导、作业批改、评价环节等过程中对学生思想道德品质方面的教育重视不足，忽视了这些方面作为育人的途径和机会。另外，教师在课堂教学过程中对情感的忽视，尤其是师生交往的教育性在实践中被忽视也比较常见，这也影响了育人的实效。

另一方面，不利于教育公平的实现。目前，教育公平已经是世界范围内理论研究和政策制定的核心，而发展公平而有质量的教育是我国教育改革的重要目标。教师的教学行为和实践方式与学生的发展存在关联性。关注“教书”的教师容易以能力为“先”来对待学生。因此,在教师的心目中,学生会被贴上各类标签,有时甚至学生的家庭背景也会成为教师考量学生在其眼中是否重要的因素。长此以往,不仅学生的全面发展无法得到保障,还会产生严重的社会问题,影响教育公平发展以及人们对教育的正向期待。

因此,育人才是教师的首要职责。首先,教育本质要求教师职责的核心是育人。教育是为了促进人发展的观点是古今中外公认的通理。鲁洁教授曾指出,教育本姓“人”,人是教育的原点。[①]人的生成与完善是教育的内在的目,更是整个教育体系的价值核心。因此,“以人为本”是教育实践中规定性的原则,“人的在场”更是对教师教育教学行为的基本要求。教育作为一种成人之学,要求教师必须以育人为第一要务,教师应该守住教育的本真,贯彻积极的育人观念,为学生一生的幸福奠基。其次,立德树人的任务要求教师职责的核心是育人。十九大报告明确提出要贯彻党的教育方针,落实立德树人,发展素质教育的任务要求。教师是一切教育方针及教育理念落地生根的关键环节,教师能否树立正确的教育观及学生观对实现立德树人任务十分重要。作为新时期的教育工作者,教师的思想观念因新事物、新观念不断出现和挑战而愈趋多元化,价值取向也呈现多样化特征。立德树人任务的明确提出和教育现代化发展的要求,都对教师的育人行为和育人能力提出新的更高要求。在当前纷繁的教育变革中,教师的重要职责是要坚持正确的教育理念、教育修养,引领教育发展方向,把握教育发展规律,守住教育本真,培养学生优良的品质和美好的德行。再次,社会公平发展要求教师的职责核心是育人。育人关注的是学生的全面发展。实践证明,学习或品行有问题的学生多是来自弱势群体的家庭,由于条件的限制,这些学生的经验阅历、认知发展等都普遍低于其他人。单纯以学术成绩为评价指标的教育往往把这些学生归为后进生或学习有困难的学生,为了班级考核或教师教学成绩评比等原因,这些学生甚至会被教师“隐藏”起来,从而

①鲁洁.教育的原点:育人[J].华东师范大学学报(教育科学版),2008(12).

得不到应有的关注。教育作为一项特殊的社会活动，在促进公平公正社会形成和发展的过程中理应肩负起使命。教师积极的育人行为要以关注学生的身心健康和品德发展为核心，最大限度地关照学生成长的方方面面。以育人为核心的教师职责实现了微观层面的教育公平，是社会公平发展的应有之义和有力保障。

(2)教师育人能力解析

教师的育人能力对提升立德树人水平有重要意义，其基本指向是实践性的，其落脚点是通过提升教师的育人能力最大限度完成学校范围内立德树人的任务。因此，本书在分析教师的育人能力时有一个重要前提需要把握，即分析育人能力对提升教师育人实践的指导意义。因此，我们在研究中一方面要把教师育人能力的结构轮廓厘定清晰；另一方面，必须抓住育人能力的主要结构要素，系统地分析，有针对性地选取特征要素进行解读，以指导教师育人能力实践的提升。

育人能力首先是属于教师能力的一部分，是教师能力结构中的一个子系统，而它本身又由许多更小的系统构成，并表征出其自身的独特性和稳定性。深刻理解和把握教师育人能力就必须对其构成要素进行分析。在系统中，要素是构成系统的基本单位，其以一定的结构形式联结，表征出该系统的功能特性。因此，把握清楚系统中的要素是厘清系统的关键。

具体到教师的育人能力这个系统，就是要重点研究该系统究竟由哪些要素构成。在此，我们可以借鉴美国著名组织行为心理学家大卫·麦克利兰(David McClelland)提出的“能力素质”理论模型。麦克利兰将能力素质(Competency)界定为：能明确区分在特定工作岗位和组织环境中杰出绩效水平和一般绩效水平的个人特征，并从知识(Knowledge)、技能(Skill)、自我概念(Self-Concept)、特质(Traits)和动机(Motives)等层面对能力进行素质解析。能力素质模型分析亦证实了能力不是抽象的存在，而是受个体具体特质的影响，是可观察、可分析、甚至是可测量的。[①]能力素质模型理论被广泛应用于公司人力资

①彭剑峰.人力资源管理概论[M].上海：复旦大学出版社，2005：148.

源管理，用以选拔和评价组织内个体所需要具备的职业素养、能力和知识的综合要求。

美国心理学家斯班瑟(Lyle M. Spencer)进一步深化能力素质研究，并提出了“能力素质冰山模型”的概念(见图1)，借助冰山模型示意图可以更加直观地分析个体能力素质及结构。

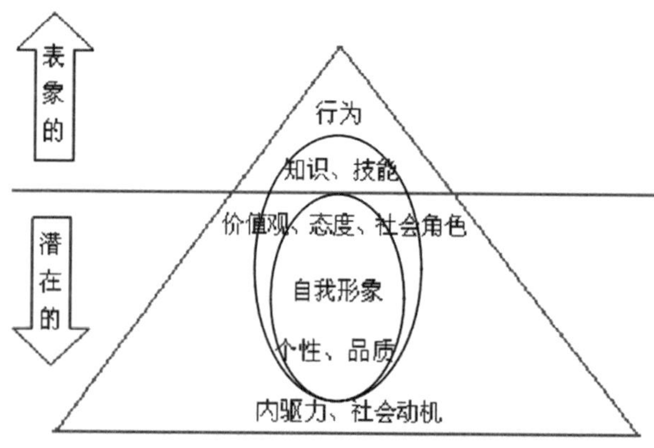

图1　能力素质冰山模型示意图①

从图1可以看出，个人能力素质中各要素的存在呈现层次性，如同漂浮在海面上的冰山一样，水面上的冰山是容易观察到的，但它仅占个体能力体量的一小部分；水面下的冰山是不容易看到的，但它却往往占据了个体能力体量的一大部分。因此，对于个体整体能力素质而言，水面上的部分并不具有决定意义，且是容易通过后天干预改变的；冰山下面的部分才是关键所在，是能力素质深处的影响因素，且外界很难进行干预。

通过对能力结构的分析，我们认识到知识、技能等人们经常感受到的对育人能力有影响的因素只是表层的，更为关键和基础的是教师的态度、价值观、自我意识和驱动力等因素。如前面分析中提到的有些教师认为育人是教育工作的软任务，可完成也可不用完成，持这种观点的教师，育人效果肯定是不理想的，其问题就在于教师的意识中没有树立育人第一的观念；再往深层次说，教师的角色定位、价值选择没有集中到育人的目标上，就更谈不上引发其进行

① 彭剑峰.人力资源管理概论[M].上海：复旦大学出版社，2005：148.

育人的驱动力。

关于教师能力的内涵界定，国内外学者多是以心理学研究为基础的，认为教师能力是指“教师在教育教学活动中表现出来的、直接或间接影响教育教学活动的质量和完成情况的个性心理特征”“是在实践中发展起来的、反映教师职业活动要求的能力体系”①。从教师能力内涵概述可以看出，影响能力的两个主要因素是个体和实践。个体的心理特征决定了能力发展的基础和高度；实践的要求决定了能力发展的方向和价值取向。加之能力素质冰山模型的分析，我们认识到不能用简单的方式对教师育人能力内涵进行解析，而要借鉴复杂性思维理论，多维度、多视角分析教师育人能力，以求对其内涵有更全面的认识，对实践更具有指导意义。因此，对育人能力概念分析时要注意以下三点。

一是分析方法要具有多学科性。从育人能力素质结构模型分析中可知，惯常认为的知识、技能只是影响教师育人能力的一部分，而真正起作用的是个体潜在的价值观、角色意识等，因此，我们要基于教育学、心理学、社会学等视角来分析。二是认识要具有动态发展性。能力不是“铁板一块”的存在，随着社会要求的发展变化，个体潜在因素的变化，生成和表征出来的育人能力必定随之发生变化，因此，要用一种“大社会”“大教育”的观念来动态把握能力概念。三是内涵维度要具有层次性。育人的实践性决定了教师育人能力在结构上是多维度、多层次的。唯有如此，才能保障复杂教育环境下的育人实践效果。

现有文献关于教师育人能力的专门论述不多，仅有的一些也是散见于相关问题研究中，如教师能力、教书育人等；从目前收集到的资料来看，比较全面的关于教师育人能力的表述是李斌在《关于教师能力结构的分析研究》一文中提到的，即所谓育人能力是指教师普遍应具备的培养学生优良思想品德和健康心理的一种综合能力，其包括思想品德教育与生活指导的能力、班级管理能力、心理健康教育与咨询的能力三个层面。②这个定义揭示了教师育人能力的普遍

①卢正芝，洪松舟.我国教师能力研究三十年历程之述评[J].教育发展研究，2007(2).

②李斌.关于教师能力结构的分析研究[J].江苏教育学院学报(社会科学版)，2005(6)：55-56.

性，跳出了分工论的桎梏；意识到了育人能力的综合性，并明确了育人的目的是促进品德和心理等的发展，具有积极的意义。但该定义过于概括，仅指出了教师育人的内容和效果，没有对能力本身进行探讨，不具有指导实践的操作性。本书拟基于概念的综合性、实践的综合性特征，从专业知识、文化意识、品性素养、专长技能四个维度解析教师育人能力。(见图2)

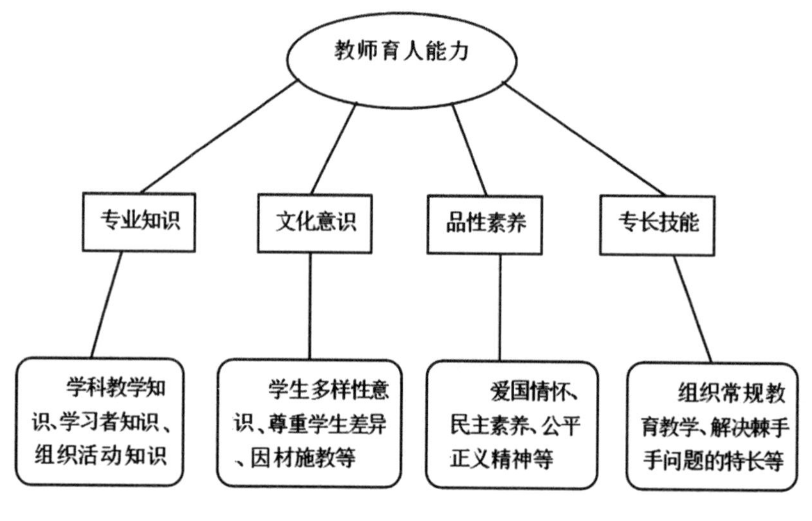

图2　教师育人能力内涵结构图

首先，专业知识仍然是教师育人能力形成和发展的基础。诚如舍恩所言，教师要具备对问题或难题重新定义的技能，这样才不至把理论照搬到实践情景中去。[①]显然要实现这一要求，就需要教师具备相关的专业知识支持。教师要有充分的教育类知识、学科教学知识、认知学习者的知识、学习者经验知识等。

其次，文化意识应该在教师育人能力中占据重要位置。教师的工作对象是单个个体及个体组合而成的集体，教师无法回避个体的多样性，即学生的家庭背景、生活经验、认知特征、思维方式等的不同，这些文化层面的差异决定了教师要有文化敏感性，具备用文化反应方式组织各项活动的能力。

再次，政治现状及要求决定了教师育人能力生成的路径。品性素养维度对

①Schön D.A.*Educating the reflective practitioner*, San Francisco, CA:Jossey-Bass, 1987, pp.236-235.

教师育人能力的要求主要体现在教师的品行层面，如教师的爱国情怀、民主素养、公平正义精神等，要求教师通过合适的教学和活动将这些品质传递给学生，培养出学生相应品质的能力。

最后，教师应具备专长技能。这种专业化是由教育教学活动的复杂性、情境性和不确定性决定的，具体而言，教师要具备应对常规教学活动和解决棘手问题的能力。

(3)提升教师育人能力的实践策略

一是激励教师自觉坚定正确的教育志向。

从前面的分析我们知道，看似平常的教师工作，更多包含了教师的信仰、判断和价值观。因此，我们要基于价值层面进行体察，激励教师产生良好的育人行为。德国哲学家舍勒(Scheler)关于价值、志向与行动的现象学理论为我们激励教师生成教育志向提供了重要的参考视域。[①]舍勒的研究指出，志向不仅影响人们的价值意愿，更对人的行为发生及完成品质起到奠基性的作用。志向表达了价值的“偏好”并参与行为之中，起到连接价值与行动的功能，并带着价值质性贯穿行为发生的始终，但却不随行为结束而结束，始终保持稳定性，参与和影响再次行为的发生。

正确的志向是能力发展的基础，只有把握正确的教育志向，才能保障教师育人能力正确的发展方向和正确的育人实践行为。所谓教育志向是指教师把教育作为事业，明确教育之志。现代社会，教育不仅是关乎社会发展的事业，更是个体参与社会生活的一种形式和过程。因此，教师要意识到教师职业的社会价值和个体价值，并将其内化为自己的教育信念，参与并转化为行动，改变传统教育(只见技术性教学不见教育性活动及育人)的现状。

综上所述，我们可以从以下几个方面激励教师自觉坚定正确的教育志向。一是引导教师明教育之志，把握清楚教育本质要求，端正职业态度；二是激励

①朱晓宏.论教师的价值引领：从志向到行动——基于舍勒的价值伦理学视域[J].教育研究，2017(10).

教师深谙教师之道，一旦对为师之道有向往之心，便能够自觉担负教育之责；三是营造学校价值教育环境，让教师在一种有价值温度和价值品质的氛围中，自觉践行教育价值，并传递给学生。

二是引导教师回归学科教学的育人本质。

叶澜教授曾指出，“教学，尤其是课堂教学(其中最基本的是必修课的课堂教学)，过去是，当今依然是我国中小学教育活动的基本构成部分。”[①]因此，课堂教学仍然是育人的主阵地，要引导教师坚持教书与育人并重，让学科教学回归育人本质。

教师要增强教师学科育人意识。意识是潜在的影响能力发展的因素之一。实现学科教学的育人功能，要强化教师在学科教学中的育人意识。怎样才算是拥有了学科教学的育人意识？重点要注意以下两点：一是关于知识。教师要有这样的意识，即学习任何学科知识，其目的不仅是为了掌握知识，还要让知识变成学生成长及与他人、自己接触并形成态度的纽带，这亦是知识人格化的过程。二是关于教学目的。教师要有这样的意识，即教学最终是通过学习知识、训练技能改变学生的思维方式，形成一种良性的、符合学生自身发展规律的选择和判断[②]，继而引导学生的思维模式和行为方式朝着更加符合社会发展和人发展的方向迈进。

教师要强化教师形象塑造，突出人格魅力。正如教育家加里宁说：“教师的世界观，他的品行，他的生活，他对每一现象的态度都是这样或那样地影响着全体学生，正因为这样，所以，一个老师也必须时常检点自己的言行，他应感觉到她的一举一动都处在最严格的监督之下，世界上任何人也没有受着这样的监督。”[③]因此，教师要时刻严格要求自己，锤炼情操至高尚、品德至美好、胸怀至宽广，让教师无穷的人格魅力成为影响学生思想和道德发展的重要力量。

---

①叶澜.让课堂焕发出生命活力——论中小学教学改革的深化[J].教育研究，1997(9).

②尹后庆.为学生发展和一生幸福奠基[N].中国教育报，2018-1-19(006).

③加里宁.论共产主义教育和教学[M].北京：人民出版社，1957：177.

教师要突出问题导向，在矛盾中实现成长。实践表明，学生品德的发展往往是由问题引发的，当认知和实践产生矛盾、冲突时，在外界正确的引导下，品德的发展是最明显的。教师要有创造问题的能力，并用合适的方式引导学生发现问题、感受问题，从而在认知和情感上产生矛盾，在解决矛盾的过程中形成更高级的认知和思维，通过不断的体验、感悟和积累，发展道德品质，形成良好的道德行为。

三是构建以提升育人能力为核心的发展共同体。

教师要提升育人能力需要发展共同体。发展共同体在社会各行各业中都存在，但是对于养成教师育人能力来说，发展共同体的存在有其特殊的价值和意义。一方面，共同体的聚合功能，易于传播优质育人品质。共同体实现了从个人努力到成员共同发展的发展模式，学者圣吉(Senge)曾基于共同体的英文Community的释义，指出这一词的原意就是一种分享式的生活[①]，即教师个体通过在共同体中共享一套规范和价值，来实现自身行为与共同体发展的一致性。因此，教师优质的育人品质、高尚情操在发展共同体中可以得到发扬和传播。另一方面，提升教师育人能力需要周边的榜样作用。教师育人能力不仅是知识、技能的体现，还是教师优秀的人格品质、教育热情和教育志向在学生成长中的作用和体现。养成这些优秀品质不是通过短期的培训或集中学习就能够完成的。品质的形成是一个长期的过程，需要有经常性的鞭笞、警醒和示范存在。此外，教师优秀品质的养成也不是线性向前的，而是受许多外界因素的影响、制约，在形成的过程中甚至会出现倒退、偏离等现象，这时也需要榜样的作用和力量，来矫正教师身上可能出现的不良反应，让教师在对话、反思和交流中，不断构建良好的育人能力结构，实现育人能力的共同提升。

构建以提升育人能力为核心的发展共同体需要地区和学校的支持。一是要转变领导方式。发展共同体是一种专业化的组织，不具有实权机构的优势，其成立、运行和活动的开展都需要上级机构和学校内部的支持，尤其是领导的

①[美]圣吉.学习型学校(下)[M].台北：天下文化图书出版公司，2002：882-883.

支持。因此，领导者要成为共同体的发展者和建立者，从赋权增能的角度支持共同体的运行。二是要建立和形成内部研讨、交流制度。制度在制定之初就有一定价值，从而规范、影响建制内人们的行为，因此，制度可以有效起到指导、约束、鞭策、激励以及规范行为等作用。三是要采取灵活多样的活动形式。活动形式是目的达成的手段和依托，要广泛借助传统活动形式，如组织研讨会、沙龙等，也要积极借助新兴媒体，如微信群、公众号、网络会议、QQ群、云端库等形式，逐步形成互学互帮、共同提升育人能力的良好发展系统。四是要形成提升教师育人能力的工作合力。学校要构建支持、信任的学校文化。十年树木，百年树人。这句话充分表明了育人活动的长期性和艰巨性，也在一定程度上反映了教师工作成效的隐蔽性和职业本身的艰辛。因此，学校要充分考虑教师育人活动的特点，为教师能够更加高效、顺畅地完成育人任务提供支持和保障，其中最重要的是对教师的支持和信任。支持为教师开展教学工作提供了有力的外部保障，信任为教师全身心投入育人工作提供了强大的心理支持。鉴于文化在一切事物发展中的规定性、引导性作用，学校应该在文化建设方面积极营造良好文化环境，为教师育人能力养成提供环境支持。

学校要提供专门的培训指导。能力的养成和发展既是教师主观追求的结果，亦是外部培训和学习的结果。育人能力体系需要专门知识和技能的支撑，教师在成长的道路上，专业的学习是必不可少的。教育主管部门和学校要为提升教师的育人能力提供定期的专业培训，让教师有机会在集中学习的时间里，思想、认识方面得到深化和提升，在专家和同伴的引导、陪伴下认知层面能发生转化，从而在丰富知识、优化技能的基础上，实现育人能力的提升。

各方面要加大宣传力度，营造尊师重教的社会氛围。教育是学校的专门活动，但教育的任务是全社会都应该承担的。应该鼓励社会各方力量积极参与其中，形成教师育人能力提升的工作合力。通过学校、教育主管部门、高校、科研院所等，提炼和总结教师育人案例和典型事迹，发现和总结积极育人事迹的共同规律，以期能够普遍性地指导教师锻炼并提升能力。教育主管部门要从政府角度设置专门奖励教师突出育人行为的奖项，对教师的育人事迹进行肯定与鼓励。各类型媒体应发挥宣传、教育、推广作用，对典型案例及教师育人能力发展的规律性进行客观宣扬，使其能够发挥积极的示范、引领和带动作用。

三、师德建设的内容维度、机制创新及实践策略

（一）新时代师德建设的内容维度

古往今来，教师对社会进步和个人发展都起到了至关重要的作用，“人类灵魂的工程师”“人类文明的传承者”这些称呼是对教师功能及价值的总体概括。新时代，办好人民满意的教育，让广大人民都能享受到优质而公平的教育不再是一种理念，而是党和国家从战略发展高度对教育工作的目标定位和价值彰显。新时代的社会飞速发展，新时代的教育也发生了巨大的变化，教师作为教育发展和促进学生发展的重要因子，加强师德建设刻不容缓。师德具有时代性，师德建设内容要根据时代发展要求而进行改革和发展。新时代，我国师德建设的内容主要体现在以下几个维度：

1.从讲政治的高度加强新时代师德建设

中共十八大以来，习近平同志关于教育有许多重要的论述。他指出，建设教育强国是中华民族伟大复兴的基础工程，坚定不移实施科教兴国战略和人才强国战略，优先发展教育事业，加快教育现代化。要全面贯彻党的教育方针，坚持立德树人，培育和弘扬社会主义核心价值观，造就担当民族复兴大任的时代新人。坚持以人民为中心的发展思想，发展素质教育，努力让每个孩子都能享有公平而有质量的教育，办好人民满意的教育。习近平同志特别重视教师队伍建设，关于教师也有很多经典的论述，并在各种场合先后用“大先生”“筑梦人”“引路人”等表现力极强的称谓表达对广大教师的殷切期望，并提出“四有好老师”“四个统一”等师德建设标准和要求，将教师队伍建设特别是师德建设提到了一个前所未有的战略高度。

在2018年的全国教育大会上，习近平同志再次强调人民教师对于教育工作的重要意义，指出教师职业无上光荣，每位教师都要珍惜这份光荣，爱惜这

份职业，严格要求自己，不断完善自己。习近平同志还指出，做教师就要执着于教书育人，有热爱教育的定力、淡泊名利的坚守。习近平同志关于教育及教师的重要论述为深化新时代教师队伍建设和实践改革指明了方向，提出了标准，为培养造就一支党和人民满意的教师队伍提供了思想保障。因此，教师要切实提高政治站位，强化政治建设：一是教师要准确理解和对标新时代、新形势、新要求，从思想认识上理解和领会师德建设的极端重要性；二是教师要全面贯彻党的教育方针，在教育教学实践中牢记立德树人的崇高使命，树立正确的历史观、民族观、国家观、文化观，坚定"四个自信"；三是教师要带头践行社会主义核心价值观，弘扬爱国主义精神，坚守教师职业，奉献教育事业。

2018年9月，"四有好老师"奖励计划颁奖典礼在北京师范大学举行。在这次颁奖典礼上共有10位长期坚守在基础教育教学第一线、从教30年以上并做出突出贡献的优秀教师获评"四有好老师"启功教师奖，10个优秀团队获得"四有好老师"公益行动奖。这些教育工作者身上都有"扎根大山、扎根乡村，默默奉献，不计较个人得失"的奉献精神，他们"积极探索教育教学规律，关心每一个学生，用爱心去照料哺育孩子们成长"，用自己的实践行动诠释了教师的理想信念、道德情操、扎实学识和仁爱之心。

2.从明形势的角度加强新时代师德建设

教师是推动教育发展的重要因素，教师素质是影响教师在教育发展中的关键，尤其是教师的职业道德修养。有人把师德作为教师职业的灵魂而将师德建设放在了最重要的位置。的确，从教育实践来看，凡是教师的职业道德出现了问题，教育教学质量必将滑坡。因此，教师职业道德也被各级各类教育管理部门放在了教师队伍建设的首位位置。身边的教育实践、新闻中报道的虐童事件、体罚学生事件、性侵学生事件等无不暴露出现代社会师德建设亟待解决的问题。可以说，教师的职业道德不仅关乎教育发展，更关乎学生的健康成长，甚至关系到国家的前途命运和民族的未来。

新时代，新征程，教育发展也有新的要求和目标，教师职业道德发展亦有新的诉求。学校在制订和规范教师职业道德发展和培训时，要结合时代要求和时代特征，从明形势的角度加强新时代师德建设。学校要建立健全师德考核机制。在决定贯彻和执行中央、地方各类关于师德建设文件的基础上，学校要根据办学实际，制订符合科学要求和时代特征的评价机制和评价办法，建立多元评价主体，教师、学生、家长、教育管理部门都可以成为评价者。综合评价方法，结合形成性评价和总结性评价，使条目评价与项目评价相结合。考核内容要全面多维，不仅要考核教师是否依法执教、爱岗敬业、热爱学生、严谨治学，还要从团结协作、尊重家长、廉洁从教等方面进行综合评定。学校要在提升师德建设地位上下功夫，把师德建设纳入学校发展建设的总体规划中。学校要进一步认清形势，从落实教育科学高质量发展的高度，切实把思想认识统一到中央和各省市关于加强师德师风建设的决策部署上来，并且坚持教育教学与思想政治建设"两手抓，两手都要硬"。

3.从强修养的维度加强新时代师德建设

学高为师，身正为范。教师不仅要有渊博的学术知识，更要有高尚的人格和修养。因为教师不仅要对学生传授知识，更重要的是要塑造学生的人格，完成与学生心灵的互动和影响。即教师不仅要"授业""解惑"，更要"明道""信道""传道"。教师职业的首要价值是传道。在新时代，教师要明确我们的学校是"培养什么人、怎样培养人、为谁培养人"这一根本问题，要从思想认识上树立人民教育为人民的根本宗旨。牢记崇高使命和教育人的初心，认真贯彻党的教育方针，把社会主义核心价值观贯穿教书育人全过程。在这个过程中，教师要树立远大的理想和坚定的信念坐标，以正确的价值取向和政治方向鞭笞自己的教育追求，不断为人民服务、为中国特色社会主义服务，努力培养一批又一批党和人民需要的社会主义事业建设者和接班人。

落实到学校办学实践中，在校本环境下促进师德建设和发展，要紧抓教师的理想信念建设，以教师的理想信念为基准，提升教师的人格魅力，达到引领学生心灵升华的目的和意义，在开启学生心智的同时，引导学生道德和品行发展。常言道,“亲其师,所以信其道”,汉朝董仲舒也有言:“善为师者,既美其道,又慎其行。”意思是善于做教师的人,既要完善自己的道德,又要谨慎自己的言行。其中教师的言行只有与学生实际接触才能起到积极的教育效果。因为教师既是一种职业,又是一种社会角色的承担者,教师要担负起培养学生的社会责任。因此,要引导教师以潜心治学为基,在打造精湛业务能力的同时,提升自身修养,坚持求真学问,及时更新知识结构,深入理解学生,只有深入而周详地理解学生,增加与学生的交流体验,才是一个教师遵从的绝对律令,才能引领学生探求真知、追逐梦想。①

4.从制度建设的深度加强新时代师德建设

建设制度的初衷和动机是为了促进事物更好、更顺利、更规范地发展,是对所有成员努力方向、行为方式和应遵循的价值观的规定,具有直接指导事件发展的意义。师德建设具有实践性,是教师在具体的教育教学实践中锤炼和发展起来的,因此,师德建设具有日常性和经验性。新时代,教师队伍建设被提到了前所未有的高度,师德建设更是教师队伍建设的重中之重,甚至已经成为关乎教育全局发展的重要因子。所以,要在师德建设中强化制度建设,把制度建设作为师德建设的重要内容贯彻始终。

制度建设包括的内容和方式是多种多样的,具体到师德建设,学校要从建立健全教育制度、激励制度、考核制度等方面着手,抓紧抓实师德建设全过程。首先要建立健全教育制度。学校要根据上级要求和工作需要,对教师加强法律、健康心理、青少年咨询等相关内容的教育培训,提升师德建设的科学化水平。其次要建立健全激励制度。通常而言,学校的激励方式包括精神激励、薪酬激励、荣誉激励和工作激励,以此来引发教师工作的积极性和行为的正向性。第三要建立健全考核制度。将师德考核摆在教师考核工作的首要位置,作为教师考核的核心内容。学校可以学年为单位或是学科为单位,实施灵活多样的考核,如

① 曹永国.解决问题抑或追寻意义——对教师专业化的一种思考[J].华东师范大学学报(教育科学版),2013(3).

进行模范教师、优秀教师、教育工作先进个人、优秀辅导员、优秀班主任、德育先进工作者等评选和表彰活动，以促进和调动每一位教师的积极性和参与性，使考核的效果最大化。

学校要结合不同的制度建设内容开展形式多样的活动，例如，要充分利用教师节等与教师相关的重大节日，集中开展教育活动，并借机宣传教师的地位和作用，选取优秀教师代表和典型教师经验，营造尊师重教的浓厚氛围，提升教师的职业自豪感和荣誉感。学校也可以结合教育教学活动，采取实践反思、师德典型案例评析、师德建设心得交流等形式开展师德建设，突出针对性和实效性。另外，在倡导和开展科学、积极的师德建设的同时，也要明确哪些是教师职业的禁区。因此，学校要结合教育部制定的《中小学教师违反职业道德行为处理办法》等，明确教师不可触犯的师德禁区，列出师德考核负面清单，对师德方面有问题的教师坚决予以处理。

5.从压担子的力度加强新时代师德建设

作为一种社会性活动，教育不仅是一种职业更是一种责任，这种责任是由教师直接担负起来的。教师对于教育和学生尽责的主要表现是要尽忠职守。尽忠尽责是一种职业要求，更是教师自觉的一种体现。学校要把教师责任与教育教学改革深度结合起来，让教师在专业发展、职业道德发展中不断树立正确的职业观和学生观；在对教师加任务、压担子的同时，为教师提供安全的心理环境和工作环境，尽可能地帮助教师减轻其所承受的精神和物质上的压力。

另外，教师要仁而爱人，疏浚师德之源。对事业的追求热爱、对学生的真心关爱，是师德之源泉。爱是责任的最高层次的表达和实践。教师要给予学生热情而理智的爱。大多数教师秉承从事教育，就要献身教育、奉献师爱的教育理念。然而，在教育实践中，教师该如何表达这份情感呢？这就涉及了师爱的层级问题。有学者指出，师爱有三个层级：一是让学生产生亲近感，使学生因体会到“老师喜欢我”而感觉安全、温暖；二是对学生的理解和尊重，使学生感受到“老师是懂我、理解我，并支持我的想法和做法”；三是对学生有所期待，使教师能在关乎学生的进步发展与未来前途上对学生产生影响。

除此之外，教师要给予学生满腔的爱和关心，但是更应该懂得“情感与理性相融合”的师爱观。只有教师以真诚、热烈的情感投入教学中时，才有可能与学生相互沟通、相互理解；学生也才有可能“亲其师，信其道”。然而，单一的情感投入是不够的，否则容易衍生如父母般的溺爱，如果师爱缺少理性，就有可能迷失方向。因此，师爱更需要培养出懂得爱并富有爱心和责任感的人，培养出勇于追求真理、将来能为社会做贡献的人。教师的爱既要严格，又要有温度，更要有自由。教师要站在学生的角度，给学生适度的自由。每一个学生都是独一无二的个体，在教学实践中，要想达到良好的教学效果，教师一定要从学生的实际出发，站在学生的角度考虑问题。因此，教师要注重个别教学，要善于发现每一个学生的兴趣特征，让每一个学生在原有的基础上得到最大程度的发展。要想真正理解学生，教师还要掌握每一个学生的思想、智力、感情等的发展情况，并据此调整自己的教学策略。

另外，进一步尊重学生的个性自由是教师理解学生的最好证明。尤其是当教师的教学要求与学生的行为表现不一致而这两者之间也没有实质性的优劣时，教师应当慎重考虑，避免像那些“无理性的父母会按照自己的好恶来打扮他们的儿女”[①]一样。所以，一位好的教师要懂得给学生适当的自由，顺应学生的个性特征进行教育。尊重学生，并不是无限制地放纵或是弱化了教师对学生成长的责任意识，教师应该做到的是：“避免人的各种力量的自然进程免遭外力阻碍和破坏，从而找到一种畅通发展这种力量的进程”[②]。

(二)师德建设的机制创新及实践路径

学校作为教师发展的第一场所，对教师的发展提出了具体的、有针对性的要求，也检验着教师发展的效果。师德建设是教师队伍建设的核心内容，随着

①[德]赫尔巴特.普通教育学[M].李其龙.杭州：浙江教育出版社，2002年：41.

②[瑞士]裴斯泰洛齐.裴斯泰洛齐教育论著选[M].夏之莲等.北京：人民教育出版社，2001：212.

社会的发展和教育改革的深化，学校层面的师德建设要更加具有时代性，对国家提出的教育改革方针政策要有积极的回应，对人们关心的教育问题要从师德建设上予以保障和根本性的解决。联系时代背景和现阶段教育改革的重点任务，校本环境下的师德建设要采取一种融合的方式才能取得积极的效果，例如，将师德建设和学校党建工作相融合，在党建过程中深化师德建设；与深化教育教学改革相融合，促进教师专业发展和师德提升同步同频；与业务培训相融合，丰富教师发展的内容，全面提升教师素质。

1.师德建设与学校党建工作相融合

师德建设与学校党建工作相融合的机制要求是目前全面从严治党背景下的适切创新和探索。全面从严治党是十八大以来党中央做出的重大战略部署，是“四个全面”战略布局的重要组成部分，也是顺利推进全面建成小康社会、全面深化改革、全面依法治国的根本保证。全面从严治党，基础在全面，关键在严，要害在治。“全面”就是管全党、治全党；覆盖党的建设各个领域、各个方面、各个部门。“严”就是真管真严、敢管敢严、长管长严。“治”就是从党中央到省市县党委，从中央部委、国家机关部门党组(党委)到基层党支部，都要肩负起主体责任，党委书记要把抓好党建当作分内之事、必须担当的责任；各级纪委要担负起监督责任，敢于瞪眼黑脸，敢于执纪问责。2017年10月18日，习近平同志在十九大报告中强调，坚定不移全面从严治党，不断提高党的执政能力和领导水平。习近平同志强调，全面从严治党永远在路上。全党要清醒认识到，我们党面临的执政环境是复杂的，影响党的先进性、弱化党的纯洁性的因素也是复杂的，党内存在的思想不纯、组织不纯、作风不纯等突出问题尚未得到根本解决。习近平同志指出，新时代党的建设总要求是：坚持和加强党的全面领导，坚持党要管党、全面从严治党，以加强党的长期执政能力建设、先进性和纯洁性建设为主线，以党的政治建设为统领，以坚定理想信念宗旨为根基，以调动全党积极性、主动性、创造性为着力点，全面推进党的政治建设、思想建设、组织建设、作风建设、纪律建设，把制度建设贯穿其中，深入推进反腐败斗争，不断提高党的建设质量，把党建设成为始终走在时代前列、人民衷心拥护、勇于自我革命、经得起各种风浪考验、朝气蓬勃的马克思主义执政党。①

在办学实践中，学校党建与师德建设融合的路径是多种多样的，融合的方式也可以根据学校的实际来选择。在以学校党建促进师德发展融合的过程中，要注意价值的引领、特色活动的开展以及平台和队伍的建设。

师德建设与学校党建工作相融合的关键是强化价值引领的动力作用。教师承担着传播知识、传播思想、传播真理的历史使命，肩负着塑造灵魂、塑造生命、塑造人的时代责任。党和中央提出的将立德树人作为学校的重点任务是正确的，既符合时代发展的需要，也符合人发展规律的需要。因此，无论是学校的党建工作还是师德建设，都要围绕立德树人的中心任务开展。促进党建工作与师德建设的关键就是在价值上对教师进行引领，这种引领在师德建设和党建工作中具有一致性。在教育教学实践中，从党建工作与师德发展融合角度进行价值层面的引领可以从以下两个方面进行。

一方面，要从党和国家大政方针方面进行引导。基础教育学校要以习近平新时代中国特色社会主义思想为指导，落实立德树人根本任务，遵循教育规律以及教师成长发展规律，加强师德建设，培养高素质专业化的教师队伍。在教师发展实践中，学校可以以特色主题活动为抓手，定期开展内容丰富、形式多样的活动，并将党建工作与教师活动有机结合。另一方面，可以从学校发展方面进行引导。愿景引导、理念创新、文化立校等都可以激发教师作为学校成员的自豪感和使命感，结合学校发展特色，将特色发展融合在师德建设和党建工作中，以特色建设为纽带，将师德建设和党建工作有机结合。这样的创新机制不仅提升了教师发展的实效性，还能够防止学校党建工作与学校中心工作“两张皮”的情况，在不断推进学校党建工作常态化的同时，创新工作内容，提升工作实效。

① 习近平强调，坚定不移全面从严治党，不断提高党的执政能力和领导水平.[EB/OL]http://www.xinhuanet.com//politics/2017-10/18/c_1121821079.htm.

在中小学办学实践中，不少学校通过党建工作与师德建设的融合，创新了学校发展模式，激发了党建工作的活力，同时师德建设跃上了新的高度，更加符合时代发展的需要。例如，上海中学在习近平新时代中国特色社会主义思想指引下，把握上海教育率先发展的战略部署以及建设“具有中国特色、世界水平的基础教育”这一发展追求，努力构建世界一流的研究型、创新型中国基础教育领先名校。学校党建特色立足于价值引领，将党建工作与促进学校创新型平台建设、研究型氛围创建结合起来，形成自身的特色，不仅促进了师德的发展和提升、党建工作的扎实推进，学校的办学水平和办学质量也得到了大幅的提升。

【案例】

上海中学党支部建设与师德建设融合发展

上海中学党组织为党委建制，下设七个党支部，本部高中设三个支部，高一支部、高二支部、高三支部建立在年级组里，注重将党建与育人结合，以党建带团建，党建的任务体现在促进教师的师德提升与落实教书育人的根本任务上；国际部设有国际部高中支部与初小支部，由于国际部教授的是国际课程，在校学生来自60多个国家与地区，这两个支部的党员承担的使命是引领从事国际教育的教师在培育优秀世界公民的同时，注重中国文化的渗透与教育，培育具有中国情结与传播中国文化的友好使者，与此同时研究、提炼国际教育中的先进元素进行中国化改造，运用到我国学生的教育中；行政支部将行政人员与职工中的党员集聚，音体美计算机支部注重公共学科育人方向的把握。每个支部的特色建设围绕学校党建特色的要求进行，又服务于教师师德的可持续发展。2018年上海中学党委推进了各支部特色活动的开展与评比，以有效制度机制激励基层党支部开展好党建活动，立足于服务研究型、创新型学校的建构，引领基层党支部以特色活动开展促进学校教育教学中心工作，发挥基层党支部的先锋模范作用，从而带动班组的师德建设呈现各自的特色。①

2.师德建设与深化教育教学改革相融合

现代学校作为培养人的场所，教育教学活动是教育目标达成的有效载体，是师生共同完成生命体验的过程。教学活动无论是在过去、现在还是将来，都将是学校的中心工作。因此，师德建设要与教育教学工作相融合，以师德建设为基础工程，保障教育教学的成效；以教育教学为抓手，夯实师德建设内容，提升师德建设成效，更加出色地建设并传播人类文明，扮演学生成长引路人的神圣角色。

师德是教师职业素质的根基，只有根基打牢了，教师综合素养的高楼才能耸入云霄。在过去的教师专业发展中，管理者和专家往往只关注教师的专业知识更新和专业技能的培养，而在一定程度上忽视了教师基本的职业道德，导致了一定时期内，师德建设水平滑坡，教师队伍整体道德水平受到社会及学生家长的质疑。贯彻落实新时代教育工作及落实立德树人任务的要求，学校在深化教育教学改革中，一定要注意将师德建设纳入其中，这样不仅能够提升师德建设水平，丰富建设内容，还能节省教师的工作时间，最大效率地完成教师发展任务。

学校可以将师德建设与深化教育教学改革相结合。学校层面的教育教学改革一般包括课程的开发和建设、课堂教学改革等。学校管理者要根据本校师德建设现状，在学校课程开发的过程中，不仅注重教师课程领导和能力的建设，更要从师德引领的视角，将教师的教育情怀、对学生的理解、教师的爱等方面融入课程建设中，而不是局限于教师专业发展。课堂教学改革更是师德建设的重要途径。课堂是直接面对学生的场域，教师的教学理念、教学技能和教学模式要以尊重学生、尊重教学规律为前提，在教学伦理的基础上进行技术层面的改革和创新，在尊重人的基础上，选择合适的教学方法。将师德建设与学校研

① 王辉. 以学校党建特色促师德建设特色[J]. 上海教育，2018(08).

究型团队建设相结合，将高尚的师德作为教师队伍建设及学校管理者遴选的基础条件，将教师的教育情怀、敬业精神以及对学生的爱作为教育教学改革和创新的先决条件，这样才能不断推进教师自身根据学校发展的新变化，不断学习、不断提升教育教学能力与素养。

从师德建设的方式层面思考，学校可以在教育教学改革的重要项目里融入师德建设专项内容，以项目为驱动，促进师德建设与教育教学改革的融合。项目建设不仅是教育教学改革的新平台，更是学校师德建设特色的需要。学校在项目的设置和开发、项目内容选择和模式的实施方面，要结合时代发展需要，努力创设切合学校发展需求与教师发展需求，以师德建设为切入点，培育教师高尚师德，以教师高尚师德建设促进教育教学改革更好地发展。在开展项目的过程中，学校要引导教师坚持学做结合、以知促行的原则，注意对教师的思想政治素质、职业理想、职业道德、心理素质等方面进行教育，进一步完善师德师风学习教育内容。鼓励教师在项目活动中不断交流、相互学习，建立朋辈互助、互导，相互影响的学习和成长氛围。

学校要结合教师发展的阶段性特点和发展规律，本着教师发挥示范引领作用的价值导向，做好师德建设先进典型的选取和宣传工作，在学校中营造浓厚的学习榜样的氛围，努力培养业务出色、师德高尚的教师队伍，分层次、有系统地挖掘和宣传一批教书育人的先进典型，努力营造学先进、赶先进、当先进的浓厚氛围，并在同等条件下，师德师风表现突出的，优先考察职务(职称)晋升和岗位聘用以及骨干教师、学科带头人、享受政府特殊津贴推荐人选。

3.师德建设与业务培训相融合

教师是影响教育教学质量、学校办学质量以及学生健康成长的关键因素，师德是关键因素中的关键。师德建设不仅是影响教育教学质量的关键，更是教育能否完成其育人使命的关键。如果说教师的业务素质是指向学生知识和技能的提升，那么教师的师德是直接指向学生的心灵和灵魂的，是学生作为个体发展的保障。师德的核心是爱，是教师对教育职业的热爱，是对学生的关爱，是身为教师的自爱。作为一种职业的道德操守和要求，师德具有可提升和可学习性。因此，学校要不断地结合业务培训工作的开展，将师德建设融合其中，并形成“互融”“互促”的工作格局，使二者相互促进，相互融合，并在实践工作中形成常态化的发展。

校本教师发展的优势在于学校能够根据实际发展并以解决问题导向来规划和开展教师培训。因此，在促进师德发展与教学业务发展相融合这一方面，学校可操作的途径和手段也是多种多样的：

一是改变传统的校本教师培训方式，增加参观和观摩专题教学环节。学校可以选取本校或外校师德与业务兼优的教师，结合业务培训专题，对优秀典型教师进行跟踪学习，尤其是亲临教学现场，感受优秀教师的课堂氛围以及这种氛围中渗透的教师基于责任和对学生爱的精神；感受教师高超的教学艺术背后的教育价值观和职业信念。学习之后还可以组织教师进行相关的研讨和交流，不断地激发和碰撞，让更多教师深入了解和体会师德与业务工作的相互融合和促进，让教师通过模仿优秀教师的人格品质，继而发展成为自己的师德信念，并在实践中更好地完成教书育人的伟大使命。

二是调整培训课程，将师德建设内容融合在课程设置之中。教师业务培训与师德建设的融合是教师发展的必然要求，其融合也有一定的现实基础。为师者要业精善学，教师既是“人师”也是“经师”，教师是“人师”和“经师”角色的统一体。教师只有在良好的专业素质的基础上，才能有高超的教育教学能力、开放的胸怀视野和乐学善学的专业态度，这样的师爱才是有温度、有理性的。教师的业务知识、专业精神和对学生的责任之间的状态才能够自如地迁移和相互影响。因此，教师要时刻保持一种职业状态，即“出世便是破蒙，进棺材才算毕业”。

在校本教师培训中，课程设置是开展培训的重要内容，也是保障教师发展质量和发展方向的重要载体。学校可以从课程设置层面，把教师的业务学习和师德修养结合起来，把教师职业道德修养、职业规范、教师责任与爱等师德要素贯穿于课程设置始末。关于课程设置的方式也是多样的，可以是单独设置师德修养内容，也可以是在业务课程中渗透师德内容。这样既保障了教师始终处于学习状态，站在知识发展前沿，刻苦钻研、严谨笃学，在提升业务的同时，不断充实、拓展、提高自己的职业道德修养。

第六章　专业培训：校本教师发展的有效途径

对培训的关注和研究最早缘于工业领域，对培训与发展的研究是工业与组织心理学中重要的内容。随着近年来心理学特别是认知心理学的发展，对培训的研究也从泰勒(Taylor)的体力劳动的“动作分析”，拓展到了对脑力劳动的“知识结构”的分析和获取上，这不仅是产业结构变革的结果，更是知识经济时代对人才素质结构提出的更高要求。教育作为社会进步的基石，在社会政治经济发展中起到了积极的推动作用，教育改革与教育质量成为近年来关注的重点。教师作为影响教育质量的重要因素，一直是教育改革的中心议题。随着培训在社会发展中的作用日益凸显，教师队伍建设也自然少不了开展相关培训活动。

一、校本教师培训的回顾与审视

从历史的视角对事物的发展进行审视，有助于人们理性地分析当前事物的属性，合理地判断其发展趋势。校本教师培训随着教育发展和教育改革而出现，并在教师专业化浪潮的推动下，在全球范围内获得了长足的发展，形成了自身的发展规律，也促进了教师队伍整体水平的提高。

（一）校本教师培训相关术语辨析及概念解析

中小学教师培训作为一种制度性实施行为，对于促进教师队伍质量提升具有根本性的保证。梳理和审视教师培训本身及相关概念，对更好地开展培训实践具有重要的意义。

1.校本教师培训相关术语辨析

无论时代如何发展，教育改革如何推进，教师培训的范畴如何变化，教师培训的理论和实践都与教师专业发展紧密联系在一起。因此，在回顾教师培训发展之前，有必要对相关术语进行辨析和解释，让教师培训的独特内涵更加明确，以更好地指导培训实践。

在研究和梳理教师培训相关文献时，我们发现教师培训是与教师发展、教师专业发展、教师成长、教师继续教育以及教师教育等一系列术语联系在一起的，也正是因为这些意义、内涵和实践相近的术语概念，教师培训自身的内涵及意义逐渐模糊和弱化，对教师培训这一概念的精确定义更加困难。目前在国内，一般将教师培训与在职教师培养同义，主要是为了和教师的职前培养区别开来。但由于培训具有教育的内容和意义，尤其是教师培训发生在教育领域内，人们有时习惯称教师培训为教师教育。按照美国学者博拉姆的观点，这种教师培训是教师“在具有初级专业证书之后，从事于初等和中等学校工作的教师和校长参与教育和培训活动，其主要或唯一的意图是提高他们的专业知识、技能、态度，以便他们能更加有效地教育儿童”[①]。

虽然继续教育、在职培训、进修培训等这些术语都可以用来指称教师的持续专业发展，但OECD（经济合作与发展组织）的教育研究与革新中心还是对这些术语进行了界定。其中专业发展是指教师所有的旨在形成教师所需的技能、知识、专业品质等学习活动；在职教育或培训是更具体的教师在实践中参与的学习活动；而教师发展这一术语指称的内涵和外延就比较广泛，这些术语之所以能够在一定场合相互使用，是因为无论是专业发展还是在职教育，其中教师

① 朱益明.教师培训的教育学研究[D].上海：华东师范大学，2004：8.

发展理念都是贯穿其中的，当前的培训实践经验也反映了这一现实。即以教师发展引领教师培训及其实践已经得到广泛的认可，专业发展理论和相关政策研究也受到极大重视，并与之前教师角色研究、教师成长研究等共同构成了比较完整的教师发展框架，为教师培训的实践发展提供了有力的理论支撑，并为教师培训的科学性提供了基础。

另外，与培训相关的学术用语还有继续教育和教师教育。继续教育这一概念在教育领域的出现时间是1979年，在工程教育领域被广泛使用；1990年正式应用于教育领域。[①]教师的继续教育不是缘起于需要或是问题，而是教师作为专业人员，从事教学这种专业活动所必须进行的经常性的学习和教育活动，只有不断完善和提高自己的专业知识和专业技能，才能更好地促进学生的发展，简而言之，教师的专业身份决定了其参加继续教育。目前的教育政策也反映了这一特点，国家教育行政部门已经以文件和政策的形式，规范和强制教师参加继续教育。培训与继续教育相比，其内涵更为宽泛，涵盖了继续教育的内涵，即培训不仅是为教师提供补偿或补差教育，更是为教师提供学习和受教育的机会和平台。教师教育这一术语的内涵更广泛，且与之前比较流行的师范教育比较接近，现在逐渐替代了师范教育。教师教育的目的是为了将教师的培养与培训结合起来，形成一体化的构架。教师教育不仅包括了教师的培训、培养、职前培养、入职教育和在职培训，而且还涉及教师的任用、管理和评价等环节。

2.校本教师培训概念解析

培训作为一项社会进步特有的活动形态，从一开始就带有工具性的特征。教师培训是社会培训活动的一部分，又是重大教育改革的衍生物，工具性的特征比较显著。但随着实践的发展和相关理论的丰富，尤其是在知识社会发展、终身学习理念及教师发展的要求下，教师培训的性质亦有所改变，并逐渐从一种活动发展成为一个学科领域。随着国家层面的教师培训政策的出台及教师来源多元化政策的推行，教师教育的重点已经开始从职前培养转向在职培训，

①张贵新.我国中小学教师继续教育的发展阶段与走向[J].东北师大学报，2001(01).

因此,从理论层面研究教师培训就显得现实而必要。教师培训作为一个学科领域的特征也更加明显。从这个视角出发对教师培训的相关概念进行梳理就比较有针对性。

培训,英文为Training,意为培养训练,《教育大辞典》(1998)释义为在职、在业人员的专门训练或短期再教育;《英汉辞海》(1987)将其解释为培训、训练,使体力和智力得到发展,同时又指某项技能或几种技能的发展,是一种技艺、专业或职业的培训。另外国外关于培训的概念除了包含这几种意思之外,还有发展、增进、发展的行动、过程或结果的意思。而国内对培训的意义更加侧重于技能的提升,侧重于行为之前,即为了达到统一的科学技术规范、标准化作业,通过设置特定的目标、传递相关的知识和技能、技术演练、达成测试等流程,让接受培训的人达到预期的水平,提升个人能力、工作能力等。从广泛的意义上说,培训是给有经验或无经验的受训者传授某种行为所必需的思维认知、基本知识和技能的过程。现代心理学的发展为培训提供了科学的研究基础,尤其是认知心理学理论认为,职场正确认知(内部心理过程的输出)的传递效果才是决定培训效果好坏的根本。

对于校本培训的概念,国内外不同的学者也对此开展了大量的研究和专门论述。国内学者大多认为教师培训是指在教师教育理念的指导下,为了促进教师职业发展而进行的专门环节,是在职教师有组织、有计划的学习活动。这种学习活动既可以是教师参加的校外的学习活动,也可以是教师参与的校内的学习活动。教师培训的类型和种类也是多种多样的,既有新任教师的培训、教师的岗位培训,又有骨干教师培训和提高学历的培训;既有关于教师培训的宏观领域的政策或制度研究,又有培训内容、培训方式、培训目标等微观层面的探讨。

在我国教师培训既是社会发展、教育改革的产物,也是受教育国际化影响的产物,培训在我国也是一种舶来品,外国的研究则相对更加成熟和多样化。其中,博拉姆(Bolam, 1989)认为,我们可以把教师在职培训理解为,教师和校长在获得职前的教育专业证书之后接受的教育和培训，目的是为了提升他们的专业知识和专业技能以及专业态度。[①]从这一定义可以看出，无论是国内的学者还是国外的学者，对于教师培训在教师发展中的时间排序的观点还是一致的，即，教师培训都是教师在取得教师资格证书之后所从事的专业活动。由于研究视角或所秉承的教育理念不同，不同的学者对教师培训的关注点也是不一样的，除了广泛意义的定义之外，还有学者从关注教师个体的价值意义出发，指出教师培训是通过完整的、连续的学习经验和活动来促进教师专业、学术和人格等方面的全面发展。从这一定义可以看出，教师培训在一定程度上要视教师为个体，教师的发展不仅是促进教育教学质量的提升、改进社会政治经济的发展，同时也是为了促进教师个体的发展。因此，培训中的教师常被研究者称为“教学人”“组织人”或是“个体人”。

校本教师培训是教师培训的下位概念。比较常用的关于校本教师培训的界定方式有两种，一种是以培训地点为依据的，指校本教师培训活动的发生完全是在中心学校内进行的；另一种是以培训活动的内容为依据的，即只要是以促进教师专业发展，以改善学校和教学实践为中心的计划与活动，无论这种活动发生在校内还是校外，都属于校本培训。本研究中所使用的校本培训概念侧重于第二种，即校本培训立足于以中小学校为培训基地，这种培训可以是围绕中小学校开展的，也可以是中小学校与高校、教育研究机构等协同开展的。

（二）校本教师培训的源审思——教师质量与学生成绩关系反思

校本教师培训的发展很大一方面是在教师质量与学生成绩关系研究、反思的基础上进行的。教师质量与学生成绩的逻辑关系及关系变化一直是教师质量及相关教育和培训活动发展的基础。以美国为例，教师质量问题是同教育质量问题一起引起人们关注的，作为世界教育改革的先锋，美国已将提高教师质量作为其教育改革的一个工作重心。自20世纪70年代以来，美国无论是在《国家在危险中》还是《2061计划》《美国2000年教育战略》《2000年目标：美国教

① 胡森.国际教育百科全书：第五卷[M].贵阳：贵阳教育出版社，1990：16-19.

育法》以及后来的《不让一个儿童落后》这些著名的教育改革法案中,教师质量都被不同程度地涉及。尤其是在《不让一个儿童落后》法案中,高质量的教师和教师教育已成为重要核心思想之一。提高教师质量已经提升到美国国家发展战略的高度。

教师质量是影响学生学业最重要的学校内部因素,这一观点在美国已经形成了共识。为了更清楚地了解教师质量是如何发生作用的,学者们展开了关于教师质量的研究。为了反驳在2002年度美国教育部长会议上形成的关于教师质量的定义,达林·哈蒙德(Darling·Hammond)和杨(Yangs)组织了一次关于教师资格证书与学生学业关系的研究,他们的研究围绕教师证书、教师口语表达能力、教师的学术经历及可选择教师证书计划与学生成绩之间的关系等内容展开。后来的研究结果证实了在对学生成绩差异的解释度上,一些教师所拥有的资格证书比其他教师的更有说服力。但调查同样也表明,教师的资格证书对学生的影响力经常受年纪和所教科目这两个变量影响。莱斯(Rice, 2003)从教师的五种特性出发,对教师质量进行了一系列的研究,这五种特性分别是:经验、职前准备、学历、证书、课程作业。[①]从莱斯(Rice)的研究中我们发现,教师的经验在其从教的前几年对教学的影响是显著的,随后就逐渐减弱;没有多少证据证明教师的培养对教师能力的形成以及对学生成绩的影响有太大的关系。同年,韦恩(Wayne)和杨(2003)又从教师的特征与学生学业之间的关系进行了三组研究调查,韦恩和杨的研究报告得出了一些有趣的结论,他们从调查中发现,教师本科阶段的精英式培养和学生学业之间没有明显的关系,而有些科目,如数学,无论教师的学位或是证书都会对学生的学习成绩产生重要的影响,并且这种影响是显而易见的。[②]

分析教师质量与学生成绩关系的实际影响,要从教师质量的微观层面入

① Laura Goe. *The Link Between Teacher Quality and Student Outcomes: A Research Synthesis*, http://www.ncctq.org/publications/ Link Between TQ and Student Out-comes.pdf, 2007-11-12.

② Laura Goe. *The Link Between Teacher Quality and Student Outcomes: A Research Synthesis*, http://www.ncctq.org/publications/ Link Between TQ and Student Out-comes.pdf, 2007-11-12.

手，研究和分析哪些因素会影响到学生的成绩，我们可以从教师资格、教师特性、教育教学实践和教师绩效进行深入探讨。

一是教师资格。作为探讨教师质量时的第一个考虑要素，教师资格包括教师所接受的教育、获得的证书、资格的证明、考核成绩及个人经历等，这些内容是跟随教师一起走进教室的，是一个人成为教师之前提，也是成为一个优秀教师的潜在条件。因为教师资格中所包含的这些内容是客观的，是可考核可验证的，所以在谈及教师质量时，教师资格成了人们使用的最经常、最无争议的一个因素，也是教育工作者判断教师能否被录用的比较可靠的判断标准。①尤其是《不让一个儿童落后》法案颁布后，对教师资格做了具体要求，比如取得学士学位、得到州颁发的教学证书或是通过州的教师资格考试等，以便各个学校在选择录用教师时有法律依据。②这样人们就会认为只要符合了这些标准就一定能成为高质量的教师。但这种潜在条件能转化为现实吗？实际的情况又是怎样的呢？我们从以下关于教师资格与学生成绩关系的研究中能略见一斑。托马斯·J·凯恩(Thomas.J.Kame)和约拿·E·洛克夫(Jonak.E.Lakoff)等人(2006)在纽约市进行了关于不同类型的教师资格与学生成绩关系的实验，实验涉及的教师分为持证的教师、无证的教师和可选择教师3种，经过长达6年的研究，他们发现持有不同证书的教师对学生的成绩影响并没有区别。③2003年贝茨(Bates)、邹(Zou)和莱斯选择了美国圣迭戈统一学区的123所小学、24所初中、17所高中和5所特许学校的师生作为研究对象，结果发现拥有哲学博士学位的教师对提高学生阅读成绩的能力要明显高于其他老师。另外，在数学科目方面，教师学历的高低与其教学

①"Assessing teacher quality and which teachers are most likely to improve student achievement", *Education Commission of the States*, Vol. 8, No. 4, October2007.

②Dan Liston, Hilda Borko Jennie Whitcomb, *The Teacher educator' s role in enhancing teacher quality,* Journalof teacher education, Vol.59, No.2, March/April 2008111-116.

③Thomas J. Kane, Jonah E. Rockoff and Douglas O.Staiger, *What Does Certification Tell Us About Teacher Effectiveness? Evidence from New York City*,http://www.nber.org/papers/w12155.pdf, 2008-10-01.

效果是呈现正相关的,硕士学位的数学教师的教学成绩要明显优于只有学士学位的数学教师,这种影响在初中阶段表现最为明显。哈利斯(Harris)和萨斯(Sass)(2007)从佛罗里达州所有公立学校教师的职前教育和在职培训研究的视角进行了两个时期(1995—1996年,2003—2004年)的调查,通过分析大约一百万份初中师生的记录档案后,他们发现教师的职前教育对学生成绩只有很小的影响,教师在SAT(学术能力评估测试)口语测试中的分数和一些量化的考核分数对学生学业几乎没有影响。然而,基于内容分析的教师专业发展培训对初中阶段的阅读和高中阶段的数学教师教学效果产生很大的积极影响,但研究也表明,这种作用要在教师从教三年以后才会显示出来,而教师所拥有的教育学知识对中小学的数学教学有很大的帮助,在其他学科的教学上并没有太大影响。①

二是教师特性。劳拉·戈(Laura Goe)的研究指出,教师特性和教师资格一样同属于教师质量的输入部分,是教师在进入其职业之前就具有的个人资源,一般的教育工作者是从以下几个方面对教师特性进行描述的:(1)价值观、态度和信仰,人们所具有的这些特征一般是很难改变的;(2)不可改变的或是出生时就注定的,例如种族、阶级、性别等;(3)潜在的可改变的特性,例如使用第二、第三种语言进行沟通的能力。②下面我们就借助于一些教育实验,从实证研究的角度解读这些特性对教师质量的影响。迪伊(2004)研究了不同的教师种族对学生成绩的影响,他选择了同一个学校的师生作为研究对象,将背景和年纪相同的学生随机分配到不同教师的教室,迪伊比较了这些学生的学习成绩(成绩来源于STAR的数据),其中涉及23883个学生的数学成绩和23544个学生的阅读成绩。他发现,在黑人教师的教室里,黑人学生的阅读成绩比其他教师教室里黑人学生成绩高出3%~6%,同样,黑人学生的数学成绩要比其他教师教室里黑人学生成绩高出3%~5%。另外,迪伊还发现,在同样的情况下,男生的成

① Laura Goe, Leslie M. Stickler, *Teacher Quality and Student Achievement: Maching the most of recent re-search*, http://www.tqsource.org/publica-tions/March2008.Brief.pdf2018年10月。

② Laura Goe, Leslie M. Stickler, *Teacher Quality and Student Achievement: Maching the most of recent re-search*, http://www.tqsource.org/publica-tions/March2008.Brief.pdf2018年10月。

绩比女生成绩要高出4～5分。莉娜(Leana)和皮尔(Pil)(2006)采用了社会学的研究视角，选择了市区东北部学区95所学校中的88所，将教师的社会资本作为考查对象，研究教师的信息共享、职责和共享态度等特征对学生数学和阅读成绩的影响(学生分数来源于州标准化测试)，研究中还使用了一些质的研究方法，包括与教师和学校管理者的访谈、观察学校日常管理、教师质量调查、家长对教师教学的满意度等，研究结果显示，这些教师内部的社会资本与学生的数学和阅读成绩有很大关系。[①]虽然以上不同的研究者从各自的角度说明学生的成绩与教师的特性有关，但是直到现在也没有一个单纯研究教师人格与学生学习成绩关系的教育实验。所以，关于教师特性与学生的学业之间的关系还没有一个清楚的结论。教师特性对教师质量的影响程度和影响方式现在还处于一个客观兼主观判断的阶段，新的结论还有待研究进一步证明。

三是教育教学实践。教育教学实践是考查教师质量时经常用到的内容。作为教学工作的组成部分，教育教学实践是教师资格和教师特性产生作用的过程。加入实践的维度考查教师质量可以使动态和静态相结合，使教师质量的内容更加完善。在研究教师实践时，研究者一般把目光集中在教师的教学行为和课堂行为以及与教学有关的教室外的行为上。下面我们就从教师质量的实践层面来探讨其对学生成绩的影响。沙特(Schater)和图姆(Thum)(2004)试图从与教育教学实践相关的12个方面来研究教师实践与学生成绩之间的关系，这12个方面分别是教师的学科知识、学科的类型、课程结构和进度、活动的难度和相关性、问题设计技巧、有效分组、鼓励思考、反馈、动机等。在美国亚利桑那州的52位小学教师自愿参加了这项研究，研究者分别从以上例举的12个方面考查教师，然后将其依次排列。其中涉及的学生资料是这些教师所教班级学生在数学、阅读和语言艺术科目的成绩，经过复合统计模型分析，研究者发现，有84%的教师评价结果和其所教学生的成绩是吻合的。卡纳佩尔(Kannapel)和克

① Laura Goe. *The Link Between Teacher Quality and Student Outcomes: A Research Synthesis*, http://www.ncctq.org/publications/ Link Between TQ and Student Out-comes.pdf, 2007-11-12.

莱门茨(Clements)(2005)发现，在肯塔基州同样是财政缺乏的学校，但教学质量却有很大的差别。通过研究他们发现，在那些教学质量优异的学校里，教师经常性地对学生学习进行评价，并且及时反馈信息，把教学目标、学习方式与学生一起分享，对学生报以高期望，并让学生参加课堂讨论等，正是教师的这些教学实践活动影响了学校整体的教学质量。[①]从上面的研究中我们可以看出，教师的教学实践与学生成绩之间存在很大的关系，但正因为教师实践的可测量性，大量的研究者在研究的过程中会在实验的设计和结论的分析上出现问题，从而影响了实验的信度和效度。到目前为止，教师教育教学实践与学生成绩的的关系还缺乏有力的、可信的研究结果。

四是教师绩效。教师绩效是教师的资格证书、教师特性经过教师实践之后的效果，是依存于学生成绩的。尤其是随着人们对教育质量的关注、举行各种考试，教师绩效也成为研究教师质量的一个热门话题。一般的研究者是从实证的观点出发，使用增值的方法，通过比较学生实际所得成绩和被期望的成绩(即学习成绩的增长)来确定教师绩效的高低。因为教师绩效与学生的成绩有很大的关系，所以有些教育工作者认为教师绩效与其说考查教师质量还不如说是在讨论教学质量，但无论怎样，教师绩效还是从一定程度上反映了教师质量。涅里·康斯坦和哈吉斯(Nye,Konstandopoulos and Hedges)(2004)在美国田纳西州的79所小学进行了教师质量影响学生学业的实验，其中学生的分数数据来源于田纳西州的STAR(Student Teacher Achievement Ratio)项目。在这个项目中，学生和教师是按照一定的比例被随机分配的，学生成绩是按照增值方法统计的。经过研究，教育工作者发现教室内对学生数学成绩的影响标准差为0.123 ~ 0.135，对阅读成绩的影响标准差是0.066 ~ 0.074，这些影响还是很明显的。图姆(Thum，2003)使用生产函数模型，对阿拉斯加州3~6年级的1276个

① Thomas J. Kane，Jonah E. Rockoff and Douglas O.Staiger，*What Does Certification Tell Us About Teacher Effectiveness? Evidence from New York City*，http://www.nber.org/papers/w12155.pdf2008年10月1日。

小学生和他们的75位教师进行了，分别从学生维度和班级维度进行考查，为了更清楚研究结果，他还将学生的性别、种族、早期成绩、年纪等维度考虑在内。[①]图姆的研究证实了教师对学生成绩的影响，但影响程度他却无法解释清楚。从上面的研究个案可以看出，教师绩效不但与教师的资格、特性及实践过程有关，而且还受学生成绩、成绩测量方式及评价主体的影响，所以与教师质量的其他内容相比，在研究与学生成绩的关系上面，教师绩效是一个更难说清楚的问题，但无论如何，现在教师绩效是我们研究教师质量时一个不可或缺的内容。

总之，我们从上面关于教师质量的研究中可以看出，教师质量是一个复杂且不可回避的问题，其对学生成绩的影响是不可忽视的。虽然教育是一个复杂的社会现象，其中涉及许多变量，有些是可以控制、可以改变的，有些是不可改变的，例如，学生的学习动机、性格以及喜好等。所以在研究教师质量时，有太多变量会影响研究结果，如果其中再添加一些教育工作者的价值判断和主观偏好，则更会加重问题的复杂性。但是教师作为教育中的重要因素，其质量高低直接决定对学生成绩的影响。美国是一个注重行动的国家，对教师质量问题的研究是建立在大量的教育实例研究基础上的，这对我们研究教师培训及教师质量对学生的影响具有很大的借鉴意义。

（三）校本教师培训的发展趋势

随着教师培训理论的丰富与发展，随着知识经济时代的到来，校本教师培训逐渐呈现出了新的特点和发展趋势。主要表现为：

一是培训方式创新和发展。具体表现为，一方面是培训者由“知识传播者”向“知识生产者”转变。由于科技的创新和新媒体的出现，教师培训者不再仅仅是知识的传播者，而是在对原始信息进行加工的基础上，重新组合和编码，创建新的知识结构，转化为更加适合受训对象的知识体系。另一方面，培训方式也由之前的“承袭式”向“多元化”转变。传统的教师培训侧重传授先人文

① Mary M. Kennedy,*Sorting out teacher quality*, http:www.accossmylibrary.com/coms2/summary-0286-35280618_ITM-27K Pdf ,2018年9月10日。

化遗产，培养的目标是为了服务实践所需的合格人才。传统的培养人才的方式已难以适应多变的环境，现代教育培训需要超前性，培训方式也要多元化发展。

二是培训理念倾向于内生性养成与外生性结合。无论是社会上的其他培训还是校本教师培训，现在都呈现出一个共同的特征，那就是不仅注重外界提供的帮助和服务，更加注重引发参加培训的人的主观能动性。因为教育实践证明，教师的成长是一个复杂的过程，是内外因共同作用的结果，这其中既有个体的自主发展(这是关键和基础)，也有诸如专业培训等外界的介入(这是催发和转化的力量因子)。简而言之，教师是在自主发展基础上培养出来的，即，既强调自主发展，且把自主发展作为教师发展的基础，同时又强调培养的作用。[①]这种观点体现了一种复杂的思维方式，强调从多维度来进行教师的培养，其中个体的自我发展是一种内生性的维度，培训培养是一种外生性的维度。已有的培训实践也表明，现在的校本教师培训都十分重视对参训人员自我发展愿景的考查，培养对象要具有强烈的自我发展需求和较强的教育研究能力，并十分强调培养的引导意义，注意培养方式的优化、导师的指导作用，注重专家引领和自主研修结合、理论学习和实践锻炼相结合，这些都是典型的内生性养成与外生性培养结合培训理念的要求和体现。

三是贯彻“训、研、用”三位一体的培训原则。坚持“训以助升、研以精深、用以致达”的培训原则是现在校本教师培训的特点。“训”是基础，是手段；“研”是在“训”的基础上的提升方式和深化的途径；“用”是“训”和“研”的目的和归途。“训”是教师培训的基础手段，也是常规教师培训的重点，但随着社会的发展和教育改革的深化，教师培训项目的目的并不仅限于此，而是有更高、更远的追求，那就是强调“研”和“用”。“研”突出在两个方面，一是对自我的研究。参加培训的教师要深入、系统地梳理和剖析自我，对自己的理论基础、教学活动或管理专长等进行挖掘和反思，以明确自己的发展重点和发展方向。二

①胡振京．奠基未来教育家成长——基于天津的案例分析[J]．教育学报，2014(3).

是对自己已经取得的管理或教学经验或成绩进行思考和定位，凝练管理或教学经验，提升教育教学实践的品质，探索具有个人鲜明特点的办学风格或教学模式。"用"是教师培训的最终目的。这里的"用"既强调参训教师在个人管理或教学工作中的实践，但更多的是强调教师经过学习提升之后的示范和引领作用，要能起到整体效应，搞成精英团体；要有带动效应，行动宣言；要有社会效应，让社会听到声音。[①]这样可以催生教育主张、推动教育创新、走近教育实践、聚焦难点问题、带动共同发展。

四是基于加强培训者指导力度，变革指导方式。指导教师作为参训教师专业提升发展的重要引路人，在教师的成长中扮演了重要的角色。现在的校本教师培训都十分重视指导教师在教师培训和成长中的重要性。在指导教师功能的选择上既注重理论引领，也重视实践指导和经验分析，因此，培训项目会选择理论和实践内容进行综合指导，并对指导教师的专业水平、综合素质有明确的要求。在指导方式上，改变了以往单个指导教师指导学员的传统模式，采用组建指导教师团队和单个指导教师个别指导相结合的方式进行。在指导力度上，基于个体发展动机的基础上，不断强化指导教师的指导作用，加大指导力度。其中最显著的变化是指导教师引导参加培训的教师加深学习深度，使其更加系统化、科学化，例如，针对有关教育的热门问题或难点问题进行深入的理论探究和实践探索。再如，当学员返岗期间，指导教师依旧要加强指导，促进学员自主学习，实现教育研究和实践培养紧密结合。

二、校本教师培训的理论基础及特征

我国当代教育变革和发展的基本走向是实现转型。教师是各类教育事业取得成功的关键，是教育变革中的行动主体，没有教师的深刻转变，教育的转型与发展就是一纸空谈。校本教师培训是促进教师转型发展的关键途径之一。诚如叶澜教授所言，对于学校的转型发展来说，教育者自身的发展变化或许比

①喻小琴. 为了那份神圣，我们一起在路上[J]. 江苏教育研究，2013(11).

教育实践或培养目标的重构和实现更为基础和重要。[①]分析校本教师培训的理论基础和基本特征,引入新的顺应时代发展的相关理论,厘清当前校本教师培训的模式及基本要素,能够给校本教师的理论发展和实践行为带来新思路和新启发。

(一)校本教师培训的理论基础

理论为实践的开展提供了可信的基础,为实践提供了指导和规范,也为更好地理解实践、规划实践提供一种观察的角度、思考的方法、解释的依据,这是理论基础的重要意义和贡献。综合分析,理论与实践相互作用理论、转化性学习理论等为校本教师培训提供了坚实的理论基础。

1.理论与实践相互作用理论

一直以来,关于教育理论与教育实践关系问题的纷争从未停止。但无论激辩如何不休,教育理论对教育实践的影响和价值是真实存在且不容忽视的。也正是教育教学实践的开展离不开教育理论影响这一结论,为开展校本教师培训提供了有力的支撑。

(1)教育理论与教育实践的关系考查

从理论到实践的转化过程充满复杂性。在这个过程中我们必须对教育理论与教育实践的本质及相互关系、教育理论在教育实践中发挥作用的关键因素等问题做出理性的梳理,继而在考查教育理论在教育实践中发挥作用的可能性的基础上,才有可能对教育理论在教育实践中发生作用这一命题有一个清晰的认识。

教育理论是从事教育理论研究与实践活动的人在长期的相关活动中,在研究教育现象、解决教育问题的过程中总结、提炼出来的具有规律性、本质性的认知,它一般由概念、命题和判断等基本要素组成。从学科分类来讲,教育理论属于哲学范畴,它具有抽象性、概括性和间接性的特征。教育实践是实践活动的一种,对实践的理解和认识也是一个不断发展的过程。在人类社会发展的

①叶澜. “新基础教育”发展性研究报告集[M].北京:中国轻工业出版社,2004:18.

早期，实践泛指植物、动物及人等一切有生命理性之物的活动，直到亚里士多德时代，实践才转为对“人类行为”的特指，即“人是确定行为的起源和原则，在一切有生命的东西中，只有他，而没有其他东西可以说在行动”①。由此可知，实践首先是人的实践，并具有“活动”意义上的本体性存在特征。其中，实践感是实践发生的动力基础，实践感先于认知，是过去、现在、未来的彼此交织、互相渗透，寄居在身体内部，有待人们重新激发出来的“积淀状态”②。具体到教育实践，是指人们在一定的教育观念的影响下所开展的、以培养人的身心全面发展作为直接目的的各种行为和活动方式的统合。

综上我们对教育理论和教育实践具有一个整体上的认识，但两者关系究竟如何则是后续问题研究的核心。首先，教育理论与教育实践是有区别的，卡尔认为，教育理论是抽象的而不是具体的，是一般的而不是特殊的，是与上下文无关且不依赖于上下文的。因此，教育理论自身不是实践，教育理论有其历史和文化来源，并总是站在他试图影响的实践之外。③因此，教育理论具有抽象性、稳定性、普适性的特征，而教育实践的最重要特征是生成性和多样性。其次，教育理论与教育实践是有联系的，可以从两个方面对这个问题进行考虑：一是教育理论与教育实践具有内在的同一性，因为实践是一切事物的本体，教育实践亦是教育理论的本体，理论是源于实践的；二是实践是需要理论作为指导的，因为实践之目的是有其不确定性，不能预定，所以实践必须具有理性推理。在理性推理方式中，选择、慎虑与实际判断扮演着相同重要的角色。④在具体的教育实践中，教育理论肩负了解释和预测未来实践的功能，并对实践具有启发、反思和导向的价值和意义。

综上分析可知，两者之间的区别使教育理论和教育实践具有差异性、异质

① 亚里士多德.尼各马可伦理学[M].苗力田译，北京：中国社会科学出版社，1999，126—127.

② 皮埃尔·布迪厄，华康德.实践与反思：反思社会学导引[M].李猛，李康译.北京：中央编译出版社，1998：23.

③ 李政涛.交互生成——教育理论与实践的转化之力[M].上海：华东师范大学出版社，2015：106.

④ 刘黎明.寻求教育的“确定性”[J].河南大学学报(社会科学版)2007(4)

性,从而各自得以拥有合法身份而独立存在;两者之间的联系使其之间具有共同性,从而又使理论作用于实践变得可能而具有可操作性。然而,即使教育理论作用于教育实践的命题是成立的,意义也是共识的,但由于存在形态、意义指向和发生场域的明显不同,教育理论无法直接作用于教育实践,亦无法直截了当地显现作用效果。因此,在人们惯常的意识中一提到理论作用于实践,总是会产生一种不信任感或不知所措,继而逃避或是恐惧在实践中应用理论。

⑵教育理论作用于教育实践的样态分析

为了通畅理论作用于实践的发生之路,消除教育理论在教育实践中发生作用的障碍或阻力,我们首先要明晰教育理论发生于教育实践的本质,从中分析关键条件、作用条件以及发生逻辑,从而营造更有利于教育理论作用实践的关系、场域和动力。

首先,教育理论作用于教育实践需要借助类实践过程。教育理论的核心是规律性认识和观点,教育理论作用于教育实践即是这些认识或观点对教育实践的启发、引领和指导作用。但我们在前面已经提到过,教育理论的形成有其特定的时代背景,并不可避免地掺有理论家的价值情怀。因此,教育理论在一定程度上是某个人在某一特定时期内关于教育的定论性结语,具有时代性、历史性的特征,因此在一定程度上具有一定的局限性。另外,理论语言的精练性、抽象性等特征,也需要经历转化,成为具有实践性质的语言才能被实践理解和接受。因此,若想理论作用于实践是需要借助一个过程来对两者进行衔接的。在这个衔接的过程中,理论通过实践主体以介入或是参与的方式进入到实践的前期发生,继而,实践主体按照一定的逻辑方式对理论进行转化和加工,使之发生形态或存在方式的改变,以致能够作用于实践。连接理论与实践的过程既不同于理论又有别于实践,是具有自身特点的独立存在的过程,我们且称之为类实践过程。这是关于教育理论作用于教育实践的一般性分析。

其次,建构新的逻辑关系是教育理论作用于教育实践的关键。在现实的教育教学中,实践往往是具体的,即事件的性质、参与主体、场景等是特定的。为了保证理论作用于实践的效用，我们需要对具体涉及的理论与实践进行具体地分析。其中教育理论和教育实践是这个过程中重要的中介要素，我们有必要从实践效果的视角对这两个概念进行深度分析。

教育理论是一种较稳定的存在，这种稳定性对实践行为提出了很高的要求，尤其需要实践主体具有很高的分析和判断能力，方能结合具体的实践情景及实践要求对理论进行选择，继而再以一种合适的方式对其进行转化、应用。与理论相比较，实践不仅是另外的一套话语体系、行为逻辑，更是因其不断变化的发展势态而具有更多的不确定性和生成性：特定的实践场景、不确定的发展走向、到底要借用哪一种教育理论与之发生作用、这种作用的方向是指向何方的、作用效果又是如何需要在新的逻辑关系的指导下，用整体观下的复杂思维方式进行把握的……

最后，实践主体是连接理论与实践的关键条件。人是理论成果的铸造者，又是实践发展的推动者，理应在教育理论作用于教育实践的过程中扮演重要且不可或缺的角色。纵观已有的教育理论在教育实践中发生作用时遇到的困境及阻碍，多半是因为实践主体即人的作用没有正确而有效地发挥出来。理论作用于实践是可以分为不同阶段的，依据作用发生的程度可分为预备阶段、初始阶段和发生阶段。我们就以不同的发生阶段为背景，具体分析实践主体在不同的阶段应该扮演的角色、具备的能力及发挥的作用。

在预备阶段，实践主体要从目标一致性等原则出发，与理论主体及理论本身进行对话、沟通，这种沟通和对话大多是跨时空的，是通过文本阅读等方式完成的，因此，实践主体的分析能力、判断性思维能力在其中起到了重要的作用。在初始阶段，实践主体要对理论的核心要义进行提取、对其语言进行加工，并转化为目标清晰、使用范围明确甚至使用方式已规定得接近于操作手册性质的存在，这一阶段对实践主体语言的丰富性及意义转化能力提出很高要求。发生阶段是教育理论作用于实践的关键阶段，实践主体的应用能力、现场调控能力、组织及评价能力是极为重要的。

(3)教育理论作用于教育实践对校本教师培训的启示

通过对教育理论作用于教育实践的过程性样态分析，我们从中提取对这种作用的发生至关重要的几个方面，如转化生成关系的建构和对话、沟通行为的发生及复杂性思维方式的选择等，并据此对教育理论作用于教育实践的路径选择进行分析探讨。

一是转化生成关系的建构。转化和生成是教育理论作用于教育实践的两个重要步骤或重要动作，两者既具有动作发起的动力特性，又具有持续推进的过程特征。"转化"是连接理论作用于实践的一种关系性结构。转化首先是事物发展的一般性过程。通常而言，当某一现实实体通过一个过程而实现自身时，它随机又变成了另一个实体的原始要素，并呈现出向下一个实体转变的态势，因此，新的实体总是包含过去的实体，并蕴藏着向未来发展的态势。真正促成下一个新的实体出现的力量因素就是转化动作的发生。连接教育理论与教育实践的转化既是理论作用于实践活动本身，又是理论作用于实践的特征表现。这种转化是教育理论主体与教育实践主体在交往互动中发生的，以促进主体间的交互生成及发展为目的，而转化的对象是外在于主体的知识、规律及价值观念等。转化逻辑是转化过程发生的关键，转化逻辑的发生是基于主体间的平等为前提的，转化逻辑是一个有意识、有目的、有理性的逻辑，但也并不排斥意志、情感等价值层面参与的复杂逻辑。交往互动在转化逻辑中是至关重要的基本条件，也是转化发生的重要形式，是转化内容凭借的重要载体。

生成作为教育的根本形态亦是教育理论作用于教育实践的根本形态。转化的意义是实现了理论在形态上的变化，使之以更加适合或接近于实践的形态而存在。从事物发展的过程观之，转化的显性意义便止于此了，而真正达成理论作用于实践的目的还需要另一个发生动作的出现，即为生成。在柏拉图看来，生成是以先有的存在为基础的，转化为生成的发生提供了重要的基础。怀特海更加重视生成的意义，认为生成就是存在，生成是生命的实然状态，构成了生命的存在。在理论作用于实践的过程中，生成活动是在主体能动性意识的作用下，通过“摄入”来对已有的经验或介质进行或整合或加强或排除或削弱的行为，以推动事物发生质的变化，产生或形成新的存在体的过程，这里主要是指理论作用于实践的真实发生。[①]

二是对话、沟通行为的发生。合理、有效的主体间对话、沟通行为的出现是理论作用于实践的重要一步。场域的不同造成了理论主体和实践主体的客观分离，并形成了理论主体囿于理论的窠臼中，而实践主体固守在经验的樊篱里的局面，恪守各自领域的后果就是加重了教育理论有效作用于教育实践的阻力和障碍。因此，我们首先要解决的问题是找出一种合理而有效的能够拉近理论与实践距离的对接方式，而交往就具备这样的功效。一般而言，交往行为是主体间以语言为媒介，通过真诚对话进行的相互作用，其间没有任何强制性的要求而是以达至相互理解为目的的过程。可见，理解是交往的导向性标志，对话是交往的核心。

对话有很多种类型，本研究提到的对话具有以下四个特征：一是对话是一种隐喻，解释是它的重要特征和作用方式。二是对话是作为一种主体间性的关系而存在，强调民主、平等，强调主体间的相互作用而消除单向度的“中心意识”；主体间性关系的建立实现了传统哲学中所倡导的单个主体向复数主体扩展，从而缓解了不同主体之间对立、紧张的关系，强调主体的共存与平等。三是对话是一种积极介入的态度。对话意味着主体之间是以合作和互动的方式充分、主动引领事物的发展，而不是被动、推脱的顺从。四是对话是一种体验的存在方式。对话的本质是主体之间精神相遇的事件，是事件中的主体双方以自身经验去体验对方，进而体验对方的价值和意义，并以灵魂转向和精神相互回应为主要内容。

由此，对话、沟通行为可以打通理论作用于实践时因形态和表现形式等不同而形成的壁垒，并激发实践主体在运用理论时的自觉意识。例如，对于一线教师来说，以往对于教育理论的态度多是顺从或接纳，这样做尽管可以在一定

①魏善春.过程哲学视域中的教学生活研究[D].南京：南京师范大学，2015.

程度上提升教师的专业水平、丰富教师的专业认知，但其最终结果仅仅是表象化的使用或情景式的借助。而通过与理论主体的对话、沟通，教师在透析理论本质的基础上形成自己的观点和看法，形成教师个人的内隐知识，并在不断实践的过程中校正或更新行为，并凝练成自己的教学成果、教学智慧，这个过程是积极为之主动建构的。

三是复杂性思维方式的选择。著名哲学家维特根斯坦(Wittgenstein)认为，在解决一项困难事件时，必须深入内部，连根拔起，否则，困难依旧存在，而建立或校正已有的思维，建立新的思维方式就是这个连根拔起植树新根的过程。[①]因此，思维方式对行为的影响是重要的，有什么样的思维就必定会有相对应行为的出现。从前面的论述可知，教育理论作用于教育实践是一个复杂的发生过程，既关涉不同的发生步骤，如转化和生成，又关涉不同的主体，如理论主体、类实践主体和实践主体，若加之外界宏观环境的影响，更是复杂。因此，我们需要用一种复杂性思维方式来处理教育理论作用于教育实践的发生。

复杂性思维方式首先是一种做事的原则，即要求具备整体的观念来指导认知，因为所有的事物都既是结果又是原因，既是受作用者又是施加作用者，既是通过中介而存在，又是直接的独立存在。复杂性亦是统一性和多样性之间的联系。[②]另外，在具体的实践中，复杂性思维方式是一组复合型思维组合，根据发展阶段、任务性质、价值目标等的不同灵活转换、实时应用、交互存在。在教育理论作用于教育实践的过程中，转化式思维、生成式思维、过程式思维是重要且必需的。

转化式思维就是关注如何将一个抽象的、普遍的知识、规律通过转化动作的发生，使之更加适合当下的情景发展或问题解决。因此，转化式思维具有特殊性和情境性，其可以有效避免机械地把理论从一个系统搬到另一个系统。生

①维特根斯坦，冯·赖特，海基·尼曼.文化与价值：维特根斯坦随笔[M].许志强译，杭州：浙江文艺出版社，2002:87.

②埃德加·莫兰.复杂性理论与教育问题[M].陈一壮译，北京：北京大学出版社，2004:26-27.

成式思维是为了规避从固有的理念、固有的程序出发，避免程序式和重复性结果对事物积极发展的干扰和阻碍。生成式思维下的教育理论和实践是一种动态的关系图景，其作用路线是多元的而非线性的。过程式思维是相对于结果式思维而言的，它关注的是理论作用于实践的过程性要素，如作用过程是如何发生的，阶段特征是什么，关系如何等问题。①

2.转化性学习理论

(1)转化性学习理论及特点分析

转化性学习旨在使成人通过自我批判性反思对原有认知系统里的假设、命题和诠释经验的方式或观点进行修正和发展，并在反思性交流的过程中基于解决问题来检视与践行新的认知，以追求不同于以往的实践结果，这种结果对成人起到塑造作用，使之与从前发生较大变化。

转化性学习理论是基于这样的观点提出的，即“决定人们行动、希望、满意度、幸福感以及表现的，与其说是所发生的事情，不如说是人们如何解释、说明和表达所发生之事”②。这也表明转化性学习关注的并非单维度知识的增加或累积，而是学习者原有的认知构架在经过学习之后发生的转化，以及在新的认知构架下使用自己的术语去阐释和说明事情的方式和能力。其中，个体认知构架的转化和重新建立是转化性学习所关注的重点和核心，这也是该理论与传统学习理论的根本区别所在。

20世纪70年代，美国哥伦比亚大学的杰克·麦基罗教授(Jack Mezirow)首先提出了转化性学习的概念，他也因此成为该理论提出和研究的先驱。之后，罗伯特·博伊德(Robert Boyd)、克兰顿(Patricia Cranton)和爱德华·泰勒(Edward W.Tayler)分别对麦基罗的转化性学习理论进行了进一步的梳理和深化研究，形成了更趋完善、更为多元的理论体系。转化性学习理论也逐渐形成

①李政涛.交互生成——教育理论与实践的转化之力[M].上海：华东师范大学出版社，2015：156-159.

②Jack Mezirow, *Tansformative Dimensions of Adult Learning*, San Fransisco, Jossey-Bass, 1991.

了自身的鲜明特色。

(2)转化性学习理论模型及实践应用

理论的完美和深度最终要由实践来检验和呈现。理论模型是在对理论现象发生过程进行深入研究,通过基本原理和原则关系推导、抽象出来的反映事情发生过程的机理,是理论走向实践的基础和中介,对实践起到了保障和指导的作用。转化性学习理论的核心思想集中体现在其“四阶段”“十步骤”的理论模型中①。

“四阶段”包括迷惘困境、批判性反思、行动实践和反思性交流。“十步骤”包括:一是遭遇到迷惘困境或两难境地;二是进行带有恐惧、气愤、内疚或羞耻感的自我审视,在审视的基础上做出假设;三是对假设进行批判性评价;四是个体意识到不满以及转化过程可以与他人分享、剖析;五是筹划和确定新的角色、关系和行动探索方案;六是规划行动路线;七是获取实施计划获得知识与技能;八是尝试新的角色和行动;九是在新角色与事物关系的实践中建立能力与自信;十是在新的认知构架下进行实践。

可以看到,个体在现实生活中所遭遇到的迷惘困境是转化性学习发生的起始,这种困境可能是受某一单一事件影响,也可能是由一系列相关事件造成的。当困境出现之后,成人仅仅依靠原有的认知体系是很难进行解释和应对的。因此,急需一种有别于以往的思考方式来“解救”成人,而批判性反思具备了这样的强大功能。成人批判性地进行审视和反思,继而做出新的假设和评价,这就进入了学习的第二个阶段。在反思和假设基础上的反思性交流是学习的第三个阶段,在这一阶段中,成人认识到了自身的不足,意识到转化过程是可以与他人分享的,并着手筹划和确定新的角色、关系,探索行动方案,然后开始进入实践阶段。在之后的阶段中,学习者实施行动路线的规划,获得实施计划的知识与技能以及尝试新的角色和行动,从而对新的角色及认识

① Kitchenham, A. “The evolution of John Mezirow’ transformative learning theory”, *Journal of Transformative Education*, (February2008), pp.106-123.

建立信心并付诸实践。

实践中转化性学习的发生形态可能是突变式的，也可能是渐变式的；就像麦基罗曾经指出的那样，这个过程可能是“一触即发的”，也可能是“缓慢演变的”。无论是何种形态都要经历以上提到的十个步骤，但这种经历过程不是直线性和刻板式的。古德伯(Cuddapah)通过对10位中小学教师第一年学习经历的研究表明，虽然教师经历了转化性学习，走过了模型中提到的十个步骤中的一些步骤，但每位教师具体经历的步骤是存在差异的，且四个阶段的出现顺序也不是线性的。奥斯德陵(Osterling)和韦伯(Webb)通过访谈的形式收集到了入职前和新手教师在教师教育项目中的学习情况，分析发现他们的转化性学习同样经历了四个非线性阶段。以上案例说明转化性学习在具体实践操作中是充满变化性和多样性的，这也说明了该理论在应用中的包容性和可适性特征。近年来，转化性学习理论及实践在英语语言国家得到了长足的发展，又因其理论模型具有顺应教师发展且置于成人发展大环境之下的适切性，关照有需求的教师作为成人学习者的呼吁，转化性学习在教师学习领域得以广泛应用和实践，具体体现在以下三个方面。①

一是适用于大学、中小学等各级教师群体。比如，麦肯奇(MacKenzie)等研究了大学教师在学习共同体中转化性学习情况，通过对该共同体访谈材料和反思日记的分析，进一步总结和归纳了转化性学习的特征及实践情况。麦克布莱恩(McBrien)对美国24名职前教师在小学和难民机构担任教师的经历及学习情况进行了研究，发现这些教师因为和学生的接触及对教学实践的反思，其认知发生了很大的变化，虽然教学环境不是十分理想，但他们仍然希望能够继续留在该地担任辅导及教学工作，是认知结构的变化促使他们改变了原有的对外界的诠释，进而发生了行为上的改变。

二是适用于短期、长期等各类型的教师发展项目。转化性学习可以用于

① Farrell, T. S. C.Reflective practice in ESL teacher development groups: From practices to prin-ciples, New York: Palgrave MacMillan, 2014, p.20.

有组织的长期的教师发展项目中,也可以用于短期的学访、教育考察或是参观活动中。例如,加利福尼亚州立大学北岭分校(California State University Northridge)为了从理念与实践层面深度转变数学教师的教学情况,由此实现更好地理解学生并促进学生健康发展的目的,采取了在暑期教师培训研修班中应用有别于传统教师发展的转化性学习模式。哈奇森(Hutchison)和雷(Rea)研究了英国教师在非洲冈比亚的短期教育参观活动,发现这些教师也经历了转化性学习的过程。

三是适应于职前、在职等各阶段教师发展。转化性学习在职前教师学习中存在,在职教师的学习中也被广泛应用,例如前面提到的加利福尼亚州立大学北岭分校的教师是在职教师学习,而哈奇森(Hutchison)和雷(Rea)研究的则是针对英国的职前教师群体。

(3)转化性学习理论对校本教师培训的启示

社会的转型及变革发展要求教师能够在学校场域里秉持独立的立场、反思的意识和批判的态度,担任起促进社会民主发展的责任。因此,我们比任何时代都需要教师进行发展及学习的变革,以顺应和肩负起时代的使命。转化性学习理论对校本教师培训的启示有:

一是树立教师全人发展的理念。传统的教师发展冠以“专业”的名义,追求“效率的优先性”和“最大功利化”,遗忘了教师自身的主体性和独特性,在实践发展中形成了只见“专业”不见“教师”的现象。基于转化性学习理念下的教师发展,首先是把教师看作完整的存在体,把教师的发展看作具体而丰富的人的整体发展,并且承认这样一个事实:教师的生活方式,包括他的显性的知识储存、认知特征或是潜在的理念、认同感和文化都会影响到其教育教学观和实践观。关注成人的迷惘困境是转化性学习的起点,也是其较之以往理论更加突出学习者主体、更加关照主体生活经历的地方。因此,教师发展要及时而全面地关照教师全人的发展,重视教师的成人特征及认知、情感和行为等方面在学习中的参与及重要作用。

二是探究有深度的学习内容和学习方式。以往的教师发展、教师学习基本上等同于教师知识的增加和技能的提升，转化性学习理论启发我们应该追求教师认知构架的转化和创新，注重价值、情感和人际关系等文化因素在教师学习中的特殊作用，丰富和深化学习内容。注重反思性思考及反思性实践在学习过程中的重要作用，开展有助于走出实践困境和迷茫认识的学习活动，促进教师在学习中发展自我、解放自我，并基于此来促进学生、课堂、学校和社会的深刻发展和变革。转化性学习理论启示我们应该基于有深度的学习内容和学习方式来探索和追求教师角色的深刻变化。

三是激发积极的教师学习动机。动力是教师学习和发展的内在机制。转化性学习开始于个体在面对危机事件中的情况变化，因此要更加重视教师内因方面的作用，注重其动机的诱引和启发。转化性学习来自积极主动的经验反思而非积极的经验，这表明虽然经验是转化性学习理论的重要因子，但经验本身的价值主要体现为主体对其进行反思基础上的智力发展，换句话说，其中"发展动机"和"持久的任务挑战"是激发教师内在发展动力的基础，教师发展应该关注这些长远考虑和内发因素等教师自身的个性品质，强调内在动机和提高自我效能感，从根本上增强教师的专业素质。①

四是营造复合的学习环境。研究表明，教师发展是内因和外因共同作用的结果。因此，应该积极为教师营造一个有利于激发内因和外因共进的立体复合的学习环境。例如，营造宽松民主的对话环境，让教师在迷惘困惑中体会安全感，获得支持的力量，这样能够促进教师对学习及组织产生积极的认同感，并顺利反思和重构认知。另外，还要赋予教师适度的权利。转化性学习的典型特征是进行批判性思维，其前提是要有能够鼓励和促成批判性思维出现和进行的条件，一定的权利使得教师有机会、有勇气进行大胆的反思和创新。宽松的学

① World Bank, *Efficient Learning for the Poor: Insights from the Frontier of Cognitive Neuroscience*, http://documents. worldbank. rg/curated/en/2006/06/6892301/efficient-learning-poor-insights-frontier-cognitive-neuroscience.2016年9月20日。

习环境、和谐的人际关系、民主的组织氛围都能够激发和促进批判性思维发生和深化，使教师在发现生活世界中的压迫和困惑之后，积极追问和探索问题解决的途径，以便以行动主体的身份，在批判性反思中寻求答案，解决问题。[①]

（二）校本教师培训的特征

校本教师体现了两层价值追求，一是校本教师培训是教师职业生涯发展的重要组成部分。在激烈的社会发展大环境下，知识更新日新月异，教师职业本身需要通过培训来提升教师职业能力。二是教师培训不仅提升教师水平，同时也促进教师治学态度和职业情感的发展和交流。换言之，教师培训不仅促进了教师知识和技能的发展，更促进教师的职业情感、对学校认同感等价值和情感层面的发展。

校本教师培训致力于解决学校和教师发展所面临的问题，由学校发起，并组织和调动各种校内外的资源来提升教师的教学、科研和自我发展等方面。因此，校本教师培训是以解决校内教师和学校面临的问题为核心，以教学理论和实践的融合为起点，以促进教师发展为己任，充分调动学校所给予的资源为教师发展提供帮助。校本教师培训是一个为教师提供施展才华和发展个性的舞台，是教师发展道路上的加油站，能够为教师发展提供持续的动力。

从以上对校本教师培训内涵及价值追求的梳理，可以总结出以下三个校本教师培训的特征：

1. 校本教师培训具有更强的针对性

以校为本，以解决学校发展和教师队伍建设中的实践问题为出发点和落脚点，决定了校本教师培训较之其他的教师培训具有更强的针对性。其他的教师培训多是依托校外的培训机构或上级教育行政部门开展的，因此，其课程的设计和开发几乎都是由培训方发起的，在培训内容方面多侧重于灌输理论，在一定程度上造成了培训内容与教学实践的脱离，不仅对教师的教学教育实践影响不大，对学校的发展和变革的影响也是微乎其微的。

① 刘晓玲. 国外成人转化学习理论发展的比较研究[J]. 教育学术月刊，2015(4).

而校本教师培训是以教师所在学校为培训地点而开展的培训活动，培训课程和活动也是依托学校所拥有的资源进行的，相较于校外培训来说更具有针对性。校本教师培训更关注教师的工作岗位对教师发展的基础性作用，避免了高校或教育类科研机构培训中的“学术霸权”和“理论体系”取向，把教师实践中的岗位环境、岗位技术等因素考虑在内，教师工作的环境及教师个体成为培训的主要关切点。

传统的教师培训更多是由外界发起的，培训内容和培训方式具有“学院派”特点，在培训过程中，教师多是被动参与，基本是“要我学”的状态。与教师工作紧密联系的校本教师培训应让教师逐渐转变为“我要学”，问题导向的培训设计、熟悉的工作场景、有针对性的培训方案和培训目标，这些方式能让教师更加自觉自愿地参与培训。

2.校本教师培训具有更突出的实践性

校本教师培训的过程中并不排斥大学或教育类科研机构力量、资源的介入，在培训内容上也有相关理论知识的学习，但与传统教师培训的不同之处在于，校本教师培训的设计初衷是从解决学校或教师发展遇到的问题出发的，因此，专家的指导或理论知识都是结合教师发展的实践经验进行的，具有极强的实践性。具体体现在以下两个方面：

一方面，一般而言，校本教师培训的发生场域多是在学校，学校是校本教师培训的发起和管理主体，学校会结合学校的发展实际来制订诸如培训计划、培训内容，其培训结果也是在教育教学工作实践中开展的，评价更是围绕着实践进行。另一方面，校本教师培训是围绕教师经验性的事件展开的。这里的经验性事件主要是指参加培训的教师在工作中遇到的实际问题，也可以称之为教师在实践经验中所遭遇到的迷惘和困境，这些迷茫和困境会给教师们带来一系列的情绪体验，如恐惧、愤怒、内疚和羞愧感等，促使人们进行反思、审视和批判。在参加培训的过程中，教师也是带着已有的经验进入培训和学习现场，他不可能抛弃或是跳过原有的经验基础。

因此,我们可以看出,校本教师培训在提出时就是以实践为归旨,以实践为基本价值取向的。教师在培训中通过学习和批判性反思,形成新的行动路线并以相关知识进行尝试和检验,进而产生新的信心、能力,最终用新的理念及新的认知体系作用于实践,走向实践的自由和自我的解放。

3.校本教师培训具有统一性

由于校本教师培训是在学校场域进行的,不但能够很好地密切联系学校实际,而且能使教师参加培训和完成教育教学工作两不误。教师可以灵活地安排学习时间和工作时间,极大地提升时间的利用率,很好地解决了工学矛盾。而这些优点都是由校本教师培训的统一性决定的。校本教师培训实现了两个统一:

一是培训过程和教师实践的统一。校本教师培训较之脱产式的教师培训,摆脱了整齐划一和“填鸭式”的培训模式,不仅关注教师认识和个性化的发展,也把整个培训的过程和教师的实践结合了起来,传统的教师培训较之教师的工作实践是独立存在的,而校本教师培训是在教师教育教学实践下开展的,有利于教师教育教学实践的创新,使培训活动和教学活动双向促进。二是培训和研究的统一。校本培训是立足学校针对教师进行的培训,目的是通过解决教师发展中的问题,促进教师和学校的发展。校本教师培训从一开始就把教师的个人因素考虑在内,在方案设计和活动开展中关注教师的主观能动性,教师能够被这种培训方式引导,积极参与,主动探索,主动研究。

三、现行校本教师培训模式分析

(一)校本教师培训模式的含义

1.何为培养模式

模式,其英文为model或pattern,目前比较权威的工具书中(例如《大英百科全书》)中对此并没有统一的解释。但学术界对模式的一般特征还是有一些共通的认识,即,模式是通过对特定问题输出的信息及问题本身的特征分析的基础上,根据某种原理推演或者由实践归纳和总结出来的,由思想和理念、目标和方法、活动和策略、结构和操作程式等所构成的，具有相对稳定结构的问题解决系统。[①]

在对模式认识的基础上，在目前所能收集到的资料中，笔者认为对模式的论述比较全面的是著名学者查有梁，他对“模式”做了这样一个定性的描述：“模式是一种重要的科学操作与科学思维的方法。它是为解决特定的问题，在一定的抽象、简化、假设条件下，再现原型客体的某种本质特性；它是作为中介，从而更好地认识和改造原型客体，构建新型客体的一种科学方法。从实践出发，经概括、归纳、综合，可以提出各种模式，模式一经被认证，即有可能形成理论，也可以从理论出发，经类比、演绎、分析，提出各种模式，从而促进实践发展。模式是客观实物的相似模拟(实物模式)，是真实世界的抽象描写(数学模式)，是思想观念的形象显示(图像模式和语义模式)。”[②]从这段话的论述中，我们可以看出，模式既不等同于实践，也不等同于理论，而是介于理论和实践之间的，起到沟通实践和理论的桥梁的作用，并且这一过程应该是双向的。即，一方面可以在实践的基础上，经过概括、归纳、综合而提炼出模式形式；另一方面，也可以在理论的指导下，经类比、演绎、分析而提出多种模式，进而到实践中加以应用，以解决不同的实际问题。所以我们可以看出，无论是在实践探索中，还是理论中，模式均具有重要的价值。

2.何为校本教师培训模式

基于这样的思考，我们可以看出，模式是教师培训过程中最基本也是最核心的问题，是在一定的教育思想和教育理论指导下，为参加培训的教师构建知识、能力、素质结构以及实现这种结构的方式。校本教师培训模式的建立既来于理论的指导，又源于实践的探索，这种模式一经建立，就会在丰富的理论基础上有效地指导实践。校本教师培训模式是以促进学校和教师发展的理念为指导，以指导教师更新知识、提升技能、获得个体全面发展为基础，以

①李新路.本科小学教育专业培养模式的研究[D].扬州：扬州大学，2008.

②查有梁.教育建模[M].南宁：广西教育出版社，1998：5.

提高教师的综合素质为目标的培养模式,它从根本上规定了教师培养的校本特征。

(二)校本教师培训模式的构成要素

1.培训目标

培训目标是指通过特定的培训活动,使参训对象在知识、能力和素质结构上达到一定的规格标准。培训目标是人才培养的总体规范和具体要求,它为人才的培训规划了方向,回答了"培养什么样的人"的问题,具有导向性作用。同时,培训目标也制约着人才培训模式的选择与构成,对培训过程、课程设置和质量管理具有统摄作用。培训目标的制订受外部环境因素的影响很大,其是在一定的历史时期内,根据社会和个人的需求等各方面的因素制定的,因此,在一定程度上反映了社会和个人发展的需要。校本教师培训目标在教师发展中起到了统领全局的作用,直接影响了课程设置等一系列活动。

2.课程设置

在如今的人才培养中,课程担任重要的角色,课程是被培训者获得知识的有效载体,课程的设置是教师培训及其整个模式的实质性要素,直接关乎到培训目标和教师培训质量的实现。课程设置直接体现了教师教育的思想,承载着"培养人"的直接任务,是培训目标实现的手段。课程设置主要从其深度和广度、统一性与多样性以及本专业和跨专业等方面的指标来完善课程的构造。此外,在教师的培训过程中,课程作为教师获得知识的有效载体,其设置是否合理直接影响知识获得的种类、质量和性质,而知识对于教师的教学工作来说就像钢枪对于战士,充足的知识准备是教师从教的第一要素。所以,课程的设置成为校本教师培训中最关键的一部分。

3.培训指导者

培训指导者,英文为"Teacher educator",即教师的教师。在许多研究者的著述中,培训指导者既包括大学的教师、教育机构中负责教育、辅导学员学习的指导教师,又包括中小学里帮助指导实习教师的所谓的合作教师

(Cooperating teacher),同时还包括辅助初任教师顺利度过导入阶段的指导教师。总之,培训指导者即那些为帮助参训教师提升专业知识基础,特别是在教学实践过程中提供指导与帮助的人员。培训指导者的专业素质和专业态度对校本教师培训的质量以及素质的养成和提升有着重要的影响。作为培训指导者,无论其有意还是无意,教授参训教师的过程本身也就是教给他们如何教学的过程。因此,培训指导者自身的知识结构、教学情怀、教育愿景以及教学动机等将会对于参训教师未来教学行为的形成产生很大的影响。

4.评价方法

评价是一个非常复杂的活动。它本质上是一个判断的处理过程,通常是通过详细、仔细的研究和评估来确定对象的意义、价值或者状态,这样可以为活动的继续进行提供有效的消息收集。评价的过程一般是在一定的价值理论的指导下,运用一定的标准对事物的准确性、实效性、经济性以及满意程度等方面的估量来判断评价对象的价值,最终得出一个可靠且符合逻辑的结论。作为当代社会活动中常见的一种信息反馈手段,评价应用于各种实践活动中。尤其是在人才培养模式中,科学的评价方法和手段的运用,可以有效地帮助改善和调整模式。

(三)现行校本教师培训模式介绍

1.课程开发驱动下的校本教师培训模式

这里的课程开发是一个含义较广的概念,既指国家层面的课程变化带来的学校课程的变化,也指学校层面的课程开发和创立,也就是通常所说的校本课程。无论是哪一种形式的课程开发都能引发教师发展,并驱使学校开展相应的教师培训,这是因为新的课程的开发和应用势必对教师的技术、教学思想和教学内容带来挑战。为了应对新课程的实施,教师在不断提升自己的同时,课程也得到了有效的开发和实践,这是一个双向互动、互促的过程。

我们以2017年版普通高中课程方案及各学科课程标准的发布实施以及对教师教学的影响为例,具体谈一谈课程改革及开发是如何挑战教师的能力结构，学校又是如何适应这种课程的变化进而对教师进行培训，使教师的知识技能进行及时更新的。

以高中物理学科为例，新的课程标准中提到了要“提高物理教学水平，发展学生物理学科核心素养，离不开信息技术与物理学习的融合”[①]。这里就对教师正确合理运用信息技术到科学教学中提出了明确的要求，教师就要根据这一要求及时对自身的知识和技能结构进行调整。为此，学校可以集中组织教师进行专门的培训，也可以给教师提供学习资源进行在线学习或自主学习。另外，新的物理学科标准还对教学思想进行了调整。

就课程目标而言，高中物理学科的课程目标由三维目标的培养转变为学生核心素养的培养，评价方式和内容也发生了改变。此外，还将学生学习进阶的思想融入课程标准中，强调学科教学的科学性和探究性，强调学生能力及其相关品格的培养。因此，高中物理学科中的知识获取由原来的教学目标转变为学生发展能力和品格的教学手段。这就要求教师不仅在观念上有所转变，在课堂教学、学生管理等方面进行一系列的改变和调整，以适应并实现新的教学目标。所有的这些改变和挑战都需要教师培训协助教师完成。

以上是国家课程及课程目标的变化对教师的挑战以及对教师培训的催生，校本课程的开发是另一种引发教师教学困难，继而使学校必须开展相应的教师培训以适应发展的需要。对于教师而言，校本课程开发既是一种机遇，给予了教师开发课程的权力和自由，但同时又是一种挑战，其对教师全面把握课程的能力、理解和认知学生及学校发展需要的能力、课程的组织实施及评价能力等都提出了新的更高的要求。因此，“课程的变革，从某种意义上说，不仅仅是变革教学内容和方法，也是变革人”[②]。

具体而言，校本课程的开发直接激发教师提升以下五种能力。一是课程研制能力。开发和研制校本课程有一套相对规范的流程，其要求教师能够根据不

① 中华人民共和国教育部．普通高中物理课程标准[M].北京：人民教育出版社，2017：12.

② 施良方.课程理论——课程的基础、原理与问题[M].北京：教育科学出版社，1996：135.

同的课程性质确定课程目标和课程内容体系。二是充分利用课程资源和整合能力。这不仅考验教师的专业能力，对资源的选择、鉴别与利用的能力，更是对教师综合能力(如教师的沟通、协调能力等)的考验。三是对课程纲要的解读能力。校本课程是学校对课程的自主把握，是学校自主办学的体现，但这种自主不是无度的自由，更不是无序的开发，而是在国家教育方针政策的指导下，在国家课程标准的框架下，立足于学校特色和发展实际的课程研制和实施。四是资料信息的收集能力。一般而言，校本课程的开发没有现成的模式或是样本，需要教师自己去收集资源，并结合学校实际和学生实际选择和确定资源，因此，教师要充分利用图书馆、互联网或是同区域学校的资源，对课程不断进行调整和改进。五是课程评价和改进能力。在课程的实施过程中，教师要及时发现和解决其中出现的问题，对课程设计不断进行反思和调整，边改革、边实验，汲取经验，扬长避短，不断完善课程方案。

因此，在校本课程的开发、实施及评价的过程中，教师既是参与者，又是学习者。在这个过程中，教师不仅获得了课程开发的相关知识和技能，教师的身份也发生了改变，即教师不再是课程的执行者，而是课程的开发者。这一过程是对自我发展的规划和建构，是教师的自主性发展。

2.学习共同体校本教师培训模式

随着知识更新周期的缩短以及学习型社会的建立，学习是教师发展和校本培训的重要方式，以学习共同体来引领和带动校本教师培训是近年来校本教师培训的新趋势。所谓“学习共同体”，是指教师在共同的发展目标和学习兴趣的指引下，在学科性质相近或学段相同的教师群体内，由学校发起或由教师群体自行组织的一个或几个专业学习和发展组织。这个组织以学校为基地，以学校的发展愿景为纽带，通过分享专业资源和成长经验合作解决问题，促进团体里的成员共同发展和进步。由于教师学习共同体具有凝聚教师发展力量、最大程度地发挥集体的功能和作用，因而能够有效解决传统教师培训中出现的培训效率不高、效果不明显、教师积极性不高等问题。

学习共同体校本教师培训模式的运作核心是教师的自觉合作、共同分享、合作进步，但这种模式的构建和实施是有一定前提条件的，那就是学校要引导教师强化构建“学习共同体”的自觉意识。因此，学校可以从以下三个方面发力，推动教师开展基于学习共同体建构的校本培训。

一是引导教师树立学校发展共建者的理念。学校管理者要利用文化营造、价值引导等方式，让教师成为学校发展的重要主体之一这一理念深深地植入教师的意识深处，教师能够将自身的发展与学校的发展融为一体，并且能从学校发展这样大的背景下去思考自身的发展，认识到学校发展以教师发展为基础，教师的发展依赖于学校主体价值的提高。因此，教师可以更加积极主动地参与学校各项事务，并自觉将个人的利益同学校整体利益统一起来，提升对学校发展的认同感和价值尊重，并愿意在这样的价值认同中去主动发展和提升自己。

二是强化教师自主发展理念。人的发展是内外因共同作用的结果，作为成年人的教师，其发展有外界的帮助和促进，但最终要靠教师自身发挥主体功能，从理念到行为认同发展价值，激发发展的内在动力，这种发展才能取得积极的效果。尤其是在学习共同体校本培训模式中，没有教师的自主发展意愿，这种模式的核心价值将会丧失殆尽。

三是营造教师是成长互助者和推动者的文化氛围。“独学无友，孤陋而寡闻”，这是古人关于读书与做学问的经验和建议，意思是治学不应该是闭门独学，而应该与同伴一起学习和研讨，这样才能避免“寡闻”。有同伴的学习和研究不仅可以共享知识、分享观点，还可以启发思维、启迪智慧。具体到校本教师培训，教师在学习共同体中，经历的是一种开放式的学习和体验，教师之间互相信任、相互支持，在资源共享和协作中共同提高和进步。

无论是哪种形式的教师发展，其最终目的都是要促进教师的专业发展。概括而言，教师的专业发展可以从以下三个方面进行审视，分别是：学科能力、科学研究能力和个人学养。因此，学习共同体校本教师培训模式的内容重点也是围绕这三个方面展开的，其以实现全面、多元、立体式的培训，最终促进教师的全面发展。在提升学科能力方面，可以围绕学法传授、课例研究、跨科邀课等内容开展；在提升科学研究能力方面，可以围绕课题合作、教师沙龙等与教师工作比较贴近且易于组织和操作、能确实提升教师科研能力的活动开展；在提升教师个人学养方面，可以以读书会、教师论坛、博客交流等为载体实施。

总之，学习共同体培训模式是目前中小学比较流行的校本教师培训，下面以读书会为例，具体谈一谈学习共同体在校本培训中的运用。

作为学习共同体的重要实践形式，读书会是由学校的教师自发组织而成立的，自愿性是其成立的前提，也是开展活动的基本原则。教师根据自己任教学科和个人兴趣，可以自主选择读书内容，分享学习方式。共同愿景是读书会能够有效运行的又一重要原则。无论是何种形式的学习共同体，促进教师专业和自身其他方面的发展是其最终目的。教师要秉承共同的发展愿景，为读书会提供坚实的动力源。这样读书会中的每位教师在对教育事业共同的热情和信念的指引下，才能够通过读书分享、理论提升满足自身的发展，最终实现教师的共同成长。

读书会作为教师发展的载体，读书只是一种形式，教师在读书会中，分享读书的内容只是其中一项，重要的是教师通过读书将书本中的知识转化为个体知识，再将个体知识分享、传播出去，尤其是结合个人的教育教学实践进行反思、思考和实践，然后再进行提升和总结，在读书会中结合读书，将这些经验进行分享和讨论，不仅深化理解和认知，还能够影响和带动其他教师的思考。

在目前的中小学校本教师培训中，读书会的主要形式有以下三种：

一是主题阅读的分享与交流。这种形式主要是围绕教育教学重要理论，选取有代表性的文本进行解读和交流，不仅能够从专业方面拓展教师的视野、提高思维水平，还能促进教师更新知识结构、提升知识层次。主题阅读可以是一段时间聚焦于一个主题，也可以是在对一个主题进行阅读研究之后，进行二次聚焦，缩小阅读范围、深化阅读层级。教师在对教育教学基本知识和理论深度了解的基础上再进行教学实践的反思和教学的改革，能更容易取得实践成效。

二是阅读和研究相结合。阅读是作为学习共同体校本教师培训模式的主要形式，但阅读并不是教师读书会的唯一实践方式。为了进一步深化教师发展，巩固和拓宽教师发展，一般教师读书会是采取边读书边研究的形式。读书与研究的结合一般是以解决问题为导向进行的，即，研究的主题一般是和教师在教学实践中遇到的实际问题相关联，或是为了解决实践中的某一问题而开展的读书研究。这样，教师带着问题边读书，边研究，边实践，达到知行合一。“知”为了解决“行”之问题，“行”为了深化“知”之层次。

三是总结与反思教学经验。读书会为教师的成长和交流提供了平台，教学作为教师工作的重心，读书会自然也绕不开教学这个主题。教师们通过读书和交流，通过对教学的反思，将个体知识转化为共同体成员之间共同分享的知识。

3.G-U-S校本教师培训模式

《国家中长期教育改革和发展规划纲要(2010—2020年)》(以下简称《纲要》)明确指出，随着社会的发展，教育改革的不断深化，教师教育也要不断深化，创新培训模式，加强创新型教师的培训，整合优化教育教师资源，创造良好的教师培养培训环境。为了进一步落实《纲要》精神，深化教师教育改革，创新培养模式，培养高质量师资，地方政府、高等院校和中小学校等主要教师教育主体逐渐联合起来，发展成为了G-U-S校本教师培训模式。

G-U-S校本教师培训模式是近年来随着西方相关教师教育模式的传入而兴起的。其中，G是英文单词Government(政府)的首字母，U是英文单词universities(大学)的首字母，S是英文词组Primary and Middle schools(中小学)的首字母。在国内，G-U-S校本教师培训模式通常被称为“三方协作”校本教师培训模式，是指政府、大学、学校三方基于共同的发展愿景，在平等和相互尊重的原则上，政府或出资，或提供政策保障，或是协调人的身份，大学提供优质的专家资源、治理和理念资源，中小学提供实践基地而进行的教师培训，三方合作共发力，共同促进中小学教师专业发展和学校自身办学质量的提升。[①]

在G–U–S校本教师培训中，政府可以分为不同的层次，可以是直接管理学校的政府机构，也可以是更上一级的政府管理机构。政府的职责也是因合作项目的不同而不同的。有的是仅以专项资金的形式提供经费方面的支持，有的是对培训效果进行监督管理，有的仅是提供政策的支持和咨询。近年来，随着政府由管理型向职能型转变，政府逐渐由之前的发号政策施令向提供支持、搭建平台、提供服务的角色转变。因此，在G–U–S校本教师培训中，政府的角色也发生了变化。政府虽不是校本教师培训的直接参与者，但其起到了问责、监督、管理的作用，并为大学与学校的合作搭建平台。

专家在G–U–S校本教师培训中的意义和作用是明显的。校本教师培训是一个系统工程，仅靠学校自身的力量达不到理想的效果。教育作为一种专门的育人活动，教师在其中扮演着重要的角色，因此，教师自身素质的发展极其重要，尤其需要教育专业研究者的介入和指导。在我国，参与中小学校本教师培训的专家通常分为两大类，一类是大学的教授，一类是教育科研机构的研究者。专家是受到政府或学校的委托来帮助学校培训教师、提升学校办学水平，因此，专家既不属于政府管理，也不直接与学校有利益或归属关系。所以，在G–U–S校本教师培训模式中，专家是以一个“局外人”的独立身份存在的。[②]也是因为这样的身份特征，专家可以最大限度地保持专业指导的优势，较少受到行政等事务的无端干扰。另外，在教师培训的过程中，专家不仅是指导者的身份，更是学习者的身份，这样的双重身份让专家的指导与教师的培训和学习在一定意义上是对等的，不存在“学术权威”或“学术霸权”的问题。专家对校本教师培训的指导主要体现在对培训目标、培训内容、培训课程、培训评价设计等整体指导和参与过程中。

学校是校本教师培训的直接受益者，也是整个培训过程的全程参与者。学

①张东娇.三方协作同盟:学校发展新主张[J].中国教育学刊，2010(4).

②卢乃桂，张佳伟.院校协作下学校改进原因与功能探析[J].中国教育学刊，2009(1).

校一方面要对自身发展和教师发展现状有一个清晰的认识,找出其中存在的问题以及明确期望达到的培训效果。另一方面,学校要配合政府和专家的工作,在专家对学校的发展进行诊断和评估的过程中提供保障,包括人员的安排、材料和场地的提供等,确保专家根据诊断得出的建议与策划符合学校自身的发展状况。同时,学校要保持积极的主观能动性,在专家对学校进行诊断和评估的过程中,学校也要积极发表自己的建议,专家只是对学校改进提出一些具体的策略,而无法代替学校来做具体工作,学校的具体改进还应该由学校自身去实施。

4.基于互联网的校本教师培训模式

近年来,"互联网+"的概念频繁出现在各行各业,成为社会发展中不可回避的重要事实。2015年3月,李克强总理在政府工作报告中首次提出"互联网+"行动计划。提出这一概念,意味着越来越多的传统行业、传统应用和服务将逐渐因互联网而改变。何谓"互联网+"? 其核心是融合,关键是思维、理念和模式上的互联网化。具体到教育领域,就是传统的一所学校、一位老师、一间教室,逐渐发展成为一个教育专用网、一部移动终端、无数的学习者,课程任你挑、教师由你选的"互联网+教育"的发展模式。

"互联网+教育"的发展给教育领域带来了巨大的变化。互联网是教育新的载体,教育借助互联网平台和手段实现变革式的发展和重大的创新。"互联网+教育"不会完全取代传统教育,而是给教育注入新的活力,让教育焕发新的生机。"互联网+教育"时代,最大的变化就是多媒体在教学中的应用,随之教学环境和学习方式也发生了极大地变化,并产生了新型的教与学的环境。例如,目前出现的"移动学习""慕课""微课""翻转课堂"等。面对教育生态的变化,教师不仅要改变教育教学理念,更要更新教育教学知识、提升"互联网+教育"时代的教学技能,实现新时代的专业发展,这是目前教育发展和教师发展所面临的一个不容回避的现实问题,也是校本教师培训应该思考的重点。

虽然互联网在我们的生活和工作中已经是一个常用的概念,但作为一项教师培训活动，我们还是有必要先对概念本身进行系统的认识和梳理。互联网是现代信息技术进步的产物，给人们的生产生活带来了便利，互联网应用于教师培训有很多的优势。首先，解决了教师参加培训时间和地点受限制的问题。传统的教师培训需要有统一的时间和地点要求，教师往往要克服很多困难参加培训。互联网式的校本教师培训可以在技术上解决这一问题，让教师有来决定参加培训的时间和地点的选择权。其次，互联网式的校本教师培训具有层次性和结构性的特点，参加培训的教师可以依据自己的发展现状、所教授学科、在教学工作中出现的问题和不足等，灵活选择适合自己的内容和培训模块。再次，互联网式的教师培训能够激发教师产生由"要我培训"到"我要培训"的转变。学习型社会带来的终身教育、终身学习的观念深入人心，教师行业更是如此。作为开放的学习资源，互联网为教师提供了多种多样的学习资源，也有多元化的学习方式供教师选择。教师可以根据自己的需要进行主动选择，逐渐由原来的"要我培训"转变为"我要培训"。

纵观基于互联网的校本教师培训发展，目前在实践中主要有以下四种主要的培训内容和操作方式：

一是开展基于网络的现代教育技术培训。基于互联网对教师进行现代教育技术的培训是技术类培训本身的需求，也是现代教育对教师基本的素质要求。信息化、技术化时代的到来，要求教师具备基本的信息素养，能够适应现代化的教学需要，并引导学生对信息技术进行探索和认知。一般而言，学校层面的现代教师教育技术培训是分类、分阶段进行的。全员普及性质的培训基本上是以计算机基础知识、Microsoft windows(微软视窗操作系统)操作知识及相关操作为主。专项主题培训主要围绕特定的主题和操作系统开展，如新版本的办公软件的应用和操作等。另外，还有提升培训，重点是选取学校的信息技术骨干教师进行关于学校网络专题培训、CAI(计算机辅助教学)课件脚本设计及利用等多媒体编辑工具制作课件、教育博客等的培训。

二是基于互联网教育资源开发的培训。互联网时代，网络资源成为教育教学的又一重要资源。与传统教育教学资源相比，互联网资源具有获取便捷、更新迅速、便于保存和携带等优势，因而成为教师教学和发展的重要资源之一。教师要与时俱进，将传统教育资源与互联网教育资源的利用和开发相结合，适时运用到教学实践中，最大限度地促进教学质量的提升、教师的自主成长和学生的全面发展。学校可以有针对性地开发教师继续教育网站，在对网站的选择上要遵循资源内容"全、精、新、活"的原则，学校培训组织者要肩负起甄别选取的任务，为校本教师的培训把关。

三是构建基于互联网的教师学术论坛。在教育教学实践中，我们不仅可以在网络上开发学习资源，还可以在网络上进行沟通，把学习中和实践中的思考、反思等与同伴进行适时交流。学校可以定期举办基于互联网的教师学术论坛，这种论坛的肉容是多种多样的，可以是教师的随时思考，也可以是学校选定的一个主题，教师积极参与其中进行讨论。为了调动教师参与积极性，保证研讨的效果，学校可以组织专家对内容进行点评，或是选出优秀观点进行表扬和奖励，或是将教师参与论坛的情况与教师的绩效工资相关联等。

四是基于计算机辅助教学进行相关培训。学校可以根据实际，自己设计开发或是引进市场上成熟的软件进行辅助教学的设计和培训。运用这些软件对教师进行教学技能的培训，可以提高教师对软件的使用频次和使用效率，增强培训的实效性和趣味性。

虽然基于互联网的校本教师培训为教师的发展带来了新的契机，但我们也应该清醒地认识到，互联网在教育和教师领域只是现阶段传统发展模式的拓展、补充或延续，在短期内是不可能完全代替传统的教育发展模式。因为，在基于互联网的校本教师培训中交流、探讨等环节虽然也可以开展，但缺少了及时性和情境性研讨，效果不尽如人意。

四、校本教师培训的现状及改进路径

作为校本教师发展的重要形式，校本教师培训是学校自身发展、教师全面发展的基本保障，历来受到各级教育工作者的重视。前面我们已经对校本教师培训的基本情况做了介绍和梳理，下面就以问卷的形式，选取中学教师作为研究对象，对校本教师培训的现状进行调查，整理出当前校本教师培训取得的有效经验以及急需解决的问题，并基于此提出可行的改进路径和方法策略。

（一）中学校本教师培训情况调查问卷设计

在通常的调查中，问卷调查具有其他调查方式没有的优势，例如，能够明确地反映调查目标，比较容易把具体问题和重点问题体现出来，并且操作灵活、便捷，能使被访者乐意合作，协助达到调查目的。此外，收集过来的问卷具有统一性，便于研究者进行统计和整理。结合校本教师培训研究的需要，在广泛查阅资料、征求专家意见的基础上，我们编制了调查问卷并进行了相关调查。(具体问卷见附录)

1.问卷设计基本原则

问卷调查在研究中的广泛使用是因为其结果分析是严格遵循了概率与统计的原理，因此，保障结果有效性、调查过程便捷性和统计结果便于处理的基础是问卷设计的科学性。除此之外，为了便于被调查者填写问卷，在问卷的编制过程中要充分考虑调查对象，注意问卷题目的设计等。总体来说，问卷设计要循以下几个原则：

一是总体性原则。这个整体性主要是针对学校范围及培训活动自身来说的，问卷设计既要考虑学校要素的整体性，又要考虑校本教师培训活动本身的整体性，如培训内容、方式方法、培训效果和评价等。

二是合理性原则。问卷的调查一定要与调查的主题相关，并且要符合常理和逻辑。问题的设置要和调查目的紧密相关，且信息是完整的。问题表达要清晰，不能带有诱导性。

三是明确性原则。明确性也可以在一定程度上理解为问卷中问题设置的规范性。例如，问题本身是否准确，要避免假命题的现象；问题的提问是否明晰，要易于被访者回答。另外，既然是校本教师培训的相关问卷，还要明确其问题

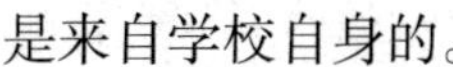
是来自学校自身的。

四是易理解性原则。问卷的编制要站在沟通性的角度来设计，要使被调查者乐于接受问卷调查。在问卷题目的设计上，避免采用太过于专业的、让人费解的术语，问卷题目设计最好采取较短的问句，最大限度地降低被调查者的阅读时间和阅读难度，从而可以更准确地得到校本教师培训的情况。

2.问卷量表基本结构简介

《中学校本教师培训情况调查问卷》共分为三个部分：第一部分是基本情况调查，具体包括：性别、学历情况、教龄情况、职称及工作量情况。第二部分和第三部分主要是从培训的内容维度、形式方式、培训评价、保障机制、激励机制、校长角色等方面来测试当前校本教师培训的现状。

问卷中的问题是选择题，其分为两种类型，一类是用程度反映培训的效果，选项设计为“非常不符合、不符合、一般、符合、非常符合”；问卷相关题目分布情况如下表6–1所示：

表6–1：问卷问题归纳与分布

变量（X/Y）	设计项目	题目分布
	培训内容	T6–T9
	培训形式	T10–T11
自变量（X）	培训评价	T12–T14
	培训保障及激励	T15–T18
	校长在培训中角色	T19–T20
因变量（Y）	培训效果	T21–T27

另一类是事项分析，用具体事项来回答或是解释问题，主要是针对之前问题的一种补充。

3.调查问卷的回收与实施

本次校本教师培训情况调查是基于校本培训体系设计的调查问卷，针对天津市中学校本教师培训情况开展的，目的是为了优化当前基础教育阶段校本培训体系，提升培训效果。调查采用不记名的方式进行，对被调查者的情况绝对保密。调查的结果仅作为学术研究使用。

(二)中学校本教师培训情况调查现状分析

1.问卷收集

本次调查共对天津市中心城区和涉农区的23所学校三百多名中学教师进行了问卷的发放与收集,教师学科几乎是全覆盖(语文、外语、数学、物理、化学、生物、地理、历史、政治、体育、美术等)。本次调查共发放了350份问卷调查表,通过回收和认真整理,最终得到318份有效问卷。其中,具体统计性分析情况如表6–2所示:

表6–2:问卷统计性分析

特征值		调查人数	比例(%)
性别	男	49	15.41
	女	269	84.59
教师学历	大专	0	0
	本科	203	63.84
	研究生及以上	115	36.16
教龄	1—5年	102	32.08
	6—10年	50	15.72
	11—15年	66	20.75
	15年以上	100	31.45
职称	中学一级	145	45.60
	中学二级	86	27.04
	中学高级	68	21.38
	无职称	19	5.98
工作量	重	256	80.5
	不重	62	19.5

从上表对调查对象的基础信息统计分析可以看出:参与答卷的中学女教师的比例高于男教师,且两者差距较大。教师学历为本科或研究生,没有专科学历的教师。在教龄方面,主要是以教龄1–5年的教师和教龄15年以上的教师为主,所占比例分别为32.08%和31.45%;教龄6–10年的教师最少,仅为50人,占比为15.72%。职称方面,具有中学二级和中学高级的教师分别为27.04%和21.38%,中学一级和无职称的分别为45.60%和5.98%。调查显示大部分的教师

承担着较大的工作量，80.5%的教师觉得工作量大。

2. 校本培训内容分析

表6–3：校本培训内容统计分析

维度	培训内容	频数	占比（%）
校本培训的主要内容	教育教学理论和思想	231	72.64
	教育教学方法和模式	244	76.73
	课程课题研究	198	62.26
	现代教育技术	215	67.61
	组织行为学和班级管理	147	46.23
	师德与教师素养	204	64.15
	心理健康教育	134	42.14

从上表6–3可以看出：教育教学理论和思想、教育教学方法和模式是当前中学校本教师培训的重要内容，占比分别达到了72.64%、76.73%。课程课题研究、现代教育技术、师德与教师素养也是校本教师培训的主要内容，占比皆超过了60%。与之相比，组织行为学和班级管理、心理健康教育所占比重没有过半，这表明当前校本教师培训所涉及内容不平衡，对于微观层面的教育内容涉及不充分。

但整体而言，当前校本教师培训内容安排还算比较科学规范，具有针对性和实用性。例如，在"您参加的校本培训，内容安排得很科学规范"这一题中，18.87%的教师认为"非常符合"，43.08%教师认为"符合"；在"您参加的校本培训，内容具有很强的针对性"这一题中，20.13%的教师认为"非常符合"，42.14%的教师认为"符合"；在"您参加的校本培训，内容具有很强的实用性"这一题中，有19.81%的教师认为"非常符合"，41.19%教师认为"符合"。因此，在当前有关教师培训内容的科学性、实用性、针对性等方面，接受培训的教师选择的"符合"和"非常符合"的人数是过半数的，换言之，多半的教师对校本教师培训的内容安排是满意和认可的。但是，从统计的数据来看，目前仍有3.46%、3.14%、2.2%的教师关于培训内容的科学性、针对性和实用性方面选择“非常不符合”，还有约32.92%的教师对教师培训内容持一般的态度。

3.校本培训形式分析

结合前期对校本教师培训形式的了解，本次调查对校本教师培训形式设计了如下选项：老带新的师徒结对模式、跨校学习和参观、总结与反思培训、参与课题研究、讲座、示范性公开课、教育案例学习、说课式培训。通过分析调查问卷，得出了如下的调研结果：

表6-4：校本培训形式统计性分析

维度	校本培训形式	频数	占比（%）
校本培训形式	老带新的师徒结对模式	179	56.29
	跨校学习和参观	171	53.77
	总结与反思培训	198	62.26
	参与课题研究	171	53.77
	讲座	226	71.07
	示范性公开课	174	54.72
	教育案例学习	136	42.77
	说课式培训	107	33.65

从上表统计分析的结果可以看出，讲座、总结与反思培训是当前校本教师培训的主要形式，占比分别为71.07%、62.26%；其次是老带新的师徒结对模式、示范性公开课、跨校学习和参观、参与课题研究，占比分别为56.29%、54.72%、53.77%、53.77%；而教育案例学习、说课式培训的形式相对来说占比较低，分别为42.77%、33.65%。

在访谈中我们也了解到，相对于传统的讲座式、师徒结对式培训，更受教师们欢迎的是教育案例学习等，而这在调查中所占比重是较低的。从题目“您所参加的校本培训，形式具有多样性”的调查结果可以看出，35.22%的教师认为“一般”，题目“您所参加的校本培训，形式具有创新性”这一题，36.48%的教师认为“一般”。因此，教师对于目前校本教师培训形式的多样性和创新性方面还是存在意见和期许的。同时，在问卷后续设计的问题中也印证了目前培训中确实存在这样的问题。例如，在题目“当前校本培训对您来说最大的问题是”这一题中，在设计的5个选项中，47.17%的教师认为是“培训形式吸引力不足”；在题目“您认为影响当前校本培训效果的原因有”中，在设计的8个选项中，55.66%的教师认为“培训形式较少”。

4.参加校本培训目的分析

培训目的直接反映了参训者的心理动机，对提升和改进培训有着重要的意义。为了了解当前中小学教师参加校本培训的目的，调查设计了4个选项，分别是增长所教专业知识、提高教育教学水平、提高科研水平、为了评职称。通过调查分析，得出的最终结果如下表：

表6-5：校本培训目的统计性分析

维度	校本培训目的	频数	占比（%）
参加校本培训目的	增长所教专业知识	261	82.08
	提高教育教学水平	286	89.94
	提高科研水平	234	73.58
	为了评职称	97	30.50

从上表统计结果可以看出，教师参加校本培训的主要目的是为了提高教育教学水平和增长所教专业知识，这两项的比例分别占到了89.94%和82.08%。从这一结果也可以看出，提高教育教学水平、增长专业知识处于教师参加校本培训的高需求状态，是当下教师参加培训的主流想法。而提高科研水平这一目的处于教师参加校本培训目的的中段水平；为了评职称则是最低需求水平，占比为30.50%。因此，在今后的校本教师培训中，学校可以在关于教师教育教学方面、专业知识方面多安排内容，并创新培训内容。

5.校本培训影响因素分析

事物的发展是受许多因素影响的，但归结起来也不过两大类，一类是主观因素，一类是客观因素。校本教师培训效果影响因素也是遵循这样的规律。为此，本此调查特编制了影响校本教师培训因素分析，影响因素包括培训教师指导能力不足、时间不足、校长等领导不够重视、个人积极性不高、对培训内容兴趣不足、培训形式较少、缺乏评价与监督、缺乏支持与保障。回收的调查问卷经过统计分析后得出如下结论：

表6–6：校本培训影响因素分析

维度	校本培训影响因素	频数	占比（%）
校本培训影响因素	培训教师指导能力不足	79	24.84
	时间不足	193	60.69
	校长等领导不够重视	48	15.09
	个人积极性不高	74	23.27
	对培训内容兴趣不足	130	40.88
	培训形式较少	177	55.66
	缺乏评价与监督	80	25.16
	缺乏支持与保障	109	34.28

从统计数据可以看出，“时间不足”是目前影响校本教师培训效果的主要因素，占比为60.69%；其次是“培训形式较少”，占比为55.66%。另外，“对培训内容兴趣不足”“缺乏支持与保障”的占比也不容忽视，分别占到40.88%和34.28%。相比“时间不足”“培训形式较少”等因素的占比，“校长等领导不够重视”“培训教师指导能力不足”所占比例则是较低的。由此也可以看出在校本培训中，校长是比较重视的，培训教师的指导能力也是可以的。

为了更深入地了解影响校本教师培训支持与保障的具体因素，我们设置了“学校为校本培训的开展提供了强大的资金支持”与实际情况符合程度这一题，其中36.79%的教师选择“一般”，10.38%的教师选择“不符合”，5.03%的教师选择“非常不符合”，因此，学校在校本培训资金投入方面还需要加强力度。

6.校本培训考核方式分析

考核是检验事物发展程度及发展结果的有效手段，在校本教师培训中亦是如此。本次调查共列出了常见的四种校本教师培训考核方式，分别是课时考核法，上课(含说课、公开课、评课)，撰写校本培训心得、发表论文，培训后进行考试。反馈回来的统计结果如下表6-7：

表6-7：校本培训考核方式分析

维度	培训考核方式	频数	占比（%）
校本培训考核方式	课时考核法	138	43.40
	上课（含说课、公开课、评课）	218	68.55
	撰写校本培训心得、发表论文	252	79.25
	培训后进行考试	88	27.67

由上表可以看出，当前“撰写校本培训心得、发表论文”是最为常见的校本培训考核方式，占比为79.25%；其次是“上课(含说课、公开课、评课)”，占比为68.55%；“课时考核法”的占比为中低段位，比例为43.40%，而“培训后进行考试”占比最低，为27.67%。

7.校本培训存在问题分析

虽然随着教育改革的深入和各方面的重视，较之以前，校本教师培训得到了长足的发展，但是仍旧存在一些不容忽视的问题，影响了校本培训的效果和教师参与培训的积极性。本次调查从工作和培训之间的矛盾、培训形式吸引力不足、培训内容吸引力不足、培训教师水平有待提升、培训时间安排不科学五个方面设计了校本教师培训存在的问题。调查结果如下表6-8所示：

表6-8：校本培训存在问题分析

维度	存在问题	频数	占比（%）
校本培训存在问题	工作和培训之间的矛盾	217	68.24
	培训形式吸引力不足	150	47.17
	培训内容吸引力不足	137	43.08
	培训教师水平有待提升	66	20.75
	培训时间安排不科学	103	32.39

从上表可以看出：在设计的五个存在问题中，“工作和培训之间的矛盾”的占比最高，达到68.24%；其次是“培训形式吸引力不足”，占比为47.17%；再次为“培训内容吸引力不足”，占比为43.08%。由此可以看出，目前工作和培训之间的矛盾是校本教师培训中存在的突出问题，教育行政部门和学校应该从制度和机制方面进行调节和保障，解决教师参加校本培训的后顾之忧。

（三）校本教师培训改进思路探索

从前面关于当前中学校本教师培训的现状分析可以看出，校本教师的培训质量及效果是不错的，但也存在一些不可回避的问题。教育教学作为一项具有很强专业性的社会活动，以提升教师质量为目的的教师培训是伴随教师职业终身的。因此，为了持续促进教师发展和专业性提升，更好地发挥培训在学校发展中的重要作用，结合调查分析，我们提出了重构校本教师培训的策略和路径：

1.精准定位校本培训目标

目标对事物的发展起到了战略性引领的作用。培训目标对于校本培训的开展具有至关重要的意义。学校作为教书育人的专门场所，教师作为学生成长的重要引路人，专家型和专业化应该成为教师队伍成长的关键词。专家型和专业化的教师成长队伍不仅需要教师具备所任教学科的高质量的知识储备，还要具备专业化的教学能力，同时也应具有较强的科研能力；教师不仅要传道授业解惑，更需要在教育教学改革中不断地探索，形成具有个人特色的教学实践体系，在高质量完成教育教学工作的同时，带领和辐射更多教师共同进步和成长。

具体来说，专业化的教师队伍的职业特征包括以下几个方面：

一是知识技能的专业化。这是教师职业的基本要求，要求教师能够深刻理解当前所任教学科的知识体系和专业知识，并且能按照科学的方法把知识传递给学生，并引导学生迁移所学的知识，形成自己的知识体系和认知体系。

二是发挥教师的主观能动性。教育教学活动与其他的活动相比最大的特点是具有较强的情境性，不存在一套固定不变的方法或程序可以让教师来应付教室中随时可能发生的事件。因此，教师要充分发挥主观能动性，根据不同的教学场景，调整和改变自己的教育教学。

三是提供人性化关怀。教师的工作对象是人，是具有个性特征和不同成长背景的学生。教师不仅要传授给学生知识和技能，更重要的是要关注学生的心理成长，提供教师的人文关怀，引导学生知识、技能和情感的全面发展。

四是良好的职业操守。学高为师，身正为范。教师不仅要具有渊博的知识储备，还要具备人师模范的道德操守。良好的职业道德和心理素质不仅能对教师的专业发展与教育教学活动起到规范的作用，还能对学生起到榜样、示范的作用。

因此，制订校本教师培训的目标要侧重于以下几个方面：一是要注意学科知识的融会贯通，在培训的过程中把与教师专业素养养成相关的知识进行整合。二是培养教师具备高效的解决学科问题的能力。三是培养教师具有较强的观察力和分析能力。

2.科学选定校本培训内容

培训内容是实现培训目标的基础和凭借。科学、合理的培训内容是有效达成培训目标的保障，由此可见校本培训的内容选择的重要性。我们在建构培训内容体系时，要先确定内容的标准或是依据。我们在前面已经分析过了，校本教师培训的目的是促进教师专业化水平的提升，因此，专业化是校本培训内容选择的重要依据。教师职业的特殊性不仅要求其能力结构中具备极高的知识技能素养和教育科研能力，还要求教师能够了解学生发展规律，具备班级管理、与家长沟通等方面的综合能力。依据这一重要标准，在进行校本教师培训内容的选择上，要注意以下几点：

一是培训内容的选择要有多类型、多标准、多层次、多路径，要兼具本体性知识、条件性知识和实践性知识，涵盖教师职业道德、教师法、组织行为学与班级管理、德育基础理论类指导、校外课堂实践、心理辅导、教育技术、信息化技术、课程与课题研究、案例交流与讨论等。

二是加强校本培训实践性内容。由于教育教学活动的实践性特征及校本教师培训在教师发展中的特殊性地位，在校本教师培训的内容选择上，要更加注意培训内容的实践性和实用性。其中尤其要注意教育观念与教育思想、教师师德、知识技能、现代教育技术方面的实践性运用等。

3.及时创新校本培训形式

在调查中我们了解到，陈旧落后或与学校发展不相适宜的校本教师培训往往是影响培训效果的重要原因。因此，学校要及时更新培训形式。

一方面要做好培训形式设置的前期调研和规划工作。学校要在进行校本培训的顶层设计时，自觉地将教师主动发展意识与学校工作规划统一起来。因为我们在调查中发现，部分教师缺少主动发展的意识，在各种培训尤其是在校本培训中存在敷衍了事的现象。久而久之，校本培训成了学校相关职能部门一厢情愿的事情。显然，这种情况不利于培训的开展。另外，学校不仅要将教师的培训需求及意愿与学校的发展相统一，还要注意协调和实现教师发展与学生发展需要的统一、教师知识结构与教育工作需要的统一、校本培训与教育行政部门培训的协调统一。

另一方面，培训形式的设置不能与教师的常规教学工作相矛盾。学校在创新校本教师培训形式时，要考虑创新性和时代性，但关键还是要考察培训形式是否给教师的常规教学工作带来了严重的干扰或是引发了教师的抵触情绪。积极探索教师喜闻乐见的培训形式，加快教师专业成长，学校可采取灵活多样的形式。例如，有的学校采取了“首席带动”与专题推动的形式，“首席带动”式培训就是利用“首席教师”作为团队精英的特点，带动团队投身教研，共同进步以提升整体素质。有的学校采取个案启动与同伴互动的形式开展教师培训。个案启动需要以一定的研究目的和教学理念作为指导，组织教师通过有针对性的典型教学个案的剖析和研究，让教师深入学习、体验、反思和感悟，从而认识教学规律，提升专业能力。①

4.强化专家指导和引领

专家指导和引领在校本教师发展中具有不可替代的重要性。校本教师发展在以下三个方面需要专家的指导和引领：

一是理论充实。因为理论的缺失，需要专家的继续引导深入学习，以掌握充足的教育理论和先进的教育理念。我们在调查中发现，有部分教师提到因“个人水平有限”“理论不高，文字概括能力一般”，而影响了其专业发展。

二是理论指导。虽然教师已经掌握了一定的理论知识，但在教育教学中，需要专家从理论的视角给予指导，从而更加完善自己的办学或教学实践。如有部分教师提到“在教学实践成效的理论提升上希望得到理论工作者的帮助和指导”“自身理论水平、凝练提升能力、文字功底等方面水平有限”。

三是合作提升。被调查的教师希望以团队的形式和专家一起研究、学习，在团队和项目中进行持续的深入学习和实践方面的理论提升。如有部分教师提到希望“专家跟进指导，最好是以合作项目的形式；继续得到关注，得到学习培训的机会”。

另外，校本培训还需要时间保障。时间保障主要是指教师有充足的时间进一步丰富发展自己，更好地提高自己的专业水平。除了常规的培训活动之外，

① 熊建峰.创新校本培训形式 促进教师成长[N].2013-7-10(12).

校本培训中还需要引导教师参加深度学习。因为深度学习是促进教师发展提升的关键,是提升教育教学质量的关键。在调查中,约90%的教师都谈到深度学习,希望能够有继续的培训活动,进行深度的学习和自我提升。

第七章　分类施策:校本教师发展的精准发力

实践和研究都表明,教师的发展过程具有阶段性,教师的发展结果具有不平衡性。不同阶段的教师、不同发展状态的教师,其需要的发展内容和发展任务是有明显差异性的。调动校本教师发展的积极性,提升发展实效,不仅需要理念的改革、管理的跟进,更需要对不同发展阶段、不同发展状态的教师进行分类施策。按照常规的分类,基于从教经历、专业素质和能力水平,不同发展阶段的教师一般可分为新手教师、专业型教师、骨干教师和专家型教师。在校本教师的发展中,应该对不同发展阶段的教师从发展内容、目标、发展要求等方面提出不同的要求,开展不同的培养活动,从而建立一支结构完善、整体素质水平高的教师队伍。

一、新手教师的校本发展

新手教师又称为学徒教师,一般是指参加教育教学工作5年以内的年轻教师。当一个人经历了一定年限的专业学习,选择了教师职业,开始走上教育教学的工作岗位,备课、授课以及评估所有课程,并承担起管理学生的学习与行为的全部责任时,他的教师生涯就正式开始了。从职业发展的阶段性来说,新手教师在心理发展、认识表现、行为方式和人际关系等方面都展现出了该阶段教师的群体特征，这些特征对新手教师的校本发展提出了特殊的要求。

(一) 新手教师的基本特征

一是拥有一定的知识储备，但是缺乏实践经验。一般而言，能够顺利进入教师行业的人都是经过了专业的学习和训练，具备了相当的教育教学和心理学方面的知识和人文社科、科技科学等综合性、基础性的知识。但是新手教师最大的缺陷就是教育教学、班级管理、人际交往等实践经验不足，在教学中照本宣科的时候较多，创造性的发挥以及较好地处理教育教学事故等的经验和能力欠缺。新手教师的教学往往是围绕着“教”，关注和调动学生“学”的方法和手段不多。

二是对工作有高度的热情，但也容易有急躁和失落的情绪。刚进入教育教学工作岗位的教师，对一切工作都充满了期待和热情。新手教师全身心地投入工作，希望得到同行及领导的认同和肯定，但往往因心情急切而显得过度担心外界的评价。但客观事实是，新手教师由于缺乏经验，不熟悉学校实际而找不到合适的资源，寻求不到正确的帮助。因此，新手教师往往在教学上容易失败，更容易受到现实的冲击，加之对教学结果的关切，失落的情绪往往是难免的。

三是全身心地投入教育教学工作，但缺乏主动的思考和反思。与有经验的教师相比，新手教师需要更多的时间来准备课堂教学，他们往往能够全身心地投入其中，与学生建立较好的师生关系。但是，一方面由于缺乏经验，新手教师只是在践行着实践，而没有主动地从实践中进行反思和吸取经验教训；另一方面，由于新手教师把大量的时间和精力都投入到实践工作中，没有足够的时间反思，不大注意积累经验并对工作进行及时总结和积极探索。

(二) 新手教师的发展内容要求

教师素质主要包括知识、技能和态度，下面我们就从这三个方面探讨新手教师的发展内容要求。

1.掌握将知识应用于实践的方法

新手教师进入职场后，首先要面对的问题就是将在大学阶段习得的教育学、心理学知识运用到教育教学实践中，来组织教学、管理班级、帮助学生开展知识和技能的学习，并随时解决实践中出现的各类问题。知识的运用过程是新手教师职业生涯的开始，也是实践知识习得的开始，更是教师专业素养形成的关键一步。教师在进入职场之前一般要经历实习阶段，因此，新手教师除了已有的知识储备已具备一定的职场经验。但是，从实践来看，由于实习期较短，加之培养职前教师的大学往往不够重视教师实习，新手教师从实习过程中积累的经验是有限的，大多数新手教师仍然停留在对教育教学抽象知识的认知状态，实践经验相对不足。由此可见，新手教师的首要任务是正确地将储备丰富的、静态的教育教学知识应用于实践当中，有效地指导实践，开展教学活动。

那么在实践中，新手教师应该从哪些方面提升自己，将静态知识转化为实践能力呢？从已有的经验和研究中，我们可以总结出，大多的新手教师是从以下两个方面积累实践经验。

一方面，新手教师要对课堂教学内容有一个全面的认识和评估，做好、做足前期准备工作。例如，新手教师可以从之前的经验进行分析，也可以向有经验的前辈教师进行请教，做到能对教学内容和教学难度进行提前准备，重点是要熟悉教学内容，针对具体的教学内容进行教学设计，并结合学生的年龄特点和班级特点进行组织教学。因为教学实践具有情境性，因此，当进入教学现场之后，课堂教学不可能一直朝着教师的预期方向进行，有时候甚至会出现意想不到的情况，这时候就需要新手教师具备足够的心理准备和随机应变的能力，学会去应对临时出现的各种教学问题和班级管理问题。

另一方面，教学活动结束之后，新手教师要对教学活动进行及时的回顾和反思。反思是一个人成长的最好方式。反思的重要特征之一是从过往之事中进行思考，从中得到经验教训，继而提升解决问题的知识和能力。从优秀教师的成功经历可以看出，反思是专业成长的一个最有效的手段或环节。新手教师可以凭借以下路径进行教学实践的反思：

一是整体的、系统的回顾教学过程。对于新手教师来说，当一项教学活动结束之后，首先需要的是从整体的、系统的视角进行教学活动反思，这样有利于全面认识和感知自己的教学活动，也有利于客观评价和评估自身的教学，进而才能保障反思的准确性。

二是反思要从成功之处和失败之处两个方面进行。有些新手教师在进行教学活动反思时，过于关注失败之处，这样不仅给教学教育带来了负面的影响，不利于教师形成正确的职业观，也不利于教师个人的身心健康。积极的、全面的评价方式可以帮助教师正确认识自我，形成良好的职业态度。

三是新手教师要找准问题、分析原因。反思是教师迅速成长的有效途径，但并不是所有的反思都能收到积极的结果。教师在反思过程中一定要有问题意识，以问题为导向，从问题中看到自己的不足，并分析产生这种问题的原因是什么，是外界造成还是自身造成的。教师要对问题有准确的定位，这样才能找准产生问题的原因，并在下次的教学中避免再次发生此类错误，提升教学效果。

四是从反思的过程中总结经验教训，初步理出解决问题的方法。反思是过程但并不是最终的目的，教师反思的最终目的是提升教育教学实践和专业水平。教师要从反思和对问题的梳理中，通过不断学习，向前辈及同行的请教，提出解决教学问题的方式方法。

2.形成实践教育教学的综合技能

教育是作为一个系统而存在的，教师身在其中，不仅仅只面对课程，而是要和这个系统中的各类要素打交道，因而教师要练就各种能力，比如，处理教材的能力、组织教学的能力、教育教学研究的能力等。

(1)处理教材的能力

教材是教师进行教学的重要抓手。处理教材的能力不仅是对教师教学基本功的要求，更是国家和社会对教师职业的内在要求。随着教育改革的不断深化，教材也几经变革，当代的教材结构更加完整，内容更加突出社会性和时代性，并且较之以前，现在的教材为教师提供了灵活处理和自由发挥的空间，同时，也增加了教师对教材把握的难度。因此，教师首先要学会正确地认识，深入研究教材，不仅要把握教材的宏观意义，理解教材在教学和学生成长中的地位和作用，还要准确把握教材的微观意义，注意教材各章节的联系，注意区分教材中的重难点以及教材要解决的学生在认识、理解和能力拓展方面的问题。其次教师要根据对教材的理解，选取合适的教学组织方式和教育教学措施等。

研究和处理教材能力的另一个重要方面是教师需学会对教材进行适当取舍。随着新课程改革的推进，教材的结构、内容也发生了重要的变化。教师要根据教学的需要，根据学校的实际情况和学生身心发展特点，对教材内容进行适当的取舍，以期能够达成教学效果，并能够顺利地在规定时间内完成教学任务。在强调促进学生全面发展的今天，教师要依据教材，但不能被教材禁锢，教师要在运用教材开展教学的基础上，大胆地跳出教材，在教材内容的基础上延伸课堂教学，尽可能地促进学生的全面成长。

⑵组织教学的能力

教师组织教学包括准备环节、课堂讲授和课后作业这三个主要环节。在准备环节中，教师要根据教材内容、教学进度，准备好切实可行的教学计划，这里所提到的教学计划主要是短期的，是针对具体的单元或节的教学计划，教学计划要确保目标明确，方法具有操作性。课堂讲授是组织教学的重要一步，也是真正考验教师经验和能力的环节。教学计划是教师根据教学目标等需要制订出来一种理性化的方案，真正进入教学现场之后，课堂中的情景不是完全受教师控制的。我们一直强调教学具有情境性，就是因为在教学过程中充满了不确定因素，随时可能发生不受教师控制的事件。例如，教师前期假设一个知识点，按照学生学习基础，应该用10分钟左右就可以让大多数学生掌握这个知识点，但是在实际的教学过程中，由于讲授方法的问题或是教师高估了学生的学习基础，教师发现学生并没有如预期一样在假定的时间内熟悉、理解这个知识点，就要随时改变教学策略，或是延长该知识点的讲授时间，或是转变教学方式，改用其他的教学方式进行处理。再例如，在课堂教学中，有学生因为一些原因干扰教学，提出一些教师一时无法解答的问题，这时的教学活动就会僵持下去，教师要及时采取有效措施，确保教学活动的顺利开展。

教师在组织教学的过程中，尤其是在管理和规范学生的行为时，要注意从理解学生的角度出发。当出现所谓的调皮学生干扰课堂纪律时，教师要先静下心来，快速分析原因，以稳定课堂秩序为首要原则，把课堂氛围把控好；当出现学生对教师的教学产生怀疑或是学生的创新性问题使教师一时间无法应对时，教师要先对学生进行鼓励和肯定，这样一方面可以调动学生参与课堂的积极性，另一方面教师也能从学生的身上进行学习，做到教学相长。

(3)教育教学研究的能力

教师的发展离不开对教育教学的研究，新手教师的成长更是如此。有些教师在教学中不敢研究或是不会研究，其实，研究并不是只有大学或专业的科研院所才能进行，一线的中小学教师都可以成为研究者。例如，教师对教学进行反思进而形成自己的观点或看法，这就是研究；对某一学科长期以来的教学方式进行反思，提出新的、更加适合学生发展的教学模式，这也是研究。对于新手教师来说，养成研究意识和培养研究能力同样重要。新手教师可以向书本学习，通过对相关理论知识和文献的阅读，提升研究能力；新手教师可以向前辈教师学习，从别人的研究中学习方法和规律；新手教师可以向专业人士学习，通过参加各类培训或是讲座，提升研究能力。

养成研究能力的一个重要前提就是教师要有研究意识。俗话讲，世上无难事，只怕有心人。教师要做研究中的“有心人”，在教育教学的各个环节，以研究的眼光审视遇到的问题或难题，对研究进行进一步的解析，认清问题本质，

进而分析原因并提出解决办法。

3.养成理性而有温度的职业态度

有人说，对职业的态度决定了你在职场中发展的高度，这就是为什么养成良好的职业态度是新手教师重要的职业素质。一般而言，职业态度是指个人对所从事的职业活动的看法以及由此出现的一系列行为的倾向。社会学研究认为，对于个体来说，这个职业态度的选择和确立首先与其对职业的价值认识有关。另外，职业态度的建立和变化也会受到个体的身体健康情况、一段时间内的心境变化以及客观环境的影响，如与人际关系、工作条件、管理制度等变化有关系。理论和实践都告诉人们，积极的职业态度有利于人们更加努力地工作并取得较好的工作效果。

新手教师走入职场的时间不长，许多人都是因为对教育的一腔热情而选择了教师职业，但由于对教育职业的实际情况缺少足够的认知，许多新手教师工作了一段时间尤其是受到一些挫折以后，在情绪上容易出现变化，甚至产生后悔自己当初选择的想法，这都不利于教师个体的专业发展，更不利于教师队伍的稳定和质量的提升。因此，新手教师可以从以下几个方面体验教学的乐趣，建立积极的认同感，养成理性而有温度的职业态度。

一是积极认真地准备每项教学工作。新手教师要认真地准备每节课，要反复研究教材、准备教案，在课堂上灵活地处理教学任务并管理班级，认真地做好反思工作；对于学校交予的工作要认真对待并做好准备工作，这样才能做到有备无患，轻松地面对工作任务，避免在各项新接手的工作中出现纰漏，从而影响到情绪。

二是做好接受挑战的心理准备。教师要充分地认识到教学工作的复杂性和学生的多样化特征。对于新手教师来说，准备教学内容和课堂教授相对来说是静态的，是比较容易把握的，相比之下，管理班级和维持教学秩序则充满了挑战性。对于这种充满挑战性的情境，新手教师除了做好充足的知识准备外也要做好心理准备，要相信自己一定能够在不断的实践和积累中处理好各类教学事件。

三是要坚持教书与育人并举。教师职业的乐趣之一在于与学生的接触，看到一个个学生不断地全面成长。因此，新手教师在一开始从事教学工作时，就要有这样的意识，即育人是教学的第一要务，传授知识和培养技能只是学生成长的途径和手段，并不是教学的目的。在这样的教学理念下，教师就会把注意力放在学生整体素质的提升上面，而不会像传统教育那样，把学生的分数看得过分重要。这样也有利于建立良好的师生关系。

四是教师要与学生家长建立良好的互动。学生的教育是一个家庭和学校共同承担的任务，在学生的成长中，家长是不可缺席的。新手教师要学会与学生家长进行有效的沟通，可以通过常规的家长会与家长建立联系，还可以通过家访等形式，更加全面地了解学生的成长环境。

(三)新手教师的校本发展策略

大多数的教育者都认同教师工作的复杂性，因此，都支持对新手教师提供全面的支持和协助。不同的地区和学校对新手教师的支持力度和支持模式是不尽相同的，但概括起来，一般都会从制订有效入职指导计划、安排导师指导、开展系列活动及培训效果评价等方面进行，这里我们重点介绍入职指导计划的制订。

1.制订有效入职指导计划

首先，制定的入职指导要具有即时性。在新教师获得聘任之后，学校或区就应该有意识地了解新手教师的心理状态以及他们对教育工作的真实想法，尤其是想从哪些方面获得专业帮助。学校可以通过组织专门的会议来征集新手教师对于入职培训的想法，也可以以个别谈话的形式进行。

其次，制订的入职指导要具有发展性。对于如何促进新入职人员的成长，心理学家卡尔·罗杰斯曾经历过这样的认知变化，起初他认为："我怎么样对待、关心或者改变这个人呢？"后来，随着他在实际工作中的经验积累，他开始意识到，支持和帮助一个新入职场的人，我们应该持这样的一种观点，即"我怎样才能提供一种关系，使这个人可以利用这种关系实现自身的成长”。[①]同样地，对于新入职的教师来说，学校能够做的不是提供一种把教师禁锢其中的模式，而是构建一种关系，让教师能够在其中获得持久性的发展的关系。

再次，制订的入职指导要具有综合性。这种综合性体现在两个方面，一方面是指导主体的综合性，另一方面是指导内容的综合性。新手教师刚加入教师行业，不仅需要学校提供各类支持，帮助教师尽快熟悉学校和教学，更需要上级主管部门对其进行宏观政策的指导，这样能够更加全面了解所在学校和地区教育的发展状况和各类教育政策。新手教师还需要大学或教育类研究机构从专业的角度进行理论指导。另外，新手教师的指导内容也要全面、综合，除了基本的教育教学知识之外，教师还应该了解国家的教育政策和要求、教育法律法规等内容。

2.有效入职指导计划的构成内容

一是有效的定向指导。新手教师进入教师职场之后，需要了解和熟悉的事情比较多，大量信息进入新手教师的头脑，很多新手教师没有办法一下子完全理解或是吃透，加之新手教师还需要大量的时间和精力来完成教育教学工作，因此为了有效地指导新手教师，学校一般会给每位新手教师配备一位固定的指导教师。许多学校把这些指导教师称为“师傅”，像师傅带徒弟一样，专门指导新手教师的发展。一对一的指导模式有利于实现新手教师指导的连续性，也有利于新手教师及时向“师傅”请教各类问题。

二是组织开展研讨活动。对于新手教师来说，定期召开研讨会和支持性研讨班是必要的。一般而言，对新手教师的培训和支持是由教师本人的发展需求和遇到的教学困境决定的。但是举行这种研讨会要遵循一定的规律，在时间的间隔上也要讲究一定的技巧，不要过于频繁，研讨的主题也避免随意化，要有一定的集中性和可研讨性。研讨会虽然是集体活动，但也要适当照顾到教师个

① 贝蒂·E·斯黛菲等.教师的职业生涯周期[M].杨秀玉等译，北京：人民教育出版社，2012：49-50.

体，采取集体活动与个别指导相结合的方式进行。另外，在研讨活动中，的组织者要充分发挥好组织作用，提前准备好研讨主题，发动参与的新手教师积极互动，这样才能起到共同进步的作用。

三是建立全面系统的支持。对于新手教师来说，指导教师的指导和丰富的研讨活动是促进其发展的有效形式，但是同时也需要一些观摩学习环节。观摩学习对于新手教师的成长是重要的。观摩学习可以在校内进行，也可以是校际的活动。新手教师通过直观地学习优秀教师的课堂教学，可以加快其成长。学校要注意引导新手教师做好观摩学习活动，要求其在观摩前要做好充足的准备工作，在观摩之后要进行及时反思，这样的观摩学习才是有效的。

四是搭建平台，提供锻炼的机会。教育教学是一项实践性极强的社会活动，因此，学校要想方设法促进新手教师实践锻炼，让新手教师在实践中成长。从已有的经验来看，比较有效的方法包括：在学校范围开展新手教师公开课展示、评选班级管理能手等活动，以活动和比赛带动新手教师的发展，同时也可以有效避免新手教师发展落入形式主义的窠臼。

在教育教学实践中，新手教师的成长是很多学校关注的重点。学校往往会专门制订有关新手教师的发展计划或是推行专门的发展项目，下面的案例就是天津市J中学针对新手教师发展的“强基练功工程”。

【案例】

天津市J中学“强基练功工程”

加强教师的教学基本功训练是培养提高教师教学能力和水平的重要途径，学校历来十分重视教师的强基练功工程，做到常抓不懈、常抓常新，不断发展，不断提高。我们主要抓好“八功”“八能力”“一渠道”“三导”“五参与”“一必须”和“一考评”。

“八功”是指：一是坐功，即坐下来专心致志地钻研学术之功；二是站功，即在课堂上端庄大方，面对学生站立讲课之功；三是写功，即良好的三笔书法、绘画和作文之功；四是说功，即流畅、生动、精练、准确的口头表达之功；五是算功，即熟练准确无误的运算之功；六是实功，即实验和现代教育技术手段的熟练使用操作之功；七是驾功，即驾驭教材、大纲、考纲、课堂和优秀学生发问之功；八是背功，即对名言、警句、名篇、概念、公式及定理等重要知识郎朗成诵之功。

"八能力"是指：一是能胜任高中各年级教学工作；二是能胜任各年级的班主任工作；三是能承担研究性学习和活动课的指导工作；四是能运用教育学、心理学原理做好心理和学法的有效指导工作；五是能掌握计算机的基本操作和进行相关的辅助教学；六是能独立完成科研课题，承担教科研任务；七是能形成自己的教学风格和特色；八是能胜任"智优生""特长生""学困生"的辅导转化工作。

"一渠道"是指优化课堂教学这一渠道。在教学方法上提倡"三导""五参与""一必须"和"一考评"。其中"三导"为：导趣，激发学生"乐学"；导思，激发学生"活学"；导法，激发学生"会学"。"五参与"为：让学生参与新问题的提出过程；让学生参与新知识的探索和发现过程；让学生参与问题解决方法的探索过程；让学生参与知识的归纳总结和联系开发过程；让学生参与知识的广泛应用和有效训练过程。"一必须"为：必须合理地将现代教育技术应用于教学之中。"一考评"为：定期对教师的"八功""八能力"和"一渠道"的训练情况进行考核评估，每学年都组织教学基本大赛，并将评价结果纳入教师业务档案中。①

二、专业型教师的校本发展

一般而言，专业型教师是从新手教师发展而来的。从工作年限上来说，专业型教师是指从事教育教学工作时间在5—10年的熟手教师，有些研究者称这

①张福宾.为了每名学生发展得更好——潜质教育的实践与研究[M].天津：天津人民出版社，2018：155—156.

类教师为合格教师。较之新手教师来说，专业型教师在素质上已经达到了教师职业的要求，教育教学工作进入了熟练阶段，在前期工作的基础上积累了一定的教育教学经验，胜任教学工作，很好地关注学生的学习和成长需要，较好地完成教育教学任务，并在情感上产生了对教师职业积极的认同感。

（一）专业型教师的基本特征

在对专业型教师的基本特征进行分析之前，我们可以先看看下面的一个对话案例：

【案例】

问：是什么原因促使你在教学中进行改变的？

A教师的回答："我感到我的教学尝试很失败，或者我所运用的方法不奏效。当我的观点不被人理解的时候，我会进行改变。"

B教师的回答："学生的表现比其他什么都重要。当我看到每个学生都很迷惑的时候，那么我就会返回去，再试一次。"

对A教师和B教师的回答，直观上两位教师好像并没有多大的区别，但仔细分析其中的主要观点则能发现他们的回答形成了鲜明的对比。其中，A教师是以其个人的感觉为中心的，关注点是自己的感受，而没有充分顾及作为教师的专业性；B教师则相反，他已经转向了关注学生的学习、学生对于教学的感受以及学生的收获情况。著名学者拉斯利将类似于A教师和B教师的这种因发展而产生的差异和转变描述为"范式转变"。所谓"范式"是库恩从物理学研究中借鉴过来的一个术语，A教师明显还停留在教学的范式，而B教师已经转向了学习的范式，这种教学范式的转化标志着一位教师开始成长为成熟、关爱学生且称职的教师。在这两位教师对这一问题的回答中可以看出，A教师的取向强调的是方法和教师行为，是为了教学而教学；而B教师的取向强调的是学习者的行为与学生成长。从以上的分析中，我们可以对专业型教师的特征窥见一斑。

一是在认知方面，专业型教师表现得更为成熟。较之新手教师而言，专业型教师的课堂教学策略有一定积累和提升，管理方法多元、得当，指导教育教学更关注学生成长。专业型教师已经掌握了基本的教学操作技能，能够熟练处理教学中的突发事件，有较高的课堂教学调控能力。但这一时期的教师在认识方面也有不足的地方，例如，对教学或班级管理的全局性和全过程性的把控能力有待提升，教学中处理问题的机智程度还有待加强。

二是在人格方面，对于教育教学工作及相关的人和事的处理上，专业型教师能够较好地与人相处，主动而正确地关心他人，愿意与同事分享教学经历，当他人的意见或想法与自己相左时，也能够宽容地理解或接纳。总之，专业型教师在教学职场上已经能够很好地控制和调节自我情绪，但是，入职时间不算很长的教师，当自己积极努力付出而收获情况不如人意时，还是会产生焦虑情绪。

三是在工作方面，专业型教师能够较好地胜任教育教学工作。专业型教师对教育教学工作有了更深的理解，并开始自觉尝试参与或主持课题研究，积极主动地寻求专业发展机会。但是这一时期的教师也有自身的缺点和不足，例如，在完成工作时多是以完成任务为目标，对于完成工作的效果期待值比较高，有时候会出现因过于关注工作结果而焦躁或不满，从而影响教师积极的角色信念的建立。

（二）专业型教师的发展内容要求

知识、技能和情感一直是教师发展的重要主题。专业型教师的发展内容要求也是从这三个方面进行论述的。知识是教师教育教学活动的基础，专业型教师的进一步发展不仅需要教师不断丰富知识储备，更需要教师改变知识结构，需要缄默知识的发展和自觉运用。教师的教学是一种技术，更是一种艺术，专业型教师的发展任务就是不断提升教学工作的艺术性，用艺术性的工作提升教学的育人性。人的情感的发展是无止境的，高尚的人格、积极的职业情操是任何职业发展的重要影响因素，专业型教师的发展需要教师专业的职业情感来奠基和支持，以润色教师的职业人生。

1.缄默知识的生成和运用

研究者从知识的形态角度将知识分为两种类型，一种是显性知识，一种是隐形知识。隐形知识因其“可意会而不可言传”的性质，又被人们称为缄默知识。显性知识是可以用言语等形式明确表达出来并通过载体进行传播和继承，进而成为人类财富的一部分；而缄默知识是属于个人的一种知识类型，是个体在成长中发展和形成的，参与和决定了个人的思想、行动等过程。

专业型教师在前期工作实践的基础上积累了一定的工作经验，在原有知识结构的基础上自发地形成了一定的缄默知识。但这些对于教师实现个性化教学风格以及提升教学艺术是远远不够的，教师要改变知识习得的途径和结构，以一种更加开放的心态，自觉地积累和提升缄默知识的数量。因此，教师必须改变固有的知识观，跳出只局限于教育领域知识的束缚，广泛地涉猎哲学、心理学、科学、艺术等领域。多领域的知识融合，不仅可以丰富教师的知识结构，还可以拓宽教师的眼界，使教师从其他领域的视角审视教育，进而形成全面的认知。除此之外，教师开放、包容的心态也是十分重要的。教师应该树立终身学习的理念，不断学习新知识、新理念，拓宽学习渠道，不仅向书本学习，更要向实践学习，向前辈和同行学习。在不同的学习空间里，教师原有的认识平衡会被打破，从而形成新的、更加符合实践需要的知识系统。

2.教育教学艺术性的提升

课堂教学是一种艺术的观点已经被广泛地接受。因为教育情景的复杂性和教学对象的不成熟性，无论是在课堂教学中还是在日常的班级管理中，教师都要讲究方式方法。教师教育教学艺术性的提升也是一个随着教师职业不断发展的过程，是一个经历了最初的模仿、积累和反思、创造才能形成个人特色的过程。在刚入职的时候，新手教师无论在教学还是管理中，技能的成分都会多一些，其目的是为更加规范地完成教学任务，而后逐渐融合为教师的综合技能素养；专业型教师在教学方面逐渐显示出其处理问题的艺术性，随着实践的积累，这种艺术性被不断提升，高超的教学艺术性应该是专业型教师发展和追求的主要目标之一。

因为教学艺术的个性化，每个优秀教师的教学风格都不尽相同，因此，不存在供其他教师学习的固定模式。但教学艺术形成的基本规律还是有据可循的。一是教师要注重课前的准备工作。在教学设计环节，教师要紧紧围绕教学目标开展全面的思考和设计，在学生原有认识的基础上，不断优化和改进方案，创新设计理念，丰富设计手法。二是在教学的过程中，教师可以根据教学的需要和学生的特点，在充满教学激情的同时，保持良好的、沉稳的心态，当课堂上有突发事件发生时，教师应冷静分析、沉着应对。三是教学的艺术性是需要教师不断揣摩才能形成的。因此，在教学实践中，教师要不断地反思自己的教学，找出在教学中(尤其是艺术性方面)的不足和短板，改进教学实践。

3.培育专业的职业情感

情感不直接参与事件的完成，但却影响甚至决定着事件的发展方向。教师的职业情感对于教育教学工作也有这样的意义。专业的、理性的职业情感是教师工作和发展的动力基础，是完成教育教学的重要前提和保障。专业型教师在职业情感上更加理智和专业，开始能够跳出个人的情绪和小我的利益去思考教育教学工作，对工作和自我的评价不再以教师个人为中心，而是更加关注学生的成长和学校的发展。在专业的职业情感的支配下，教师往往能够履职尽责，提升工作水平。专业型教师坚持将教育教学工作作为职业、事业，用心对待教育教学工作，努力研究工作、创新工作，才能在实践中表现出担当和敬业。

专业的职业情感是教师走向成熟的重要标志。专业型教师已经开始显示出其专业的职业态度，但是还没有完全达到理想的状态。因此，培育专业的职业情感是专业型教师发展的又一重要内容。对于职业的情感认同和愉悦感受多是个体自身的，外界一般很难干预，但是学校可以从营造轻松的工作环境、提升福利待遇、提升教师发展和晋升渠道等方式为教师提供积极、健康的职业情感培育的氛围。

（三）专业型教师的校本发展策略

专业型教师从新手教师发展而来，自信心有了很大的提升，但职业心态仍旧有些不稳定，宽松的成长环境可以为专业型教师的发展提供良好的外部基础，平台的搭建可以为专业型教师提供进一步的发展的机会。另外，领导者的关注和专家的指导以及各类科研活动的开展在专业型教师的发展过程中也是不可或缺的。

1.营造积极的成长氛围

人的成长和所处环境是息息相关的。对于教师的成长来说，宽松的、民主的氛围为其提供了最基础的保障。一方面，学校要树立教师管理的人本理念，一切制度制定、规划设计都要处理好教师个人和学校集体的关系，就像杜威在《我的信条》中提到的个人和社会、集体的关系时的论述一样，“如果我们从个人身上舍去社会的因素，我们便只剩下一个抽象的东西；如果我们从社会方面舍去个人的因素，我们就剩下一个死板的、没有生命的集体”[①]。教师是学校发展的主力军，学校应该依靠教师，发挥教师的积极性，为教师发展创造条件，同时也促进学校的发展。

2.搭建成长和展示平台

平台的搭建不仅可以促进教师的专业能力更快地提升，也是检视教师专业发展成果的有效途径。对于专业型教师来说，对平台搭建的需求是最直接的。因为专业型教师已经积累了一定的工作经验，具备了教学的自信，需要有这样的平台给他们展示自己的机会，使他们能够在平台上与同行借鉴、切磋，从中发现自己的不足，及时跟进，在发现问题的过程中，为自身发展寻找更好的契机。同时，教师在平台上进行展示也有利于教师建立坚定的职业信心。

3.强化关怀和专业指导

学校领导不仅要为专业型教师的成长制订相关制度和项目，还要及时关注

① 吕达等.杜威教育文集(第1卷)[M].北京：人民教育出版社，2005：3.

教师的发展需要和心理状态，不断地发现教师在发展过程中存在的问题，从学校管理的层面进行调整，给予教师人文关怀，及时、科学地为处于迷茫阶段的教师带来前进的动力，明确发展方向。另外，专家的指导也是必需的。学校要引进校外专家，为教师发展带来更加专业的指导。

4.开展教育教学科研活动

无数优秀教师的成长经历一再证明，科研活动是促进其专业提升的有效途径。对于专业型教师来说，开展科研活动是一种顺其自然的过程，因为伴随着教育经验的丰富和教学反思的深化，专业型教师在工作中开始有意识地发现教学问题并自觉进行探究，寻求问题解决的方法。学校要鼓励教师进行科研并为科研活动提供支持、创造便利条件。中小学教师做科研不一定像专业科研人员的研究那样，教师可以联系教育教学实践，以问题为切入点，进行短时间的小课题研究，边研究边实践，边研究边成长。

在教育教学实践中，为各类教师的发展制订详细的培养方案、提供保障措施是学校工作的重点内容。天津市F中学为学校专业型教师的发展提供了硬件支持。学校投入资金，配备相关图书资料；制订了奖励激励措施，并为教师参加校内外培训提供时间和资金上的支持。下面的案例就是天津市F中学为专业型教师的发展提供的支持。

【案例】

F中学专业型教师的专业发展方案(部分)[①]

在培养目标上，兼顾教师个人和学校的发展，促进教师发展和学校发展的和谐共赢。从教师个人角度看：提高教师认识，明确自身发展方向；从学校角

① 刘浩.普通高中普职结合育人模式的理论研究与实践探索[M].天津：天津人民出版社，2018：126.

度看:培养一支教师队伍。

在工作措施上,学校采取了12项可行、可操作的措施,分别是:

1.开展专题培训,使教师了解学校办学特色,更新理念,提高素养;

2.对现有教师进行专业技能培训,拓宽知识领域,提高实践操作技能,使他们成为教学活动的多面手;

3.各学科组提出重点培训教师名单,学校汇总各学科组情况,统筹安排,确定培训人员,各学科组制定部门培养计划;

4.定期举办面向校内全体教师的专业技能、技巧比赛;

5.开展学科组之间的研修与交流,拓宽教师发展渠道;

6.充分调动教师发展的内驱力,鼓励教师自主拓宽渠道,参与各级各类校外培训,为教师提供时间上和资金上的支持;

7.借助外力,寻求专业部门和部分高职院校的支持,开展合作交流,提升教师水平;

8.组织学校有关人员到开展普职结合实验比较成熟的地区、学校参观、学访;

9.投入资金,配备图书资料;

10.着手进行实验室改造,拟于近期筹建“电脑维修实验室”“动画制作实验室”“动漫设计教室”等专用教室,为教师开设相关课程提供设施设备上的保障;

11.制订教师个人三年发展规划,突出多科型教师的学习需求,做到有目标,有措施;

12.多科型教师是各级各类的评先、评优、职称晋升的优先考虑人选。

三、骨干教师的校本发展

一般而言,教师在一所学校或一定区域内能够被称之为骨干教师,那么至少要具备以下三个主要特点:一是具有丰富的教育教学经验和过硬的专业素养;二是拥有高尚的师德,得到同事和同学们的爱戴和拥护;三是在校内外有相当的正向知名度，能够影响和带动其他教师的发展，是教师中的优秀代表。教师是立教之本、立校之本，在优质教育成为人们争相渴求的今天，在党和国家不断关注民生、关注群众对于教育获得感的当今社会，骨干教师无疑是社会、学校和家长急需和盼望的。因此，学校要在校本建设的过程中，关注骨干教师的发展，培养更多的教师成长为骨干教师，不断提升学校的办学质量。

(一)骨干教师的专业特征

首先，在专业素养方面，骨干教师无论是专业知识、专业技能还是职业情感等，发展得全面而扎实，是教师中的优秀者。

其次，骨干教师不仅自己专业过硬、教育教学成绩优异，还能形成自己鲜明的教学风格，并主动带动周边教师的发展。一般而言，骨干教师在人格上比较完美，有积极健康的人际关系，乐于奉献，乐于助人，充满了工作的热情，能够感染身边的教师。

再次，骨干教师在教学中，由“教”的中心逐渐转变为对“学”的关注，即骨干教师比较关注学生的学习和成长，尤其是关注学生学术性成绩之外的品德、人格的成长，善于利用多种方式方法激发学生的学习兴趣，创造有利于学生成长的良好教学氛围。

最后，骨干教师在科研上多有所成就，开始自己独立申请或主持课题，并能够自觉组建研究团队，带领年轻教师一起成长。

(二)骨干教师的发展内容要求

骨干教师的发展定位和发展预期要高于一般的教师培养，在发展上更加强调自觉性和主动性。骨干教师要能够自觉运用现代教育教学理论指导教学实践，提升教学综合能力；主动进行教学反思和教学创新，增长教育智慧，形成关于教育的独到见解和自己的教学特色。学校要在培养机制和培养方式上不断进行改进和提升，促进更多的教师向骨干教师发展，促进更多的骨干教师成为专家型教师，让教师不仅具有高尚的师德和良好的心理素质，具有精湛的教学技艺，能够掌握和运用教科研前沿的成果，还要创造性地从事教育教学工作，并能不断完善、发展自我。骨干教师要使自己成长为学生尊敬、家长放心、成绩突出的教师可以从以下三方面努力提升和完善自己：

一是养成自觉的发展需要。骨干教师的成长会受到外界影响，但更多的是教师个人主动追求和努力的结果。在发展方式上，骨干教师逐渐由“接受型”转变为“开拓型”，主动迎接新时代的挑战，主动开拓自己专业的发展领域。

二是在发展结果上，由“单一型”转变为“复合型”。一般而言，骨干教师的发展大多跳出了单一学科领域的限制，开始向综合性、复合型人才迈进。骨干教师的发展目标不仅局限于某一学科，而是成长为综合素质极高的复合型教师。

三是冲破经验的束缚，从科研的视角审视教师专业发展。经验的积累为初入职的教师带来了成功的教学体验，能够帮助教师尽快适应教学环境。但一味地依靠教学经验是无法提升教师的职业水准的，因此，教师要从更高层次的发展模式上来思考自己的发展，进一步发展骨干教师就要借助科研活动，使骨干教师能够在科研活动中凝练自己的教学思考，进一步形成自己的教学观点，形成“特色化”的教学，更好地指导实践，指导学生成长。

（三）骨干教师的校本发展策略

一是精深专业知识。知识对于任何一个发展时期的教师来说都是十分重要的。骨干教师的发展应在原有知识积累的基础上，不断丰富显性知识，完善知识的结构，跨学科涉猎知识；要不断积累实践性知识，注重对实践性知识的归纳和总结，为形成自己独特的教学风格奠定基础；要逐渐形成和稳固自己的缄默知识，及时对教学工作进行反思，挖掘自己的教学特色，并不断使自己的缄默知识显性化，形成个体知识，以期能够把这种知识进行记录、积累和传播。

二是完善科研能力。骨干教师要能够自己开展科研活动，独立进行研究设计，组建研究团队，完成研究任务。为了促进骨干教师在研究方面的进一步发展，学校要鼓励和支持骨干教师。研究题目不仅要紧密联系教学实践，还要与社会上的热点或难点问题相契合，提升研究的社会价值；要运用多种研究方法开展科研，丰富研究路径，提升研究的可信度和可推广度；组建研究团队要兼顾团队人员学科、学术背景的丰富性，提升管理、协调团队的能力。

三是提升教育智慧。教育智慧的历练是一个没有终止符的过程。教师职业的特殊性要求任何时期的教师都要不断探索和提升教育智慧。骨干教师已经具备了一定的教育智慧，他们能够灵活、轻松地应对教学中的问题和难点。但骨干教师的进一步发展要求教师在教育智慧的发展上不仅仅止步于此，还要不断提升教育智慧，将自己的教育智慧提升为一种普遍的、理想的智慧状态，不仅能够指导自己的教育实践，还能够被其他教师学习和模仿，发挥骨干教师更大的作用。

四是形成教学特色。在教学方面，骨干教师开始摆脱之前发展过程中的模仿，逐渐形成具有个人特色的教学。骨干教师要不断地进行教学反思，坚持写教学日记，坚持用课题研究带动和促进教学的发展。学校要为教师形成自身教学特色提供必要的支持平台，聘请专家对骨干教师进行指导或是帮助教师一起凝练或总结其教学方式或模式，对教学中存在的不足进行理论层面的指导，帮助骨干教师逐渐向专家型教师发展。

除了骨干教师需要进一步发展这些重要内容之外，学校还要采取有效的措施为骨干教师的发展提供支撑。例如，学校要为教师外出学习提供便利；要经常聘请专家进校指导；要监督教师的理论学习和业务学习，形成教师学习的课程化；要制订相关的评选制度，每年评选“十佳教师”“优秀教师”“优秀班主任”等，形成一种良性竞争的激励机制；要鼓励教师自主发展，鼓励骨干教师能带头实践教育改革，上好各类示范课、公开课等。学校还要给教师压担子、分任务，让部分骨干教师担任教研组长，参与学校和教研组的管理，在实践中打开思路，学会协调，提高解决问题的能力。学校要为骨干教师提供锻炼的机会，鼓励骨干教师带徒弟，通过带徒弟互相促进学习，共同提高教学水平。

【案例】

G中学的名师骨干教师培养策略(部分)①

现在人们越来越认识到，教育改革的成败在教师，只有教师团队水平不断提高，才能带动教育水平的整体提升。为此，教师队伍建设应成为一所学校、一个校长全部工作中的重中之重。加强教师队伍建设，是提高教育教学质量的根本出路，也是提升学校办学水平和知名度的正确途径。因此，加强对各层次教师的培养，尤其是对名师的培养是学校管理工作的重点之一。当学校把名师培养摆到学校发展的重要战略位置上的时候，一个有专人负责的“名师培养工作室”开始组建，其职能是以培养学校名师为主攻方向，努力去实施计划、完成目标要求。

“名师培养工作室”的工作思路如下。

1.培养目标

依据扬长避短、人尽其才的培养原则，在分析本校教师队伍状况的基础上，通过有目标的名师培养与良师建设相结合的方法，形成名师队伍的5个梯队：区首席教师——区学科带头人——区骨干教师——区命名校级骨干教师——校命名骨干教师。反过来，由名师交替上升拉动良师队伍进一步发展，由此达到教师整体队伍的良性发展。

2.培养流程

(1)达成共识。“名师培养工作室”负责人对学校拟定的名师培养候选人一对一进行思想交流，并提出5条要求。在信任、鼓励的气氛下达成共同愿望，形成强大的推动力。(2)把握条件。借鉴滨海新区首届首席教师、第五届学科带

① 潘怀林.用智慧点燃教育改革之火[M].北京：中央民族大学出版社2012：203.

头人和第三届骨干教师的评选条件要求，分别向名师五个不同梯队传达硬性规定，以利于这些教师对照执行，并起到监督检查作用。(3)跟踪业绩。依据塘沽区第三届骨干教师申报表的业绩要求，"名师培养工作室"及时填写名师培养人业绩情况，以便提示他们硬性规定指标的完成情况。

"名师培养工作室"在关注名师成长的同时，还深入到他们的教学实践中，给予教师适当地指导和帮助，使他们少走弯路。

3.培养途径

(1)在条件允许的情况下，一定要让教师承担班主任工作，因为教师的成长与成功与班主任工作息息相关，甚至可以说班主任工作是成就名师的摇篮。另外，名师培养基本功很重要，建议教师要有两个笔记本，一本作为个人习题集，另一本作为教学反思或教学成功案例集。(2)引导教师参加重要课题，并在完成工作量和时间上做出明确规定。应为教师提供阅读的时间与空间，实现每周阅读不少于两课时。(3)学校应树立"健康第一"的工作理念，设法安排每周不少于两个课时的体育活动时间，把人文关怀与生动活泼的工作结合起来。

4.培养措施

具体的培养措施包括：(1)创造民主和谐的工作氛围，让教师能参与到学校各种工作中来，在信任的激励下，让教师能向前冲，能力得到充分的发挥并形成良性循环心理状态，从而越干越好。(2)面对复杂的社会，复杂的舆论，复杂的教育，要引导教师有思想地去工作，课堂教学是永恒的研究课题，要围绕着课堂教学效益做文章。(3)支持优秀教师参加教育硕士学习，并提供一定的方便。在不影响工作的前提下，若学习时间为工作日，则按公假对待，学业有成者，学校给予一次性奖励。(4)为名师培养开辟展示渠道，学校每学期要举办读书报告会、心得交流会、教师论坛和班主任论坛等活动，以此增强教师争当名师的自信心。(5)加大与市、区及外省市学校的沟通，为名师培养提供外出考察学习提高的机会，扩充治学视野。学校规定，教师们在学访后要有书面材料向全体教师做访谈汇报，以此带动更多的教师发展、提高。(6)设法请一些知名专家、学者到学校进行业务培训，培训结束后，要求名师培养对象写出培训后的思想感悟，在新理念下不断明确新目标。(7)有些工作出色的教师因未能达到区级骨干教师的硬性条件规定而从中落选，学校可给予校级学科带头人等称号，并予以适当的奖励。(8)名师的成长一定与其所在的优秀团队密不可分，打造优秀的团队，为名师培养创设优良的工作环境尤为重要，因此，在滨海新区下一届骨干教师评选时，学校将设立优秀教研组奖、优秀学科组奖等。

四、专家型教师的校本发展

一般而言，专家型教师是大多数教师发展的终极目标，亦是校本教师发展的高级目标。在正式讨论专家型教师及相关培养和发展问题之前，我们先来看一段对教师艾米莉的案例描述：

【案例】

艾米莉的职业追求①

艾米莉进入教师职业有近二十年的时间。每当她早上来到学校的时候，就会有两三个学生主动走近她，与她聊天、交谈，交谈内容不一定是与学习相关的，也许是学生成长的困惑，也许是学生最近遇到的趣事。总之，艾米莉特别受学生爱戴，她与学生建立了积极良好的师生关系。在艾米莉的教育生涯中，她从不放弃任何一个学生，她一直充满热情地相信“与这些学生建立起联系，并帮助他们发挥所拥有的智力潜力，是她作为一名教师的道德责任”。正是因为坚持这样的教育观，艾米莉在教学方面取得了积极的效果，得到了社会的认同和尊重。

现在，艾米莉所在的学区聘任新教师的时候，就会邀请她作为指导教师，

① 贝蒂·E.斯黛菲等.教师的职业生涯周期[M].北京：人民教育出版社，2012：89-90.

引导这些新入职的教师如何更好地开展教学工作，顺利成为一名真正的教师。艾米莉会认真、负责、有效地为新入职教师提供指导和帮助。艾米莉不但钟情于教育事业，把自己的时间、精力主动地用在研究教学、研究学生身上，她还攻读了更高的学位，不断地提升自己的学术水平。除了时间和精力的付出之外，她把自己的资金也花费在自己的专业成长追求上。

教育实践证明，达到了教师专业生涯周期模型中专家型时期的教师们会呈现出不同的经历。从教师发展周期来说，专家型教师一般是由骨干教师进一步发展而达到的一种新的、更高层次的职业状态。但同时实践也证明，并不是所有的教师都能够发展为专家型教师，有些教师止步于骨干教师裹足不前，有的教师甚至出现了职业倒退的现象。从这些情况可以看出，骨干教师一般是教师职业发展的高原期，突破高原期瓶颈的教师，都有着强烈的发展意愿，有着对教育事业的一颗赤子之心，能够积极克服事业及家庭中的消极影响，变被动的困境为主动的发展契机。另外，专家型教师的教学水准达到了职业期的最好状态，不仅自己的事业呈现整体向上发展的趋势，还能自觉地带动其他教师的发展，起到了带头、辐射的作用。在作用范围上，专家型教师不仅在本校校内发挥着正向的引领作用，在校外也有广泛的影响和知名度，有一定的社会美誉度。

(一)专家型教师的专业特征

概括而言，专家型教师在专业方面表现出以下主要特征：

一是具有扎实而灵活的知识结构体系。专家型教师已经积累了丰富的知识并建立起扎实而灵活的知识结构体系，这种知识体系不仅能够有效地支撑教师出色地完成教育教学工作，调动学生学习的积极性，还能够使教师有效地解决教学中的突发事件，完成与家长及社会的沟通，游刃有余地解决自我发展的问题。较之一般教师而言，专家型教师能够快速、准确、有效地提取知识，并将内在知识与外在的教育环境进行有效匹配，从而高效解决问题。

二是具有高效而综合的教育教学能力。专家型教师的教学已经呈现出一种艺术性，这种教学的艺术性体现在两个方面。一方面，专家型教师在教学中最关注的是学生的学习，专家型教师能够自觉地将学生的学习视为教学的中心，一切教学环节的设置都以学生能否很好地接受、学生能否从中获得成长为重。因此，专家型教师能够赢得学生的信任和爱戴。另一方面，专家型教师能够做到因材施教，根据不同学生的不同特点，因势利导，循循善诱，灵活地运用不同的教学方式，促进每个学生的发展。

三是具有专业而深厚的教育科研行为。专家型时期的教师在教育科研方面已经取得了很大的成绩，有些专家型教师已经屡次参与或主持了国家级、省部级研究课题并取得了积极的研究效果，对于教育教学实践具有极大的指导意义。专家型教师在研究中不断成长，通过研究加深了对教育教学工作的理解，在认识和实践方面都提升到了新的高度。

四是具有稳定而独具特色的教学风格。在长期的教育教学实践中，专家型教师通过总结、反思、提炼，逐渐完善了自己的教学实践，形成并呈现出具有个人特色的教学风格。例如，在教学语言的运用上、在教学的导入上、在问题的提出上，专家型都有自己独特的处理方式，显示出其与众不同之处。

（二）专家型教师的校本发展策略

从哲学上讲，内因是事物发展的关键，外因是起催化作用的外部条件，内因和外因共同作用，一起推动事物不断向前发展。因此，虽说自主性在专家型教师的发展中占据了重要的意义，但外部的影响也是不可小觑的。学校在专家型教师的发展中要积极作为，创造条件。

一是引导强化理论学习。“问渠那得清如许，为有源头活水来”，这一充满哲理的诗句告诉人们，无论什么时候，对于新知识的学习和吸纳都是必要的。理论的不断更新对于专家型教师有着特殊的意义。理论的学习和深化为专家型教师更好地整理和表述自己的教育教学成果提供了清晰的、条理化的概念支撑，为审视或界定问题提供了可选择的背景知识，丰富教师的精神家园，使教师的职业境界达到新的高度。学习和明晰更多理论及相关知识有利于专家型教师提升思维水平，有助于将实践问题概念化或解构化，便于专家型教师教育实践的传播。因此，学校要定期为专家型教师聘请大学或教育类科研院所专家，对其进行专门的指导，或是支持专家型教师参加上级管理部门提供的更高级的专业培训，为其提升理论知识提供多途径的支持。

二是在任务中锻炼提升。当教师的职业发展到专家型时期时，个体的发展行为已经不能满足其发展需要。学校要把专家型教师作为学校重要的资源进行保护和利用，在其发挥作用的过程中，促进专家型教师成长。学校可以引导教师参加学校的管理，让教师依靠其专业能力参与学校发展，发挥其专业领导力。学校可以通过压担子的方式，让专家型教师担任一定的职务，承担起课程开发、教学支持、新教师引领等工作，为其作用的发挥提供平台和支持。学校还可以通过建立名师工作室的方式，让专家型教师通过带队伍发挥专业优势，在锻炼中得到更进一步的成长。

三是鼓励发挥引领示范作用。专家型教师因其优秀的综合素质，在专业引领和团队管理方面都具有其他发展阶段的教师所没有的优势。教师作为学校发展的中坚力量，学校管理者要重视专家型教师的作用发挥。学校可以从两个方面对专家型教师的作用发挥进行鼓励和支持。一方面，紧扣时代和学校发展主题及需要，鼓励专家型教师在学校内部定期组织专业型的小组研讨会、学术沙龙、专题报告会等相关活动。另一方面，鼓励专家型教师走出去，在校外、市外更大的范围和平台上，传播学术思想，产生专业影响。参加地方性或全国性的研讨会或报告会不仅能够锻炼专家型教师的能力，也能够为教师个人和学校带来积极的社会声誉。

四是支持教育教学创新实践。一般而言，对于专家型教师来说，他们虽然拥有大量的更新的途径，但是其专业退缩期的危机依然存在。由于其专业发展已经达到一定的高度，学校或是地区往往没有足够适合他们专业发展的机会；加之职业年限的增长，专家型教师在职业情绪上处于懈怠期。面对专家型教师在实践中遇到的此种情况，学校要积极参与并进行实时干预。学校要鼓励专家型教师在教学专业上进行大胆地尝试和创新，为其提供创新的时间支持和资金支持。专家型教师也要树立积极的创新理念和创新意识，通过不断的学习，接受新的信息，形成新的理念，在实践反思中创新教育教学，为提升教育质量、促进学生全面发展不断提升专业素养。

附录:

中学校本教师培训情况调查问卷

尊敬的老师:

您好！感谢您在百忙之中填写此问卷。

本次调查是为了了解中学校本教师培训的相关情况。问卷所得信息仅供课题研究使用,不涉及您的个人隐私,请您放心填写。

祝您工作顺利!

课题组

2018年12月

第一部分　基本情况调查(请在对应选项上打勾)

1.您的性别:A.男　B.女

2.您的学历情况:A.大专　B.本科　C.研究生及以上

3.您的教龄情况:A.1—5年　B.6—10年　C.11—15年　D.15年以上

4.您的职称:A.中学一级　B.中学二级　C.中学高级　D.无职称

5.您的工作量:A.重　B.不重

第二部分　单选题(请在对应选项上打勾)

6.您参加的校本培训,内容安排得很科学规范。

A.非常不符合　B.不符合　C.一般　D.符合　E.非常符合

7.您参加的校本培训,内容具有很强的针对性。

A.非常不符合　B.不符合　C.一般　D.符合　E.非常符合

8.您参加的校本培训,内容具有很强的实用性。

A.非常不符合　B.不符合　C.一般　D.符合　E.非常符合

9.您参加的校本培训,既有专题理论讲座也有实践性课程。

A.非常不符合　B.不符合　C.一般　D.符合　E.非常符合

10.您所参加的校本培训,形式具有多样性。

A.非常不符合　B.不符合　C.一般　D.符合　E.非常符合

11.您所参加的校本培训,形式具有创新性。

A.非常不符合　B.不符合　C.一般　D.符合　E.非常符合

12.您所参加的校本培训,非常注重培训的过程性评价。

A.非常不符合　B.不符合　C.一般　D.符合　E.非常符合

13.您所参加的校本培训,非常注重培训的结果性评价。

A.非常不符合　B.不符合　C.一般　D.符合　E.非常符合

14.您所参加的校本培训的评价具有全面性。

A.非常不符合　B.不符合　C.一般　D.符合　E.非常符合

15.学校为校本培训的开展提供了充足的时间。

A.非常不符合　B.不符合　C.一般　D.符合　E.非常符合

16.学校为校本培训的开展制订了全面的规划。

A.非常不符合　B.不符合　C.一般　D.符合　E.非常符合

17.学校为校本培训的开展提供了强大的资金支持。

A.非常不符合　B.不符合　C.一般　D.符合　E.非常符合

18.学校为校本培训拟定了奖惩激励办法，且调动了您的积极性。

A.非常不符合　B.不符合　C.一般　D.符合　E.非常符合

19.学校校长对校本培训十分重视。

A.非常不符合　B.不符合　C.一般　D.符合　E.非常符合

20.学校校长在校本培训中担当了重要的角色。

A.非常不符合　B.不符合　C.一般　D.符合　E.非常符合

21.您非常喜欢参加学校举办的校本培训项目。

A.非常不符合　B.不符合　C.一般　D.符合　E.非常符合

22.通过校本培训，您的教育教学能力得到了提升。

A.非常不符合　B.不符合　C.一般　D.符合　E.非常符合

23.通过校本培训，您的专业知识得到了丰富。

A.非常不符合　B.不符合　C.一般　D.符合　E.非常符合

24.通过校本培训，您的课题研究能力得到了提升。

A.非常不符合　B.不符合　C.一般　D.符合　E.非常符合

25.通过校本培训，您的教育教学理念得到了升华。

A.非常不符合　B.不符合　C.一般　D.符合　E.非常符合

26.通过校本培训，增强了您的职业认同感。

A.非常不符合　B.不符合　C.一般　D.符合　E.非常符合

27.通过校本培训，提高了您的创新能力。

A.非常不符合　B.不符合　C.一般　D.符合　E.非常符合

第三部分　可多项选择（请在对应选项上打勾）

28.您参加校本培训的主要目的是：

A.增长所教专业知识　B.提高教育教学水平

C.提高科研水平　D.为了评职称

29.您所在学校开展校本培训的主要内容是

A.教育教学理论和思想　B.教育教学方法和模式

C.课程课题研究　D.现代教育技术　E.组织行为学和班级管理

F.师德与教师素养　G.心理健康教育

30.您所在学校校本培训所采取的形式是:

A.老带新的师徒结对模式　B.跨校学习和参观

C.总结与反思培训　D.参与课题研究　E.讲座

F.示范性公开课　G.教育案例学习　H.说课式培训

31.您所在学校校本培训的考核方式有:

A.课时考核法　B.上课(含说课、公开课、评课)

C.撰写校本培训心得、发表论文　D.培训后进行考试

32.当前校本培训对您来说最大的问题是:

A.工作和培训之间的矛盾　B.培训形式吸引力不足

C.培训内容吸引力不足　D.培训教师水平有待提升

E.培训时间安排不科学

33.您认为影响当前校本培训效果的因素有:

A.培训教师指导能力不足　B.时间不足　C.校长等领导不够重视

D.个人积极性不高　E.对培训内容兴趣不足　F.培训形式较少

G.缺乏评价与监督　H.缺乏支持与保障